国家自然科学基金地区科学基金项目

"农民土地价值观：测度、变迁与影响"（71563001）

研究成果

公共管理研究书系（第二辑）

农民土地价值观
测度、变迁与影响

陈英　裴婷婷　◎　著

华中科技大学出版社
http://www.hustp.com
中国·武汉

图书在版编目(CIP)数据

农民土地价值观:测度、变迁与影响/陈英,裴婷婷著. —武汉:华中科技大学出版社,2022.5
(公共管理研究书系. 第二辑)
ISBN 978-7-5680-8142-9

Ⅰ.①农… Ⅱ.①陈… ②裴… Ⅲ.①农民-土地-价值论(哲学)-研究-中国 Ⅳ.①F321.1

中国版本图书馆 CIP 数据核字(2022)第 077425 号

农民土地价值观:测度、变迁与影响　　　　　　　　　　　　　　　陈　英　裴婷婷　著
Nongmin Tudi Jiazhiguan:Ceduo,Bianqian yu Yingxiang

策划编辑:张馨芳
责任编辑:苏克超
装帧设计:孙雅丽
责任校对:张汇娟
责任监印:周治超
出版发行:华中科技大学出版社(中国•武汉)　　电话:(027)81321913
　　　　　武汉市东湖新技术开发区华工科技园　　邮编:430223
录　排:华中科技大学惠友文印中心
印　刷:湖北金港彩印有限公司
开　本:710mm×1000mm　1/16
印　张:15.25　插页:2
字　数:316 千字
版　次:2022 年 5 月第 1 版第 1 次印刷
定　价:88.00 元

本书若有印装质量问题,请向出版社营销中心调换
全国免费服务热线:400-6679-118　竭诚为您服务
版权所有　侵权必究

自　　序

　　夫世之变,莫知其所以然,严几道强而名之曰运会。运会既成,虽圣人无所为力,盖圣人亦运会中之一物。运会所成,盖由国之大政变革所致。而运会既成,谓能取运会而转移之,无是理也。虽如是,然深究运会之所趋,而逆睹其流极。唯知其所由趋,故后天而奉天时;唯逆睹其流极,故先天而天不违。于是裁成辅相,而置天下之至安。

　　农之发展、民之富裕、村之繁荣,多谓赖于地利。而地利则多谓农技之能,鲜有谓农人之于土地认知。地之利用乃至农技之推施,实与农人土地价值观相关耳。

　　价值观亦运会之一像也,其随运会之变易,夫岂一朝一夕之故也哉。观农人土地价值观之变,渐矣。其所不同者,迅缓不一。生民之道,期于相安相养而已。夫天地之物产有限,而生民之嗜欲无穷,此终不足之势。古语言:穷则变,变则通。先期植民于地,止足为教,勿敢移也,使各安于朴鄙颛蒙,耕凿焉以事其稼穑,冀于各尽所能各取所需之理想。其时农人土地价值观之流变,缓矣。时势之变,青壮者离乡背土,求富谋贵;老弱者滞留乡土,庸碌无为。是时农人土地价值认知之变,盖自新朝以来未有若斯之亟也。由"命根子""致富之本""鸡肋""包袱""权利"等演变,不一而足,皆往昔积渐也。

　　学说之通例,非先有常则以为实行之标准,而为早流行于社会,而后学者观察之,研究之,组织之,由浑而画,由暧昧而清晰,以成为学说。故鄙夫之心,于大运会之中,察民思之变,演其所由趋,籀其所流极,验民俗之递变,知岁时之不同,深究其要,分条析理,或期可通达实务也。

　　于学问之道,吾事之也晚。正道伪学,徘徊歧路,历有年所。从文献纵观前贤文迹,研求探索,寻源溯流。或摹旧而得,或力索而知,或由迷而悟,或因触而开。农人土地观念之易变,若东方之欲曙,始焉辨色,后乃洞然。今考订编辑,非堪持赠,唯自道所得而已。第一己之偏,独见之僻,或亦不免。而于农人社会心态之精深微妙,吾不敏,固不能穷其蕴底。尚望笃学君子指而示之,则吾幸甚。

　　诸事尚待深言也哉!

　　心摇意郁,聊复云云。知我罪我,听之任之。

　　时庚子年十月于金城。

序：认知与导引

《农民土地价值观：测度、变迁与影响》既竣，陈英呈书稿与吾，曰"请序之"。吾虽为其师，而长期从农作科研，于社会科学殊未深究，遂细读深研，月余成序。

诚如其自序所言：学说之通例，非先有常则以为实行之标准，而为早流行于社会，而后学者观察之，研究之，组织之，由浑而画，由暧昧而清晰，以成为学说。国民于一时期中，因环境之变迁，与夫心理之感召，不期而思想之进路，同趋于一方向，于是相与呼应汹涌，成为"流行"或"风气"，之于高层大家者曰"思潮"，之于基层小民者可曰"认知"。凡"思"而能成"潮"者，则其思必有相当之价值，而又适合时代之要求者也。而凡"认"而达"知"，则必有一定之理念，而又应时代之政策者也。风气者，一时之信仰，人鲜能撄之。

农人之于土地认知，其发展变迁，自循其轨。国家大政所启，必引发旧认知之反思，以利于自身发展，孕育新观念。而观念既成，则必引其利用行为之变易，次致政策变迁。如此反复沉潜，导引农村社会之发展，而其道亦常在若远若近、有用无用之际。而于此能深究力索，由其表而及其里，自其浅而入其深，把握其表现，探究其机理，提示其规律，导引其发展，庶几可先知矣。

本著条理虽未确立，方法亦处间错试验，弃取不定，恒驳而不纯，但在淆乱粗糙之中，自有元气淋漓之象。然此亦研究初也，于前期酝酿培灌之基，当"窄而深"之淬厉精进，思想内容，日益充实；研究方法，日益精密。于著述本身，出版之际，删烦冗，实虚浮，"搜刊幽秘，捃采残落，言匪浮诡，事弗空诬"。

泛泛一序，无以益其善美；亦无以损其恶俗，尚待于实践中校其短长而自淬厉。

时辛丑年夏张仁陟序。

目 录

绪论 ··· 1
 第一节 选题背景和意义 ·· 1
 第二节 研究现状和研究目标 ·· 4

第一部分 理论部分 ·· 15
第一章 农民土地价值观理论体系的构建及测度 ·································· 17
 第一节 农地价值观理论体系的构建及测度 ································ 17
 第二节 宅基地价值观理论体系的构建及测度 ····························· 27
第二章 农民土地价值观的影响因素 ·· 39
 第一节 农民土地价值观的关键要素识别 ···································· 39
 第二节 农民土地价值观的影响因素 ·· 48
第三章 农民土地价值观的时代变迁 ·· 58
 第一节 农民土地价值观的演进趋势 ·· 60
 第二节 农民土地价值观变迁的实证分析 ···································· 67
第四章 农民土地价值观分化研究 ·· 75
 第一节 农户土地意识分化研究 ··· 75
 第二节 农民土地价值观差异性检验 ·· 85
 第三节 农民土地价值观差异的影响因素 ···································· 93
 第四节 农民土地价值观区域差异分析 ·· 98
 第五节 农民土地价值观代际差异分析 ·· 102
 第六节 农民土地价值观产权认知差异分析 ································ 111

第二部分 实证研究 ··· 133
第五章 农民土地价值观对耕地保护行为影响 ····································· 135
 第一节 农民土地价值观对耕地保护行为影响 ····························· 135
 第二节 农户耕地保护程度实证测度 ·· 140
 第三节 农户土地价值观对耕地保护行为影响的模型构建 ············ 144

第六章 农民土地价值观对土地流转意愿的影响 ………………… 150
  第一节 概念的相关性验证 ……………………………………… 150
  第二节 概念的相关性检验 ……………………………………… 153
第七章 农民土地价值观对土地利用的影响 …………………… 160
  第一节 农民土地价值观对土地利用影响的定性研究和模型构建 … 160
  第二节 农民土地价值观对土地利用影响的模型结果分析 ……… 168
第八章 农民土地价值观对农地非农化的影响 ………………… 174
  第一节 农民土地价值观对农地非农化影响的研究方法与结果分析 … 175
  第二节 农户土地价值观分化对农地非农化意愿的影响分析 …… 180
第九章 农民土地价值观对耕地利用效率的影响 ……………… 184
  第一节 农民土地价值观对耕地利用效率影响的研究方法和
        结果分析 ……………………………………………… 185
  第二节 农民土地价值观对耕地利用效率的影响 ………………… 190

第三部分 结论与政策启示 …………………………………… 195
第十章 结论与讨论 ……………………………………………… 197
  第一节 结论 ……………………………………………………… 197
  第二节 讨论 ……………………………………………………… 200
第十一章 政策启示 ……………………………………………… 204

附录A 调查问卷 ………………………………………………… 206
附录B 乡土调查散记 …………………………………………… 216
参考文献 …………………………………………………………… 231
后记 ………………………………………………………………… 236

绪　　论

第一节　选题背景和意义

一、选题背景

现代发展理论已经注意到资本、土地与劳动之外的非物质因素的重要作用[①]，价值观无疑是很重要的非物质因素之一[②]。目前，在土地科学研究中，文化因素正在成为土地利用变化驱动力研究的新兴领域（摆万奇，2002）。影响农民土地利用决策的因素非常多，如地租、土地类型、相关政策、区位以及由地区因素所决定的比较优势等，但核心还在于农民对土地自身价值的认识，故最终均可归结为农民土地价值观。土地保有与利用的决策、方式、范围、程度、效率和变化，均是在农民对土地的价值认知下实现的。[③]

土地价值观反映了农民对土地自身意义及重要性的认知和评价（吉孝敏，2013），引导和支配了农民的土地利用行为和方式（朱启臻，2005），是影响土地利用的重要因素（张雪，2010）。多元化的土地价值观产生了多元化的土地利用模式，对土地利用效率产生重要的影响（朱琳，2005）。在传统社会中，土地不仅是农民的基本生活手段，更是农民财富和社会身份的象征。[④] 土地是农民的"命根子"（费孝通，1993），是农民财富和身份的象征及生活的保障[⑤]。这种价值观促使农民精耕细作，注重生产效益（张雪，2010），并导致家庭承包经营后农民爆发出巨大的生产积极性（朱启臻，2005；朱琳，2005）。但这种价值观限制了土地的流转和集中（刘文华，2008），阻碍了农村劳动力转移，成为农业现代化的桎梏（朱启臻，2005）。

随着经济社会的快速发展及土地制度的变迁，农民土地价值观发生了巨大变

---

① 刘进,翟学伟.信任与社会和谐：一个研究理路的展开[J].天津社会科学,2007(5):62-66.
② 朱琳.北京山区农民土地价值观念变化及其对土地利用的影响[D].北京：中国农业大学,2005.
③ 王成,蒋福霞,王利平.统筹城乡视域下农户土地利用意识多尺度认知研究[J].云南师范大学学报（哲学社会科学版）,2012,44(2):60-66.
④ 康来云.乡土情结与土地价值观——改革开放30年来中国农村土地的历史变迁[J].河南社会科学,2009,17(5):46-48.
⑤ 周晓虹.传统与变迁——江浙农民的社会心理及近代以来的嬗变[M].北京：生活·读书·新知三联书店,1998.

化,呈现出传统与现代交融(许一波,2006),恋土与厌土并存①的多元化发展方式,甚至出现了多变、迷失、困惑的价值观危机(吉孝敏,2013)。土地是包袱和累赘的价值观日渐风行,虽然有利于土地流转和农村劳动力转移,但农民珍惜土地的热情消退,粗放经营,不利于农业科技的应用(朱琳,2005;林凤英,2011)。由此,农民土地价值观陷入了两难的选择境地:传统的土地为本型和保障型土地价值观限制了土地的流转,阻碍了农业的现代化发展;现代的包袱型土地价值观削弱了农民从事农业生产的积极性,导致耕地抛荒或隐性抛荒。

随着经济社会发展和农业税取消及惠农政策的实施,城乡二元结构附加的利益诱惑、消费主义造成的文化渗透、农村各类组织的不断弱化甚至消失(宋卓秀,2013),导致农民土地价值观发生变化。农民面对巨大的支出压力和较为有限的农业收入增幅空间,追求物质利益、注重眼前利益、漠视收入日渐微薄的土地和日渐冷却的村落人际关系(孙立平,2003,2004,2006),成为人均土地较少的农民的必然选择。

纵观我国农村土地利用、农地制度变化与农民土地价值观变化,在不同的农地制度和社会经济条件背景下,会有与之相对应的土地价值观,而不同的土地价值观会有农地利用模式与之响应。因此,农民土地价值观、土地利用与农地制度变迁是一个动态的相互匹配过程。充分依据农民土地价值观进行农地制度设计,将会有效干预农地利用模式。将土地价值观作为一种社会心理资源进行辨析,将有助于制定出适合农民需求和促进土地利用的农地制度。

同时,随着城镇化进程的加快,农村与农民发生了分化,纯农区农村与城市郊区农村之间出现了明显的差异②,广大农村进行农业劳动的农民、城市郊区的农民和常年进城务工的农民在思想认识、生活方式、土地价值观上必然相去甚远(贺雪峰,2012),土地利用方式、利用效益必然不可等量齐观。在以代际分工为主要特征的半工半耕式的小农生产背景下(贺雪峰,2012),农民土地价值观代际差异明显③,必然导致农民土地价值观及其变迁存在明显时空差异(陈成文,2008)。充分考虑和尊重农民土地价值观,参考农民土地价值观的变迁,并适应和利用这种变化(张雪,2010),针对农民土地价值观的时空差异,可采取"差异化"农地制度设计④。

中共十八届三中全会《中共中央关于全面深化改革若干重大问题的决定》,从

---

① 朱冬亮.村级土地制度的变迁[M].厦门:厦门大学出版社,2003.
② 陈成文,鲁艳.城市化进程中农民土地意识的实证研究[J].淮阴师范学院学报(哲学社会科学版),2006,2(28):163-168.
③ 陈英,谢保鹏,张仁陟.农民土地价值观代际差异研究——基于甘肃天水地区调查数据的实证分析[J].干旱区资源与环境,2013,27(10):51-57.
④ 许一波.转型与嬗变——城市化进程中农民土地意识的实证研究[D].长沙:湖南师范大学,2006.

宏观上引导了农民的土地利用行为及人与人之间的社会关系，保障了农民权益，对加快土地流转、提高农地利用效率具有重要意义。国家层面的土地政策体现了社会整体利益，但在具体执行时需要考虑微观经济主体的时空差异。从微观层面而言，我国农村和农民及其价值观已经发生了严重分化，不同的农民具有不同的政策诉求，农民微观的政策需求与国家宏观的政策取向难免发生分歧。一方面，经济社会快速发展、农业增收空间狭小、进城务工收入较高、城乡生活方式差异等因素，导致农民视土地为包袱或累赘；另一方面，农村土地确权、惠农政策实施、社会资本下乡等，使农民又视土地为财富或权利的象征。同时，由于城市扩张，城郊农民耐心等待被征地的机会，以图一夜暴富；纯农区农民则因农业相对收益较低而选择代际分工，维持基本的农村生活。这种不同的价值观导致农民不愿放弃土地同时不愿增加对土地的投入，影响土地利用效率，也影响农业经济发展。中共十八届三中全会提出的稳定农村承包关系并保持长久不变的政策对持土地包袱观的农民未必适宜，却是持土地致富观的农民的诉求。

从某种意义上说，农民土地价值观的变迁也是农民职业分化的过程，是社会分工进一步精细化的缩影。如今，我国已进入"以工促农、以城带乡"的历史转型期，工业反哺农业的一个很重要表现就是社会资本大量涌入农业，而国家政策对于务农大力补贴和对土地流转的支持更为这一历史契机制造了机会。未来一个时期内，受人生经验、信息接收能力、家庭发展规划、村庄发展水平、农业发达程度和社会心理等关键主导因素的影响，农民作为接触农地的第一利用主体，其土地价值认知的深层次需求必然以"强调土地承包权的物权属性、明确流转经营权的权利内涵和权利保障"为显著特征。

如何以农民价值观的时空差异为切入点，制定差异化的农地政策，寻求宏观政策取向与微观政策需求的平衡点，从经济个体上落实好国家政策，实现宏观政策与微观基础的互动，使政策效应发挥到最大，具有重大意义。

二、研究意义

（一）理论意义

本书通过对不同代际和空间农民土地价值观的辨析和认识，揭示农民土地价值观变迁规律，建立土地价值观理论体系，进而揭示农民土地价值观对农地制度变迁的响应规律，以及对农村土地利用的影响。将价值观纳入人地关系和制度变迁的范畴，一方面丰富和拓展价值观的研究内容和研究体系；另一方面为农地制度设计提供心理学和社会学的理论依据，为人地关系研究提供又一重要视角，为农地制度设计提供理论基础。

同时，本书将空间分析理论引进社会分析领域，有助于推动社会科学的理论创新。本书基于社会科学的特征，采用GIS（地理信息系统）等空间分析技术和方法，从空间角度分析不同区域和地区农村农民土地价值观的空间分异规律及与社会经济发展要素的空间匹配态势,推动基于空间分异的社会管理理论创新。差异化农地制度的设计与实施是符合农民土地价值观时空变化规律的,有助于推动我国土地管理制度的区域化差异。

(二)实践应用前景

本书正是基于我国农村社会现阶段农民土地价值观变迁及其时空差异,分析和探讨农民土地价值观对农地制度变迁、农地利用效率、农地利用集约程度、农地经营规模和农业生产资料利用效率的影响,定量研究农民土地价值观对上述因子的影响程度与影响机理。从农民土地价值观这一社会心理学角度理解农地制度变迁路径,丰富农地制度建构依据;从一个具体层面展现农民对土地认知与态度和农地利用之间的密切关系;探析农民土地价值观与农村土地利用的微观逻辑,制定"差异化"的农地政策,衔接国家宏观政策的普遍性与区域问题的特殊性,协调宏观政策与微观决策,加快土地流转,实现农地规模、高效利用,并为人地关系研究提供又一重要视角。进而从社会学角度剖析农民土地价值观、农村土地利用、农村土地制度变迁之间的深层关系,以期通过引导农民土地价值观变迁,或以土地价值观为参考设计农村土地制度,进而提高农地利用效率。

第二节 研究现状和研究目标

一、国内外研究现状

(一)价值观的研究现状

价值观自20世纪30年代提出以来,便受到社会学、经济学、心理学等学科诸多学者的关注。研究者根据不同理论观点和研究方法,从不同角度对价值观进行了定义。Kluckhohn认为价值观是一种外显或内隐的、关于什么是"值得的"的看法,它是个人或群体的特征,影响人们对行为方式、手段和目标的选择。而Rokeach则认为价值观是一种持久的信念,是一种具体的行为方式或存在的终极状态,具有动机功能,它不仅是评价性的,还是规范性和禁止性的,是行动和态度的指导。袁贵仁认为价值观是世界观的重要部分,是人们关于某种事物对人的作用、意义、价值的观点、看法和态度。[①] 黄希庭指出,价值观是人们用来区别好坏标准并指导行为的多维度、多层次的心理倾向系统。[②] 为强调认知成分的存在,张进辅认为价值观

[①] 袁贵仁.价值观的理论与实践:价值观若干问题的思考[M].北京:北京师范大学出版社,2006.

[②] 黄希庭.心理学导论[M].北京:人民教育出版社,1990.

是人们以自身的需要为尺度,对事物重要性的认识的观念系统,对人的思想和行为具有导向或调节作用。① 在界定价值观概念的基础上,吴家华和翟文忠认为价值观转变是社会转型造成的人民利益关系和社会利益结构变动的表现,是经济转轨、社会转型、人的行为方式转变的观念反映。② 赵岩指出,改革是我国价值观冲突的内在根本原因,全球化是我国价值观冲突的外在原因。③ 陈攀屹和肖鑫指出,家庭、学校和社会环境是影响价值观的重要因素,且随着环境的变化和人员的更替而不断地变化。④

从社会心理学的角度看,价值观是个体的选择倾向,也是个体态度、观念的深层结构,它主宰了个体对外在世界感知和反应的倾向,因此是重要的个体社会心理过程,体现了个体的重要社会心理特征;与此同时,价值观还作为共享的符号系统承担着群体认同的功能,成为凝聚和划分群体的重要依据。在社会变迁的背景下,个体和群体的价值观会表现出很大的变化。价值观对个人行为决策及经济社会发展具有重要作用。梅格·惠特曼以其自身创建 eBay 并培育 eBay 价值观的经历,演绎了价值观如何帮助她缔造成功传奇与一个强有力的消费品牌。⑤ 国内外的研究主要集中在价值观对个人决策和行为的影响方面。作为一种重要的心理特征,价值观形成偏好,进而影响人的意愿或目标,与人的行为动机有显著的相关性。⑥ 对个人而言,价值观是推动和引导个体决策及行动的核心因素,对人的心理和行为有着根本性和持续性的影响;而对于组织而言,价值观是组织文化的核心,指导人们在组织中的行为、态度、认知、信念等。⑦ 在前人研究的基础上,杨智和董学兵进一步指出,价值观是通过态度、信念及个人规范对人的行为产生影响。⑧

(二)农民土地价值观的研究现状

有学者认为土地价值观是指农民在长期生活、实践过程和具体环境中形成的,对土地的意义、重要性的总的评价和看法,包括农民对土地的态度、对发展农业的

---

① 张进辅.现代青年心理学[M].重庆:重庆出版社,2002.
② 吴家华,翟文忠.中国社会转型中价值矛盾与价值冲突[J].求是,2002(2):68-70.
③ 赵岩.价值观的类型、冲突与重建[J].工会博览(理论研究),2009(9):68-69.
④ 陈攀屹,肖鑫.大学生价值观培养对其行为影响的探索[J].知识经济,2011(3):84.
⑤ 梅格·惠特曼,琼·汉密尔顿.价值观的力量:全球电子商务教母梅格·惠特曼自传[M].吴振阳,麻勇爱,等,译.北京:机械工业出版社,2010.
⑥ 李燕萍,侯烜方.新生代女性工作价值观对利他行为影响的实证研究[J].武汉大学学报(哲学社会科学版),2013,66(4):123-129.
⑦ 谭小宏,秦启文,刘永芳.基于价值观的个人与组织匹配研究述评[J].西南大学学报(社会科学版),2011,37(1):12-17.
⑧ 杨智,董学兵.价值观对绿色消费行为的影响研究[J].华东经济管理,2010,24(10):131-133.

态度和对土地的重视程度等。①

在传统中国,土地是农民身份的象征和生活的保障,是维护农业生产、解决农民温饱和国家社会稳定的心理基础。"农民的命根子"就形象地描述了农民的土地情结。但这种价值观却成为农业现代化的桎梏,不利于土地的流转和集中,限制了农村劳动力的转移。② 随着经济的发展及社会的转型,农民的土地价值观也随之发生了改变。土地改革建立了农民土地所有制,使农民的积极性和创造性得到较大发挥,农民的恋土情结达到巅峰。土地改革之后国家提出了土地集体化,使农民丧失了土地的所有权和经营权,农民对土地变得冷漠。在长期贫困的情况下,农民向这种土地制度发起了挑战,自发进行土地承包。家庭联产承包责任制初期,农民把土地作为生活资料的来源,恋土情结又高涨起来。实施了社会主义市场经济之后,土地制度变迁的边际效应随之日益递减,越来越不适应市场经济的发展。农民开始重新审视土地的价值,土地价值观从单一模式向多元化发展。我国学者又将多元化的土地价值观划分为土地为本型、土地保障型和土地包袱型及土地权利价值观、土地财富价值观和土地情感价值观等多种类型,并指出经济社会的发展、制度与政策的变化及个体特征是影响价值观的重要因素。针对农民土地价值观的变化,我国学术界指出,农地政策和制度的制定需要参考并适应这种变化。③

(三)农民土地价值观变迁的研究现状

我国农民土地价值观的变迁和土地制度的变迁是密不可分的,从我国农地制度变迁路径中,可以看到农民土地价值观的嬗变。④ 新中国成立以来,进行了"耕者有其田"的土地改革,建立了农民土地所有制。农民是生产经营者,其对土地的积极性和创造性得到较大发挥,农业生产迅速恢复,农民的恋土情结达到巅峰。土地改革之后出现的农民两极分化,有悖于新中国成立的初衷,于是国家提出了土地集体化。土地集体化将土地变成集体所有,使农民丧失了土地的所有权和经营权,土地名义上的主人与土地的关系对立起来。⑤ 农民对土地变得冷漠,并缺乏直接利益和责任约束,导致劳动者与土地结合的程度很低,不再像自主经营那样关心合理使用土地及提高土地收益,其结果只能是资源的极度浪费和农民的普遍贫穷。在长期贫困的情况下,农民向这种土地制度发起了挑战,自发进行土地承包。"集体所

---

① 朱琳.北京山区农民土地价值观念变化及其对土地利用的影响[D].北京:中国农业大学,2005.

② 朱启臻,朱琳,张凤荣.北京山区农民土地价值观念变化分析[J].绿色中国,2005(4):43-45.

③ 金盛华,李雪.大学生职业价值观:手段与目的[J].心理学报,2005,37(5):650-657.

④ 陈会广.农民家庭内部分工及其专业化演进对农村土地制度变迁的影响研究[M].上海:上海人民出版社,2010.

⑤ 林凤英.新农村建设背景下农民价值观问题研究[D].福州:福建农林大学,2011.

有,分户经营"的农地产权特征,既保护了土地的集体所有制,又赋予农民在承包期内对土地的经营权,在家庭联产承包责任制建立初期发挥了巨大的制度效应。① 农民把土地作为生活资料的来源,恋土情结又高涨起来。在我国实施了社会主义市场经济之后,土地制度变迁的边际效应随之日益递减,激励功能得不到发挥,束缚了农民对土地投入的积极性,越来越不适应市场经济的发展。利益对比和城乡差别使得农民对土地的感情开始淡化,大量的劳动力开始从农村转向城市,城市不断扩张,农业比重大幅下降,农民开始重新审视土地的价值,土地价值观从单一模式向多元化发展。② 但是我国农村土地制度依旧沿袭的是家庭联产承包责任制,农民在没有利益补偿和社会保障时,使已经从事非农生产但没有稳定工作的农户,宁愿粗放经营或抛荒,也不放弃土地。而实际上,种植专业户为取得规模经济,渴望得到更多的土地。因此,家庭联产承包责任制既不利于将农民从土地上解放出来,又不利于土地流转和规模经营。③

《土地管理法》规定农民集体土地不能进行买卖、抵押,这就限制了农民对土地使用的最大权限,也挫败了农民的生产积极性。因此,2003 年开始实施的《土地承包法》在确定土地承包权 30 年不变的情况下,允许土地以多种方式流转,这样就增大了土地利用的灵活性,使土地易于集中,易于实现规模经营。近些年,为了增加农民收入,激发农民生产的积极性,促进农业的现代化发展,国家实施了一系列惠农政策,其中最主要的是 2006 年国家取消了农业税,农业税的取消在一定时期内增加了农民的积极性,使得很多农民工从城市回归到农村,农民的恋土情结也逐步高涨,但是人均耕地面积有限,单靠有限的耕地无法实现发家致富。④ 随着经济的快速发展,农业比较收益的降低,农民对土地的认知和态度也随着农民追求短期的经济效益而发生了巨大的变化。

同样试图用理论模型梳理出价值观念变迁的历史轨迹的,有金盛华提出的"维持-发展"模型,还有杨国枢针对中国人价值观念变迁提出的"传统价值观-现代价值观"模型(传统价值观包括遵从权威、孝亲敬祖、安分守成、宿命自保、男性优越;现代价值观包括平权开放、独立自顾、乐观进取、尊重情感、两性平等),这些模型都试图对人们未来的生活方式或者行为方式进行揭示、预测或者指导。康来云回顾了

---

① 许一波.转型与嬗变——城市化进程中农民土地意识的实证研究[D].长沙:湖南师范大学,2006.
② 康来云.乡土情结与土地价值观——改革开放 30 年来中国农村土地的历史变迁[J].河南社会科学,2009,17(5):46-48.
③ 朱琳.北京山区农民土地价值观念变化及其对土地利用的影响[D].北京:中国农业大学,2009.
④ 康来云.乡土情结与土地价值观——改革开放 30 年来中国农村土地的历史变迁[J].河南社会科学,2009,17(5):46-48.

改革开放以来农民价值观变迁的轨迹和特征,定性描述了其积极和消极影响,并对其下一步发展趋势做出了预判。贺雪峰从市场经济浪潮和大规模的社会流动对乡土价值观的冲击入手,将农民价值观分为本体性价值观和社会性价值观,分析了转型时期农民价值观的变迁,并对全国倡导的新农村建设和村庄治理提出了相应的建议(关注农民精神生活、重塑农民价值观体系等)。更多的学者将研究集中于大规模的农业人口向城镇转移这一历史迁徙,着眼于农民工对城市的适应性和对家乡的回归性,对农民工的职业选择和代际差异进行了分析。例如:王东、秦伟对成都市农民工进行了分层研究;成艾华、姚上海对湖北省农民工的流动动因、受教育程度和职业结构进行了代际差异分析;陈旭峰、田志峰等从提升人力资本价值角度出发,研究了两代农民工在教育培训方面的代际差异;侣传振、崔琳琳对两代农民工从城市融入意愿、融入动机与融入能力方面进行了比较,仍然着眼于城市化进程中的农民工身份。从土地制度的变迁历程可以发现农民土地价值观的变迁轨迹,因此,土地制度的变迁和农民土地价值观的变迁是相辅相成、不可分割的。

(四)农民土地价值观影响因素研究现状

学术界对农民土地价值观影响因素的研究主要可以分为定性研究和定量研究两类。张雪将影响我国农民土地价值观的影响因素归纳为制度因素和非制度因素[①],其中非制度因素包括以下几点。

一是我国传统文化。我国文化开始于农耕文明,因此农民和土地的乡土情结也由来已久。杨存田指出,乡土情结主要表现在以土为本、安土重迁、轻商重农等三个方面。康来云认为,土地与农民之间既是一种地缘联系,也是一种血缘联系。[②] 费孝通认为,传统社会中,土地除了是农民的生产和生活资料,更重要的是农民对土地有一种依赖和崇敬之情,正是这种感情的存在,农民在几千年来一直视土地为自己身份的象征。[③]

二是土地供需关系的变化。近年来,工业化和城市化进程的加快,人口的迅猛增长和经济的快速发展,使得城市土地不断扩张,农民在征地过程中看到了土地蕴藏的巨大经济价值,从而改变了传统思想中对土地不离不弃的观念。[④]

三是农民个体特征的差异造成农民对土地的感情不尽相同。朱启臻、朱琳等通过调查得知:年长者比年轻者更依恋土地;相比未婚者,已婚者更不愿意轻易放弃土地。[⑤] 因此,农民的土地价值观也因人而异。张雪指出,制度因素是影响农民

---

① 张雪.农民土地价值观念变化研究[D].济南:山东大学,2010.
② 康来云.乡土情结与土地价值观——改革开放30年来中国农村土地的历史变迁[J].河南社会科学,2009,17(5):46-48.
③ 费孝通.中国城乡的发展道路——我一生的研究课题[J].中国社会科学,1993(1):12-13.
④ 廖小军.中国失地农民研究[M].北京:科学文献出版社,2005.
⑤ 朱启臻,朱琳,等.北京山区农民土地价值观念变化分析[J].绿色中国,2005(2):42-45.

土地价值观发生变化的重要因素,它存在于农民生活的方方面面[①],因此,制度因素对农民土地价值观的影响不容忽视。此外,朱琳主要是从农民的个体特征(年龄、性别、外出经历、学历)、社会经济因素(社会经济原因和制度原因)等方面分析了农民土地价值观的影响因素。[②] 以上研究主要是以定性研究为主,通过实地走访和入户调查得到农民土地价值观的影响因素。陈英、谢保鹏和张仁陟首次采用数学统计方法定量分析了农民土地价值观的代际变迁以及代际差异的影响因素[③],主要是从农户的个体特征出发来研究农民土地价值观的影响因素。以上学者的研究基本都停留在农民土地价值观的层面,并未延伸到对土地利用方式的研究,而且多通过实地调查进行定性的系统阐述,很少进行定量的数据分析。

关于土地价值观的直接研究相对较少,而大部分研究主要集中在与土地价值观相关的耕地保护积极性、耕地保护意愿等方面的研究。石志恒通过对新疆维吾尔自治区农户的实地调查,采用"压力-状态-响应"模型分析了经营规模对农户耕地保护积极性的影响,发现规模经营对农户耕地保护积极性的正面影响不大,甚至有一定负面作用,规模经营和经营期限共同影响着农户耕地保护积极性。陈美球、吴月红、俞琼艳分析了农业补贴政策对农户耕地保护行为的影响,研究结果表明农业补贴政策对农户不同的耕地保护行为影响不同,且在2004年开始实施农业补贴政策之初对耕地保护行为的影响较为显著,而后随着时间推移,对耕地保护行为的影响逐渐减弱甚至不太明显,主要是由于农业补贴标准提高的同时,农资购买价格也相应提高。谢婉菲以四川省彭州市部分农户为研究对象,对影响农户参与耕地保护的因素进行回归分析。研究结果表明农户参与耕地保护的意愿不高,主要影响因素有家庭规模、非农人口、农业收入比等。卢冲分析了四川省成都市耕保基金制度对农户耕地保护意识的影响,结果表明耕保基金制度促进了农户耕地保护意识。当前对农户耕地保护影响因素的研究主要集中在农户的个体特征以及相关的农业政策上,而从社会学与心理学角度对农户耕地保护影响因素的研究还较少。

推进农村土地流转、实现规模化产业经营已成为农业现代化的客观要求。而土地价值观作为影响农户是否接受土地流转政策的根本心理基础,是农户土地利用和流转决策中不可忽视的重要因素。在土地流转的影响因素方面,主要是从农户的视角出发,多从农户个体差异方面探讨土地流转意愿的影响因素,在这方面产生了大量的文献。也有学者从经济学角度入手,从劳动力转移、务农机会成本增加方面做出了对土地流转影响因素的研究。对于区域土地流转效率的差异,黄茜将

---

① 张雪.农民土地价值观念变化研究[D].济南:山东大学,2010.
② 朱琳.北京山区农民土地价值观念变化及其对土地利用的影响[D].北京:中国农业大学,2009.
③ 陈英,谢保鹏,张仁陟.农民土地价值观代际差异研究——基于甘肃天水地区调查数据的实证分析[J].干旱区资源与环境,2013,27(10):51-57.

视角转移到土地流转中的农村基层组织,构建了农村基层组织影响土地流转的规模和价格的理论模型。

农民土地价值观对农地利用的影响各异,产生这种现象的原因与农民土地价值观的特征密切相关,农民土地价值观的特征不同,直接影响土地的利用行为。在土地价值观对农地利用的影响研究方面,郭欢欢、李波等选择以准格尔旗为例,将农户分为年轻多地型、年轻少地型、年老多地型和年老少地型,对不同类型农户的退耕还林政策响应意愿进行了分析。田玉军、李秀彬等从劳动力流动理论出发,认为随着劳动力要素的流动,农民的农业生产和土地利用方式会发生变化,尤其是会造成土地利用的粗放化、劳动力集约度的下降和部分土地撂荒。陈英等采用独立样本 t 检验法和多元回归分析法,不仅定量描述了不同年龄组农户土地价值观的差异,而且延伸了这种价值观的差异对农地利用诸如土地流转、土地规模经营和对待土地投入的影响研究,是将两者结合的理论初探,具有直接启发作用。随着市场经济在我国的确立,以及各种价值观念的冲击,农户对土地的态度已经从无差别的眷恋转化为多元化的土地意识。家庭联产承包责任制下,农户作为"理性经济人",追求耕地利用短期收益,耕地利用中出现了一些耕地保护"不合作"行为。学者在此领域展开了大量研究,但也存在明显的缺陷:在研究内容上主要是对农户参与耕地保护意愿状况进行简单的数量描述,忽视了农户土地意识层面的差异对参与耕地保护意愿和行为所产生的影响;在研究区域上主要集中在东部发达地区,而对于河西走廊农户参与耕地保护的定量研究较少。

宅基地价值观主要是农户从自身出发,对宅基地重要性、看法和价值认识的一种心理倾向,其中还包括对各种利用宅基地行为的认知和评价,是一个具有多维度、多层次的观念系统。目前国内学术界针对宅基地问题的研究主要集中在宅基地流转和宅基地退出两个方面。在宅基地流转方面,主要集中于宅基地流转方式、流转意愿、流转风险等方面的研究。李文谦和董祚继认为,宅基地应该自由流转,限制宅基地流转容易造成宅基地的粗放利用和闲置,不利于土地资源的优化配置。[①] 桂华和贺雪峰认为,宅基地流转会造成社会强势群体剥夺弱势群体、农民流离失所而埋下社会隐患。[②] 吕军书和张文赟认为,宅基地要实施有限流转,宅基地流转风险也是当前宅基地问题研究的关键。他将可能的流转风险划分为宅基地抵押风险、农民利益受损风险、耕地流失风险、乡村伦理破坏风险和流转失误社会稳定破坏风险等五类风险。[③] 林超和陈泓兵将风险源划分为农村社会可能受到的风

---

① 李文谦,董祚继.质疑限制农村宅基地流转的正当性——兼论宅基地流转试验的初步构想[J].中国土地科学,2009,23(3):55-59.
② 桂华,贺雪峰.宅基地管理与物权法的适用限度[J].法学研究,2014,36(4):26-46.
③ 吕军书,张文赟.农村宅基地使用权流转的风险防范问题分析[J].河南师范大学学报(哲学社会科学版),2013,40(2):102-105.

险、粮食安全的风险、农民权益受侵害的风险、宏观调控被削弱的风险、政府管理效益受损的风险等五个方面。① 宅基地退出方面的研究主要包括动力机制、价格形成机制、退出模式和退出意愿等四个方面。张勇和汪应宏基于人口迁移推拉理论,提出宅基地退出的推拉机制。推力包括土地高效利用、空间整合、宅基地功能变迁、宅基地财产权价值实现和宅基地制度演变等因素。拉力包括建设用地需求、人口转移、居住需求层次提高、城乡体制改革和宅基地退出政策实施等因素。② 庄开明和黄敏通过宅基地退出要价博弈模型发现,贝叶斯-纳什均衡的要价博弈策略并不能使参与者的福利状况达到最大化,农村宅基地自愿退出制度还存在帕累托改进的空间。③ 魏后凯和刘同山通过比较研究发现,现行宅基地退出模式主要有宅基地换房、宅基地收储和市场化交易三种。④ 比较而言,市场化交易能够发现宅基地价值、实现供需平衡。

综上所述,人们对土地价值观已有关注,但研究相对匮乏,对土地价值观的定义与内涵并无相对一致的看法和诠释,也未划分土地价值观的维度,对土地价值观概念的界定、影响因素的分析、测度方法的选择及土地价值观对农村土地利用的影响机理,以及对农地政策、制度变迁的影响,均处于定性描述阶段。此外,已有研究并未注意到不同农村地区以及不同代际农民土地价值观有明显的时空演变规律,并未将土地价值观作为一个对制度设计有重要影响意义的因素来考量,并未突出其研究重要性。在任一给定的历史时期,与自然界的相互作用都被固定在一个社会关系的确定结构中,农民土地价值观无疑是社会关系结构中重要的一环。鉴于此,本书试图用更广阔的社会学视野与理论,深入分析和考察农民土地价值观问题,界定农民土地价值观的概念与内涵,划分农民土地价值观的关键维度,采用定性描述与定量分析相结合的方法,研究经济、社会、区位及个体特征对土地价值观的影响程度和影响机理;分析农民土地价值观与农地制度变迁、农地利用效率、农地集约利用程度、农地经营规模及农业生产资料利用效率的相互影响;解释农民土地价值观对农地利用影响的内在机理;从引导农民土地价值观变迁入手,探索提高农地利用效率、保护农民自身合法权益的途径,设计适应土地价值观变迁的土地利用制度与政策。

---

① 林超,陈泓冰.农村宅基地流转制度改革风险评估研究[J].经济体制改革,2014(4):90-94.
② 张勇,汪应宏.农民工市民化与农村宅基地退出的互动关系研究[J].中州学刊,2016(7):43-48.
③ 庄开明,黄敏.农村宅基地自愿退出中的要价博弈均衡分析[J].经济体制改革,2017(5):83-87.
④ 魏后凯,刘同山.农村宅基地退出的政策演变、模式比较及制度安排[J].东岳论丛,2016,37(9):15-23.

二、研究目标与内容

（一）研究目标

界定农民土地价值观的概念及内涵，使其能充分反映农民对土地的认知、态度及其对自身重要性的认识情况，揭示土地价值观代际变迁的规律。

分析农民土地价值观与农地制度变迁、农地利用效率、农地集约利用程度、农地经营规模及农业生产资料利用效率的相互影响，解释农民土地价值观对农地利用影响的内在机理。

从引导农民土地价值观变迁入手，探索提高农地利用效率、保护农民自身合法权益的途径，设计适应土地价值观变迁的土地利用制度与政策。

（二）研究内容

1. 农民土地价值观理论体系及其测度

在需求层次理论和农户行为理论的支撑下，界定农民土地价值观的内涵及外延，明确土地价值观所包含的要素，划分农民土地价值观维度，为整个研究做理论准备。

土地价值观作为价值观念系统的一部分，其形成和发展受到众多因素的影响，如何通过有效的方法识别和评价其影响因素，并通过干预其影响因素进而管理农民土地价值观、建立动态的政策目标并创新政策手段，是本书的内容之一。从研究视角来看，已有研究集中于刻画社会转型期农民土地价值观变迁的主要表现、价值观念的分类、代际差异和价值观冲突。从研究方法来看，主要采用 SPSS 软件进行回归分析、因子分析和显著性检验，探讨人口统计特征、家庭特征、区域差异、社会阶层分化等因素对土地价值观的影响。然而，这些研究大多从静态角度出发，忽略了土地价值观本身是一套观念系统，其形成和发展是多维、多层次因素影响下共同作用的结果，其形成环境具有网络属性和动态属性。本书拟从土地价值观形成和发展的维度、层次及价值观的网络属性和动态属性，构建农民土地价值观形成与变迁的影响因素体系，明确各个影响因素对土地价值观的影响以及影响程度的大小。

研究农民土地价值观对农地利用的影响机理的前提是定量测度农民土地价值观，鉴于国内尚无高效度和高信度的土地价值观测量工具可用，本书拟借鉴 Schwartz 价值观量表，构建农民土地价值观的理论和模型，提供合适的农民土地价值观测量工具。通过判断量表描述与研究对象的相符程度，来判断个体土地价值观，采用最小空间方法对数据进行统计分析，并尝试以投射检测、内容分析来弥补问卷测量的不足。

2. 农民土地价值观的时代变迁趋势及特征

在农民土地价值观测度的基础上，以农村土地制度变迁路径为依据，以追溯方式调查了解 1978 年以来农民对土地价值的认知的变化,引入自然地理中关于土地利用/覆盖变化研究的方法进行土地价值观时代变迁趋势和特征的定量统计与结果分析,从而刻画出农民土地价值认知变迁的强烈程度。在既定的价值观框架视角下,对农民的土地价值观究竟发生了怎样的变化、呈现的特征如何、发展的趋势是什么进行定量研究。

3. 农民土地价值观的分化研究

引入卡尔·曼海姆"代"的概念,以不同时代出生的群体为研究样本,按农村经济社会的变迁—土地价值观代际差异—土地价值观的代际变迁的理路,来比较研究不同代际农民土地价值观的差异,即"代际差异";同时选择城市郊区农村、纯农区农村和过渡地带农村,研究土地价值观的空间差异,进而揭示在性别、年龄、文化程度及社会经济等多重因素影响下的农民土地价值观的时空分异规律。从地域分异来说,由于社会经济发展速度和水平不同,各地区之间农民土地价值观也必然受到投射。研究经济欠发达地区农民不同的价值观特征及城中村—近郊区—远郊区农户的土地价值观特征是本书的重要议题。

4. 农民土地价值观对农村土地利用的影响机理

本书将农村土地利用界定为集农地利用效率、农地利用集约程度、农地经营规模及农村建设用地利用效率等于一体的综合体。该部分研究将以实际调查为数据支撑,运用回归分析与结构方程模型相结合的方法,定性、定量描述和分析农民土地价值观对农村土地利用的影响机制及影响程度,并分析影响农民土地价值观各因子之间的相互影响机理。提出在当前农民土地价值观水平下如何有效利用农村土地及如何通过引导农民土地价值观变迁来促进农村土地的有效利用并做出制度设想。

5. 基于农民土地价值观的"差异化"农村土地制度设计

整合以上研究结果,在当前农民土地价值观多元化背景下,明确不同代际和不同区域农民土地价值观的时空差异和演变规律,掌握不同农民群体对待土地利用的态度。根据农民土地价值观的时空差异和演变规律,针对不同区域农民土地价值观的差异,设计和制定农地承包经营权流转及承包经营权、宅基地使用权抵押等政策,以促进农地的有效集约利用和农地权益的有效保护,探索如何通过引导农民土地价值观变迁来促进农地制度的有效、合理变革,进而提高农地利用效率。

第一部分

理论部分

第一章
农民土地价值观理论体系的构建及测度

自古以来,农民就和土地息息相关。在我国,农村土地归农民集体所有。从所有权角度来看,农户并无农用地和宅基地所有权。《中华人民共和国宪法》第10条规定:城市的土地属于国家所有。农村和城市郊区的土地,除由法律规定属于国家所有的以外,属于集体所有;宅基地和自留地、自留山,也属于集体所有。但从使用权角度来看,农户又是农用地和宅基地的主要使用主体和实际"权益人",有关农民以承包形式获得土地使用权的制度内容,随着农村经济的发展而不断丰富。目前,农民所拥有的使用权实质上已包括现代产权体系中所概括的各项权能,包括占有权、使用权、收益权及部分处置权。具体表现在农民占有土地,对土地可以直接支配和控制,可以在土地限定的用途内,根据土地的自然性质,享有生产经营决策权、产品处分权和土地收益权,并可根据需要将土地的使用权依法有偿转让。因此,从土地利用的角度看,农民土地价值观包含农地价值观和宅基地价值观,本书所探讨的农地价值观主要指农民土地价值观。

第一节 农地价值观理论体系的构建及测度

一、农地价值观概念界定

土地价值观是一个抽象概念,不同学者对土地价值观的认识不尽相同。朱琳界定的土地价值观既指农民对土地本身的看法和评价,也指农民对作为农业生产重要资料的土地的重要程度的认识。① 陈英、谢保鹏和张仁陟将土地价值观定义为农民对土地的价值、意义及重要性的认识、看法和态度。② 本书结合价值观概念及以往学者对农民土地价值观的定义,对农民土地价值观的概念界定如下:农民土地价值观指农民对土地自身意义、重要性的认知和评价,以及对各种土地利用行为的认知和评价,前者为情感认知的土地价值观,后者为行为认知的土地价值观。本书

---

① 朱琳.北京山区农民土地价值观念变化及其对土地利用的影响[D].北京:中国农业大学,2009.

② 陈英,谢保鹏,张仁陟.农民土地价值观代际差异研究——基于甘肃天水地区调查数据的实证分析[J].干旱区资源与环境,2013,27(10):51-57.

所界定的土地价值观特指农民对农用地的价值观。

二、农地价值观维度识别

在对土地价值观相关文献进行剖析的基础上,本书从土地保障观、土地为本观、土地亲和观、土地包袱观和土地致富观等5个维度出发,对农民土地价值观进行研究,从价值观对农民生产动机产生影响的角度出发来界定各种土地价值观。

(1)土地保障观:土地是重要的生产资料,农户依靠土地进行生产和生活,同时,土地也是农户重要的养老保障。持这种观点的农民认为不能没有土地,但是土地也不能发家致富。土地保障观将土地视为一种退路,土地是其基本的生活依靠,如果失去外出打工的机会,土地至少可以作为一种维持生活的保障。同时,持土地保障观的农户坚持落叶归根的想法,因此,土地也就成为一种养老保障。

(2)土地亲和观:农户亲土恋土情节深重,对祖祖辈辈耕种的土地有较深的感情,由于受到自身条件以及外界条件的限制,他们认为离开土地会不知所措,因此更愿意种地。

(3)土地为本观:土地是传家宝,应该精耕细作,一辈一辈传下去。土地为本观强调的是农民对土地的传承性。持土地为本观的农户,一方面视土地是命根子,不愿放弃土地;另一方面受自身经济条件的制约,没有能力外出打工,也没有任何非农收入,因此,土地便成为他们仅有的生存依赖。

(4)土地包袱观:种地是既脏又累的工作,感觉种地不体面,土地对农户来说是一种负担和累赘。土地包袱观是从土地亲和观中分离出来的另一种观念,这种人多为年轻的、在城里有稳定收入的人。对土地包袱观的农户而言,土地失去了任何保障价值,他们不愿花费时间和精力来耕种土地。

(5)土地致富观:农户认为土地可以致富,因此希望承包更多的耕地。这里的致富观不包括因为土地用途改变而获得的财富。

三、农地价值观量表设计及检验

(一)农地价值观量表设计

1. 量表测项的筛选

为直观了解农民对其拥有土地的看法及评价,准确把握农民的心理,本书在对农民土地价值观概念界定和维度划分的基础上,运用李克特五级量表设计调查问卷。首先运用头脑风暴法和归纳法,推导出可以测量各维度的最初指标,共26个。然后通过专家打分法对量表的内容效度进行检验。在专家对农民土地价值观及其5个维度充分理解的基础上,对每一指标描述相应维度的合适程度进行打分:"1"表示非常具有代表性,"2"表示在一定程度上具有代表性,"3"表示根本不具有代表性。①只有得分至少为"2",即至少在一定程度上具有代表性的指标才被保留。通过剔除剩余23个指标进入下一环节。最后进行探索性调查,对问卷进一步做出修改。在探索性调查中,共向村民发放问卷100份,回收73份,回收率73%。有14份问卷因问题回答不全被视为无效问卷,共有59份调查问卷被作为有效问卷进行初步数据分析。根据Churchill等人的理论对测量指标进行进一步精炼,有两个指标被剔除,剩余21个指标被作为大规模调查的正式变量指标。土地保障观维度下暂定6个指标,土地亲和观维度下暂定4个指标,土地为本观维度下暂定4个指标,土地包袱观维度下暂定4个指标,土地致富观维度下暂定3个指标。大规模调查完成后,结合因子分析对21个指标结构进行重新确定。

2. 探索性因子分析

本章运用SPSS 19.0对预调查的有效数据进行探索性因子分析,对量表各维度的测项进行检验。

探索性因子分析用来检验探索性调查得到的题项的基本结构。首先运用SPSS 19.0对农民土地价值观的21个题项的一致性进行检验,得到克朗巴哈指数为0.83>0.7,说明问卷中的题项具有较强的一致性。② 其次判断样本数据是否适合做因子分析。描述性统计量KMO=0.82>0.7,巴特利特球形检验的Sig=0.000<0.05,说明变量间存在相关性,可以进行因子分析。③④ 然后运用主成分分析法抽取公因子,采用最大方差法进行因子旋转,选取特征根大于1且累计方差贡献率大于80%的前5个公因子。由于可观测变量Q_8(暂定于土地致富观下)在各个公因子上的载荷均小于0.5,因此将该指标剔除。⑤ 其余20个变量均从属于5个维度,且划分结构与探索性调查的结果一致,因此被保留。最后再对5个维度的可观测变量分别进行信度检验,得到各维度α系数均大于0.80,因此各维度内部题项一致性较好。

综上所述,农民土地价值观量表构建完成,且通过了内容效度检验和信度检验。量表共分为五部分,即农民土地价值观的五个维度。农民土地价值观量表如表1-1所示。

---

① Zaichkowsky, Judith L. Measuring the involvement construct[J]. Journal of Consumer Research, 1985(12):341-352.
② 薛薇. 统计分析与SPSS的应用[M]. 3版. 北京:中国人民大学出版社,2011.
③ 郭志刚. 社会统计分析方法:SPSS软件应用[M]. 北京:中国人民大学出版社,2005.
④ 林震岩. 多变量分析:SPSS的操作与应用[M]. 北京:北京大学出版社,2007.
⑤ 石贵成,王永贵,邢金刚,等. 对服务销售中关系强度的研究——概念界定、量表开发与效度检验[J]. 南开管理评论,2010,8(3):74-82.

表 1-1　农民土地价值观量表

维度		α系数	CFA 代码	评价指标
农民土地价值观（F）	土地保障观（F1）	0.85	V1	在务工没有保障的情况下,将务农作为一种退路
			V2	土地是养家糊口的基本途径
			V3	土地是晚年养老的重要保障
			V4	土地是重要的生存保障
			V5	有稳定收入和工作,愿放弃土地
			V6	家庭收入的主要来源是非农收入
	土地亲和观（F2）	0.90	V7	故土难离,穷家难舍
			V8	对土地感情深厚
			V9	经营农业比外出打工更稳定
			V10	家庭收入的主要来源是农业收入
	土地为本观（F3）	0.87	V11	土地对我意义重大
			V12	不种地感觉不舒服
			V13	土地是祖产,是传家宝
			V14	对土地精耕细作,并一辈辈传下去
	土地包袱观（F4）	0.84	V15	土地对我可有可无
			V16	土地对我是一种负担
			V17	种地不体面,没前途
			V18	将来不打算回农村,土地不重要
	土地致富观（F5）	0.81	V19	依靠种地可以致富
				V20	想承包更多土地

（二）农地价值观量表的结构效度检验

1. 一阶验证性因子分析

为了检验探索性因子分析得到的变量结构,根据表 1-1,运用 AMOS 17.0 进行一阶验证性因子分析,建立多因素斜交模型。模型拟合指数见表 1-2,模型路径图见图 1-1。

表 1-2　一阶验证性因子模型拟合指标数据

拟合指数	CMIN	DF	P	CMIN/DF	RMSEA	RMR	GFI
结果	176.46	158	0.15	1.12	0.03	0.04	0.91

表 1-2 为一阶验证性因子模型拟合指标数据,参照《结构方程模型——AMOS

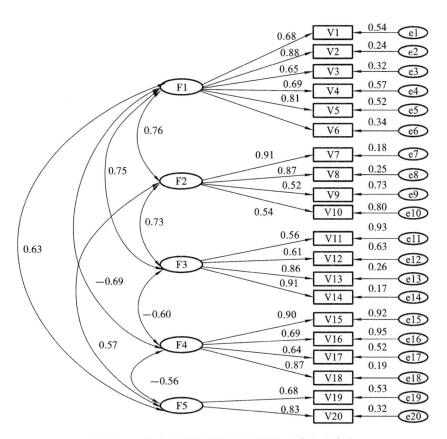

图 1-1　一阶验证性因子模型路径图与标准化估计值

的操作与应用(第2版)》[①]中适配指标的临界值,对表 1-2 中的适配度评价指标进行检验:卡方的显著性概率值 $P=0.15>0.05$,χ^2/DF(卡方自由度比值)$=1.12$,介于 $1\sim3$ 之间,RMSEA(近似误差均方根)$=0.03<0.05$,RMR(残差均方和平方根)$=0.04<0.05$,GFI(模型的拟合优度指数)$=0.91>0.90$。通过分析得知,一阶验证性因子模型的各指标均达到了规定范围,说明模型拟合度较好。

2. 二阶验证性因子分析

为了对农民土地价值观进行测度,本章运用调查所得的实证数据进行二阶验证性因子分析,通过路径系数确定 5 种农民土地价值观的权重。一阶验证性因子模型通过了收敛效度检验和区别效度检验,并且 5 个维度之间的相关系数均大于 0.5,说明各个维度既能单独测度土地价值观的不同方面,也能同时反映土地价值观这一相同内容。因此,5 个维度可能存在高阶因子,这与量表设计的农民土地价

---

① 吴明隆.结构方程模型——AMOS 的操作与应用[M].2 版.重庆:重庆大学出版社,2010.

值观下包括土地保障观、土地为本观、土地亲和观、土地包袱观和土地致富观 5 个维度相符合。为了进一步进行验证,在一阶因子模型的基础上构建二阶因子模型,进行二阶验证性因子分析。二阶验证性因子模型的路径图与标准化估计值见图 1-2,二阶验证性因子模型拟合指标数据见表 1-3。

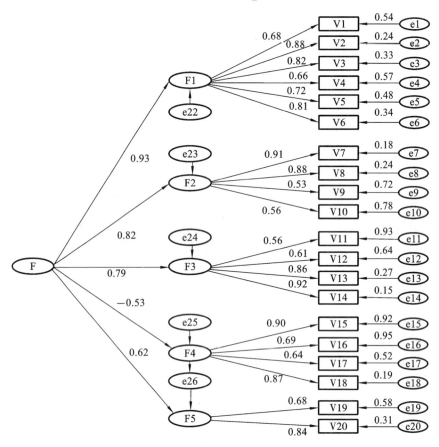

图 1-2　二阶验证性因子模型路径图与标准化估计值

表 1-3　二阶验证性因子模型拟合指标数据

拟合指数	χ^2	DF	P	χ^2/DF	RMSEA	RMR	GFI
结果	170.89	158	0.15	1.12	0.03	0.04	0.91

分析表 1-3:二阶验证性因子模型的 χ^2 值为 170.89,通过了 5% 显著水平检验,相比一阶验证性因子模型节约了 5.57 个卡方值,其他指标没有明显变化。图 1-2 是由 5 个测量模型和 1 个结构模型构成的二阶验证性因子模型。用载荷系数反映测量模型中潜变量与可观测变量之间的关系,各测量模型的载荷系数均大于 0.50,说明各可观测变量能较好地反映其对应的维度,即量表中的题项能够尽可能多地

反映各维度的信息。路径系数用来反映结构模型中潜变量之间的关系,即各维度对土地价值观的反映程度。图 1-2 中的结构模型反映了农民土地价值观由土地为本观、土地亲和观、土地保障观、土地致富观和土地包袱观构成,其中对农民土地价值观反映程度较高的一阶因子为土地保障观、土地亲和观和土地为本观,它们的路径系数分别为 0.93、0.82 和 0.79,说明土地保障观能反映 93% 的土地价值观,土地亲和观能反映 82% 的土地价值观,土地为本观能反映 79% 的土地价值观。土地包袱观和土地致富观对土地价值观的因素负荷量都较低,分别为 -0.53 和 0.62。土地包袱观能反映 53% 的土地价值观,土地致富观能反映 62% 的土地价值观。由于土地包袱观是土地价值观的负向因子,因此它的路径系数为负值。

综上所述,二阶验证性因子模型既反映了一阶因子之间的关系,又反映了各维度和农民土地价值观的关联程度。因此,二阶验证性因子模型能更直观地体现农民土地价值观量表,更准确地反映测项之间的相关关系。据此,农民土地价值观下提出的土地为本观、土地亲和观、土地保障观、土地致富观和土地包袱观 5 个维度具有重要的理论意义。

3. 效度检验

图 1-2 中,潜变量的标准化因子载荷系数均超过了 0.50 的临界值,且通过了 5% 的显著水平检验,说明可观测变量与其潜变量之间的共同方差大于各可观测变量与误差方差之间的共同方差,表明模型具有较好的收敛效度。[①]

为了检验模型的区别效度,需比较各维度间完全标准化相关系数与所涉及自身 AVE(平均提取方差)平方值的大小。表 1-4 中,对角线上的数值为 $\sqrt{\text{AVE}}$,左下角部分为各维度之间相关系数的绝对值 r。一阶模型中任何一个潜变量的 AVE 的均方根都大于与其他潜变量的相关系数绝对值,因此,各维度间存在足够的区别效度。

综上所述,一阶验证性因子模型的适配度较佳,且具有良好的收敛效度和区别效度。

表 1-4 各维度相关系数绝对值及 $\sqrt{\text{AVE}}$ 值

项目	F1	F2	F3	F4	F5
F1	0.76				
F2	0.76	0.73			
F3	0.75	0.72	0.75		
F4	0.52	0.69	0.60	0.76	
F5	0.63	0.54	0.57	0.56	0.78

---

① 孙连荣.结构方程模型(SEM)的原理及操作[J].宁波大学学报(教育科学版),2005,27(2):31-43.

四、农地价值观的实证测度

（一）研究区的概况

河西走廊是指甘肃省西北部的狭长高平地。地处祁连山以北,合黎山、龙首山以南,乌鞘岭以西,因位于黄河以西,为两山夹峙,故名河西走廊。东西长约 1000 千米,南北宽百余千米,海拔 1500 千米左右。河西走廊分为 3 个独立的内流盆地:玉门、瓜州、敦煌平原,属疏勒河水系;张掖、高台、酒泉平原,大部分属黑河水系,小部分属北大河水系;武威、民勤平原,属石羊河水系。河西走廊是西北地区最主要的商品粮基地和经济作物集中产区。它提供了甘肃省 2/3 以上的商品粮、几乎全部的棉花、9/10 的甜菜、2/5 以上的油料和瓜果蔬菜。平地绿洲区主要种植春小麦、糜子、谷子、玉米及少量水稻、高粱、马铃薯。油料作物主要为胡麻。瓜类有西瓜和白兰瓜,果树以枣、梨、苹果为主。山前地区以夏杂粮为主,主要种植青稞、黑麦、蚕豆、豌豆、马铃薯和油菜。河西畜牧业发达,如山丹马营滩自古即为著名军马场。

甘肃河西走廊包括武威市、金昌市、张掖市、酒泉市和嘉峪关市 5 个地级市,辖 19 个县区,120 乡,114 镇,2550 个行政村,17918 个村民小组。截至 2012 年,河西走廊地区生产总值为 1479.12 亿元,其中第一产业产值为 212.26 亿元,第二产业产值为 838.88 亿元,农业增加值 144.15 亿元,全年完成社会固定资产投资 1162.61 亿元。耕地总面积 726926 公顷。

（二）数据来源

数据来源于笔者 2013 年 8 月份对甘肃河西走廊部分县区的调查。调查采取问卷调查和走访调查相结合的方法,主要以独立农户为单元,以农户成员为主要调查对象。在正式大规模调查之前,对甘肃省武威市凉州区村民随机发放初步调查问卷,通过调查结果对问卷进一步修改。调查问卷所有变量指标均采用 5 级李克特量表形式,从 1 至 5 代表从非常不同意到非常同意。在初步调查过程中,共向村民发放问卷 100 份,回收 72 份,回收率 72%,有 13 份问卷因问题回答不全被视为无效问卷,共有 59 份调查问卷作为有效问卷进行初步数据分析。

本书以农户为调查对象,对武威、敦煌、张掖、酒泉 4 市的 8 个县(市、区)36 个乡镇 184 个行政村进行实地调查,调查采取分层随机抽样调查方法,进行访谈式的问卷调查,涉及县城周边及边缘乡镇,经济社会发达和欠发达乡镇,川区和山区乡镇。满足了样本覆盖均匀、社会调查大样本容量的要求。经室内核查校正,剔除无效问卷 38 份,有效问卷共 696 份,有效率达 94.82%。

（三）样本特征描述

表 1-5 为样本农户特征。

表 1-5　样本农户特征

类型	特征	频数（户/人）	比重（%）
性别	男	550	79.02
	女	146	20.98
年龄	30 岁以下	52	7.47
	30～40 岁	134	19.25
	40～50 岁	219	31.47
	50～60 岁	183	26.29
	60 岁以上	108	15.52
文化程度	小学及以下	376	54.02
	初中	264	37.93
	高中及以上	56	8.05
家庭人口数	3 人以下	51	7.33
	3～5 人	509	73.13
	5 人以上	136	19.54
农户类型	纯农户	126	18.10
	以农为主的兼业农户	271	38.94
	以非农为主的兼业农户	299	42.96
非农收入比例	25% 以下	118	16.95
	25%～50%	195	28.02
	50%～75%	272	39.08
	75% 以上	111	15.95

（四）农地价值观的实证测度

农民土地价值观体系由三级指标构成：第一级为目标层，即土地价值观；第二级为准则层，即土地价值观的五个维度——土地为本观、土地保障观、土地亲和观、土地致富观和土地包袱观；第三级为指标层，即各个维度对应的可观测变量。本书运用大规模调查的数据测算农民土地价值观各维度的权重。

由于标准化后的路径系数和载荷系数的实质是反映变量之间的相互关系，载荷系数和路径系数也可认为是变量的相关系数，因此本书采用相关性权重法确定土地价值观指标权重。① 首先将载荷系数进行归一化处理得到指标层的指标权重，

---

① 刘进,揭筱纹.基于二阶因子模型的企业家战略领导能力评价实证研究[J].首都经济贸易大学学报,2012(4):79-84.

将路径系数进行归一化处理得到准则层的指标权重,最后根据指标层和准则层的权重测度二阶因子土地价值观。

归一化公式如下:

$$\rho_{ij} = \lambda_{ij} / \sum_{j=1}^{n} \lambda_{ij}$$

上式中,ρ_{ij} 为一阶因子 i 的第 j 个指标的相应权重,λ_{ij} 为一阶因子 i 的第 j 个指标的载荷系数。确定一阶因子权重也采用上述公式。λ_{ij} 为负值时,表明指标 i 和因子 j 是负相关的,在计算权重时取绝对值即可。

土地价值观的测量公式为:

$$\text{TDJZG} = \sum_{i=1}^{H} \beta_i \sum_{j=1}^{K} \rho_{ij} m(i,j)$$

上式中,TDJZG 代表土地价值观,$m(i,j)$ 为一阶因子 i 的第 j 个指标的作用分值,β_{ij} 表示一阶因子 i 的权重,H 表示一阶因子的数目,K 表示一阶因子对应的指标数目。

权重是指某一指标在整体评估中的相对重要程度。通过表1-6得知,土地价值观体系中各维度权重排序如下:土地保障观权重为25.20%,土地亲和观权重为22.22%,土地为本观权重为21.42%,土地致富观权重为16.80%,土地包袱观权重为14.36%。一阶因子中,4个正向维度解释了85.64%的土地价值观,而土地包袱观这一负向维度解释了14.36%的土地价值观。由此可知,农户普遍对土地持正向感情,尤其是土地保障观更能反映当代农户土地价值观。农户认为土地是重要的生产资料,依靠土地进行生产和生活,而且土地也是农户重要的养老保障。同时,虽然土地包袱观对土地价值观的影响较低,但它作为土地价值观的负向维度,反映的是农户对土地的消极态度,与以往所研究的土地价值观不同,因此土地包袱观对土地价值观的影响不容忽视。

表1-6 土地价值观评价指标权重分布表

目标层	准则层		指标层	
二阶因子	一阶因子	权重	可观测变量	权重
土地价值观	土地保障观	25.20%	V1	12.76%
			V2	16.51%
			V3	15.38%
			V4	12.38%
			V5	13.51%
			V6	15.20%
			V7	14.26%

续表

目标层	准则层		指标层	
土地价值观	土地亲和观	22.22%	V8	31.60%
			V9	30.56%
			V10	18.40%
			V11	19.44%
	土地为本观	21.42%	V12	18.98%
			V13	20.68%
			V14	29.15%
			V15	31.19%
	土地包袱观	14.36%	V16	29.03%
			V17	22.26%
			V18	20.65%
			V19	28.06%
	土地致富观	16.80%	V20	44.74%
			V21	55.26%

五、小结

本节首先界定农民土地价值观的概念并划分维度,然后在理论基础上构建农民土地价值观量表,最后运用实证数据对其进行效度检验,得出以下结论。

(1) 农民土地价值观指农民对土地自身意义、重要性的认知和评价,以及对各种土地利用行为的认知和评价,由土地为本观、土地亲和观、土地保障观、土地致富观和土地包袱观5个维度构成。

(2) 农民土地价值观量表整体信度系数达到0.83,各维度信度系数均大于0.80,说明本书设计的量表内部题项一致性较好;各维度均通过了判别效度和区别效度检验,即各维度既能单独测度农民土地价值观的不同方面,又能反映农民土地价值观这一相同内容。

第二节 宅基地价值观理论体系的构建及测度

随着我国经济的发展和城镇化水平的不断提升,大量农村居民涌向城市,农村地区"一户多宅"和"宅基地闲置与荒废"现象日益加剧,这就造成在城市化进程中,农村人口减少但农村宅基地增加的悖论。正确认识宅基地价值观,引导农民合理利用宅基地,提高农村土地利用效率,成为亟待研究和解决的问题。

一、宅基地价值观概念界定

宅基地价值观作为一个抽象的概念,目前还没有一个明确的概念界定。而对于土地价值观,有很多学者进行了定义。张雪从价值观的角度,将土地价值观定义为:人们在长期生活、实践过程和具体环境中形成的关于土地价值的看法和信念,主要包括经济价值、社会价值、政治价值及情感价值等。朱启臻和朱琳等从农民对土地的态度、认识和看法的角度,将土地价值观定义为:农民对土地的意义、重要性的总的评价和总的看法,主要包括农民对土地的态度,对发展农业的态度,对土地的重视程度等。[①] 在结合以上两种价值观概念的基础上,陈英、谢保鹏和张仁陟将土地价值观定义为:农民对土地价值、土地对其自身发展的意义及重要性的总的认识、看法和态度。[②]

农村宅基地不仅仅是土地资源,还是农民生活的家园,是农民进行农业生产的基地,也是农民实现社会交往获得生活意义的故土。从精神上来说,宅基地还是外出农民的归属与乡愁。[③] 因此,结合土地价值观的概念,本书所研究的宅基地价值观主要是指从农户自身角度出发,对宅基地重要性、看法和价值认识的一种心理倾向,其中还包括对各种宅基地利用行为的认知和评价,是一个具有多维度、多层次的观念系统。宅基地价值观反映了农民个体对宅基地利用的根本观念,是一个包含农民对宅基地保有动机、利用目的和利用态度等内容的目标系统。从外在表现来看,宅基地价值观作为衡量宅基地对农户是否有价值的判断标准,直接体现为农户对宅基地利用方式和行为等的选择和取舍。从功能上看,宅基地价值观起着评价标准的作用,在农户心中用于衡量宅基地对其是否具有价值、价值大小等。它是一种体现价值的载体,包含内容、发挥方式,以及价值转换的条件、范围、程度等。

二、宅基地价值观维度识别

在对土地价值观相关文献进行深入剖析的基础上,结合我国农村宅基地的实际情况,主要从宅基地保障观、宅基地亲和观、宅基地财富观等三个维度出发对农民宅基地价值观进行研究,从价值观对农民生产动机产生影响的角度出发来界定各种宅基地价值观。

1. 宅基地保障观

宅基地是农民重要的生活资料,是农户安身立命的场所,也是农户分家析产的重要资产,宅基地还具有养老保障作用。持这种观点的农民认为不能没有宅基地,

---

① 朱启臻,朱琳,等.北京山区农民土地价值观念变化分析[J].绿色中国,2005(2):42-45.
② 陈英,谢保鹏,张仁陟.农民土地价值观代际差异研究——基于甘肃天水地区调查数据的实证分析[J].干旱区资源与环境,2013,27(10):51-57.
③ 贺雪峰.农村宅基地缘何不能轻易"折腾"[J].人民论坛,2021(Z1):90-92.

但是从土地价值观的角度出发,宅基地也不能让人发家致富。因此,宅基地保障观就是农户将宅基地看成退路,宅基地是其基本的生活依赖,假如农户失去进城务工的机会,土地和宅基地至少还可以作为一种维持生活的保障。农村存在着家庭成员之间分家析产的现象,宅基地是重要的资产。同时,持宅基地保障观的农户具有落叶归根的想法,因此宅基地也就成为一种养老保障。

2. 宅基地亲和观

传统农户亲土恋土情结十分严重,对祖祖辈辈居住的房屋和宅基地有深深的眷恋之情。农村的邻里朋友之间,互相也有较深的老乡情。由于宅基地房屋的维修等因素,部分农户对宅基地还持亲和观。受外界条件和自身条件的限制,农户认为离开土地和宅基地会不知所措,从而更想保留自己的宅基地。

3. 宅基地财富观

农户认为宅基地可以致富。农户认为宅基地具有资产价值,具有增值性,从而更愿意保留宅基地或购置宅基地。随着宅基地流转市场的日益健全和完善,宅基地开始进入市场流转。

三、宅基地价值观量表设计及检验

(一) 数据来源

数据来源于河西走廊的武威、敦煌、张掖、酒泉 4 市的 8 个县(市、区)36 个乡镇 184 个行政村的实地调查资料。采用访谈式随机抽样的问卷调查方式,涉及范围包括县城周边村庄及边缘乡镇,经济发达和欠发达乡镇。符合样本均匀分布、大容量的要求。经后期内业核查,剔除无效问卷 23 份,有效问卷共 625 份,有效率达 96.45%。

(二) 研究方法

1. 李克特量表

李克特量表于 1932 年由美国社会心理学家李克特在原有总加量表基础上改进而来,在社会调查问卷中被广泛使用。[1][2] 李克特量表的测度方式是将每一测度项的答案划分为 5 个、7 个或 9 个选项,被调查者根据个人态度作答。每个被调查者的态度总分就是他对各道题的回答分数的加总,这一总分可说明他的态度强弱或他在这一量表上的不同状态。目前,应用最广泛的是李克特 5 点式量表。[3] 本书采用李克特五级量表,题项答案依次分别为"非常同意""比较同意""不确定""不同

---

[1] 白凯. 无应答式李克特量表在旅游研究中的应用检验[J]. 旅游学刊,2011,26(4):29-35.

[2] 汪婷,刘惠锋,傅德亮. 基于 AHP 法的大学校园绿地总体景观评价——以上海交通大学闵行校区为例[J]. 2009,27(4):418-423.

[3] 徐云杰. 社会调查设计与数据分析——从立题到发表[M]. 重庆:重庆大学出版社,2011.

意""非常不同意"5个选项,每一项对应的分值分别是5、4、3、2、1,分值越高表示评价值越高。

2. 结构方程模型

结构方程模型(SEM)是当代行为与社会领域量化研究的重要统计方法,在统计分析方法中是一个新发展的领域。它主要包括测量模型和结构模型两部分。测量模型实际为验证性因子分析,主要探究各潜在变量与其对应的可观测变量之间的关系;结构模型则主要探究各潜在变量之间的关系。由于结构方程模型将验证性因子分析和路径分析集于一体,因此它在各个领域得到广泛使用。[①]

测量模型与结构模型的矩阵方程式如下:

$$X = \Lambda_x \xi + \delta \tag{1-1}$$

$$Y = \Lambda_y \eta + \varepsilon \tag{1-2}$$

$$\eta = \beta\eta + \Gamma\xi + \zeta \tag{1-3}$$

式(1-1)和式(1-2)代表测量模型,Λ_x和Λ_y分别为可观测变量X和Y的载荷系数,δ和ε分别为可观测变量X和Y的测量误差,ξ和η分别为外生潜在变量和内生潜在变量。式(1-3)代表结构模型,β为内生潜在变量的路径系数,Γ为外生潜在变量的路径系数,ζ为残差向量。

(三)量表测度的筛选

为直观了解农民对其所拥有的宅基地的看法及评价,准确把握农民的心理,本书在对农民宅基地价值观概念界定和维度划分的基础上,运用李克特五级量表设计调查问卷。在所调查农户中,男性较多,占87.39%,女性占12.61%;年龄在各个年龄段都有涉及,40~50岁占比最多;文化程度以小学和初中为主;以务农为主的兼业农户占比较大,务农年限为30年的农户最多。

首先运用头脑风暴法和归纳法,推导出可以测量各维度的最初指标,共16项,包括安身立命的场所、养老、分家析产、农业收入比重、以地换房、祖宅依恋、回忆、家人、亲朋、周围人的态度、维修、购置宅基地、资产价值、增值性、流转、宅基地流转市场等。

(四)探索性因子分析

1. 信度检验

信度是检验数据一致性或稳定性的程度。[②] 为了验证外业调查中有效问卷数据的可靠性,需要对数据进行信度检验。由于本书没有进行多次重复性调查,因此在对数据进行信度检验时,主要采用内部一致性的方法,以克朗巴哈α值为标准。

---

① 侯杰泰,温忠麟,成子娟.结构方程模型及其应用[M].北京:教育科学出版社,2002.
② 张雯,郝营,张广胜.农村骨干劳动力培训意愿的影响因素研究:基于结构方程模型的实证检验[J].农业经济,2013,3(4):66-68.

本书以大多数文献所采用的 0.7 为标准来进行信度检验。① 通过 SPSS 19.0 软件得出的信度检验结果如表 1-7 所示。

表 1-7 量表的信度检验结果

潜在变量	克朗巴哈 α 值	整体克朗巴哈 α 值
宅基地保障观	0.838	0.887
宅基地亲和观	0.863	
宅基地财富观	0.794	

通过对表 1-7 的分析,可以看出:各组潜变量的克朗巴哈 α 值均大于 0.7,问卷的整体信度为 0.887。说明问卷中各题项之间具有较高的内在一致性,符合相关要求。

2. 效度检验

效度检验主要是为了衡量测量的正确性,主要包括结构效度检验和内容效度检验。内容效度主要反映量表中各项内容符合主题的程度。效度检验采用的主要方法是专家评价法。本书中涉及的问卷基于土地价值观理论,参考了多数研究学者的问卷内容及计量属性,针对本书的研究对象加以修改,经过了预调查,因此本书中的问卷所用的各项内容符合相关要求。

结构效度主要是检验所调查到的数据是否能够度量出所要度量的变量。本书采用 KMO 样本充分性测度和巴特利特球形检验来判断是否适合做因子分析,KMO 统计量的判断标准如表 1-8 所示,通常情况下以 KMO 值>0.7 为标准。② 在 SPSS 软件统计分析下,对量表中各变量进行 KMO 值和巴特利特球形检验,检验结果如表 1-9 所示。

表 1-8 KMO 统计量的判断标准

KMO 值	因素分析适切性
0.90 以上	极佳的
0.80 以上	良好的
0.70 以上	中度的
0.60 以上	平庸的
0.50 以上	可悲的
0.50 及以下	无法接受

---

① 吕美,国亮,姬浩.基于结构方程模型的城市金融可持续发展影响因素研究[J].统计与信息论坛,2013,3(28):94-99.

② 薛薇.统计分析与 SPSS 的应用[M].3 版.北京:中国人民大学出版社,2011.

表 1-9 KMO 值检验和巴特利特球形检验结果

测度项		结果值
取样足够度的 KMO 值检验		0.838
巴特利特球形检验	近似卡方	912.178
	DF	120
	Sig	0.000

从表 1-9 的分析结果可以看出,有效问卷的 KMO 值为 0.838>0.7,说明宅基地价值观各维度间测量项的相关性较强。巴特利特球形检验值为 0.000,小于 0.01,达到显著性水平,拒绝零假设,适合做因子分析。①②③

运用主成分分析法提取公因子,采用最大方差法对因子进行旋转,通过 7 次迭代后收敛,选取特征根大于 1 的前 3 个公因子,结果见表 1-10 和表 1-11。

表 1-10 解释的总方差

成分	初始特征值			提取平方和载入			旋转平方和载入		
	合计	方差百分比	累计百分比	合计	方差百分比	累计百分比	合计	方差百分比	累计百分比
1	6.242	39.016	39.016	6.242	39.016	39.016	5.344	33.403	33.403
2	2.429	15.183	54.199	2.429	15.183	54.199	2.664	16.653	50.055
3	1.275	7.972	62.171	1.275	7.972	62.171	1.938	12.115	62.171
4	0.985	6.159	68.33						
5	0.844	5.276	73.606						
6	0.658	4.11	77.715						
7	0.56	3.503	81.218						
8	0.556	3.476	84.694						
9	0.494	3.085	87.778						
10	0.393	2.458	90.237						
11	0.377	2.355	92.592						
12	0.323	2.018	94.61						
13	0.295	1.847	96.457						
14	0.212	1.324	97.781						

---

① 郭志刚. 社会统计分析方法:SPSS 软件应用[M]. 北京:中国人民大学出版社,2005.
② 林震岩. 多变量分析:SPSS 的操作与应用[M]. 北京:北京大学出版社,2007.
③ 林师模,陈苑钦. 多变量分析:管理上的应用[M]. 台北:双叶书廊有限公司,2004.

续表

成分	初始特征值			提取平方和载入			旋转平方和载入		
	合计	方差百分比	累计百分比	合计	方差百分比	累计百分比	合计	方差百分比	累计百分比
15	0.189	1.182	98.963						
16	0.166	1.037	100						

表1-11 旋转成分矩阵

成分	1	2	3
回忆	0.785	0.151	0.177
祖宅依恋	0.765	0.179	0.124
家人	0.760	0.019	0.135
亲朋	0.727	0.029	0.006
安身立命的场所	0.724	0.282	0.256
周围人的态度	0.701	−0.080	0.102
养老	0.680	0.145	0.313
维修	0.631	0.214	0.205
分家析产	0.596	0.006	0.506
资产价值	0.525	0.510	−0.415
流转	−0.066	0.872	0.027
购置宅基地	0.173	0.757	−0.088
宅基地流转市场	0.038	0.747	0.278
增值性	0.439	0.548	−0.419
以地换房	0.291	0.056	0.723
农业收入比重	0.465	0.012	0.668

从表1-11可以看出,旋转后抽取了特征根大于1的前3个公因子,累计方差贡献率为62.171%,且各可观测变量在各个公因子上的载荷均大于0.5。说明问卷划分结构与探索性调查的结果一致,因此16项指标均被保留。

通过以上分析,宅基地价值观量表的构建通过了信度和效度检验,量表的开发与构建完成。可以进行接下来的验证性因子分析。

(五)验证性因子分析

1. 一阶验证性因子分子

为了进一步检验探索性因子分析得到的变量和结构,本书通过AMOS软件对农户宅基地价值观的各个测量变量进行一阶验证性因子分析，建立多因素斜交模型，采用极大似然估计法。共选取了5个常用的指标进行模型拟合度检验，选取的指标分别为：卡方的显著性概率值（P）、卡方自由度比值（χ^2/DF）、近似误差均方根（RMSEA）、模型的拟合优度指数（GFI）和残差均方和平方根（RMR）。经过修正后的一阶验证性因子模型路径图与标准化估计值见图1-3，模型拟合指数见表1-12。

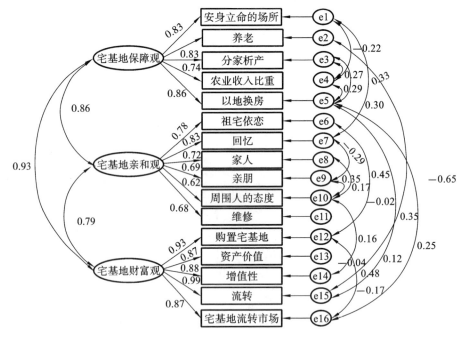

图1-3　一阶验证性因子模型路径图与标准化估计值

表1-12　一阶验证性因子模型拟合指标

测量指标	适配的标准或临界值	检验结果数据	模型适配判断
P	>0.05	0.234	是
χ^2/DF	<3	1.109	是
RMSEA	<0.08（若<0.05，优良；若<0.08，良好）	0.031	是
GFI	>0.90	0.911	是
RMR	<0.05	0.024	是

表1-12为一阶验证性因子模型拟合指标，参照《结构方程模型——AMOS的操作与应用（第2版）》[①]中适配指标的临界值，$P=0.234>0.05$，χ^2/DF的值为

---

① 吴明隆.结构方程模型——AMOS的操作与应用[M].2版.重庆：重庆大学出版社，2010.

$1.109<3$，RMSEA$=0.031<0.05$，GFI$=0.911>0.90$，RMR$=0.024<0.05$。通过分析可知，模型拟合的各测量指标均在可接受范围之内，说明模型拟合度较好，模型是有效的，具有较强的说服力。

从表1-13可以看出，一阶验证性因子分析模型中各潜变量的标准化因子载荷系数均大于0.5，模型通过了5%的显著性检验，且各维度平均方差抽取量AVE值均大于0.5。说明潜在变量可以很好地解释其指标变量，模型的内在质量理想，具有较好的收敛效度。

表1-13 宅基地价值观各维度AVE值

维度	AVE值
宅基地保障观	0.64
宅基地亲和观	0.52
宅基地财富观	0.83

2. 二阶验证性因子分析

一阶验证性因子模型通过了收敛效度检验且3个维度之间的相关系数均大于0.5，说明这3个维度之间可能存在高阶因子。在运用极大似然法对宅基地价值观数据进行参数估计时，也必须满足可观测变量因子的载荷值大于0.5，才能证明假设模型具有较强的说服力和可信度，从而进行二阶验证性因子分析。由图1-3可知，16个可观测变量标准化后的因子载荷值均大于0.5，符合要求。因此，为了进一步验证，在一阶验证性因子模型的基础上，构建了二阶验证性因子模型。二阶验证性因子模型拟合指标见表1-14，经过修正后的二阶验证性因子模型路径图与标准化估计值见图1-4。

表1-14 二阶验证性因子模型拟合指标

测量指标	适配的标准或临界值	检验结果数据	模型适配判断
P	>0.05	0.177	是
χ^2/DF	<3	1.137	是
RMSEA	<0.08（若<0.05，优良；若<0.08，良好）	0.035	是
GFI	>0.90	0.901	是
RMR	<0.05	0.026	是

从表1-14可以看出，二阶验证性因子模型各项拟合指标均符合标准。图1-4中各项潜变量和与其对应的可观测变量间的载荷系数均大于0.5，说明通过各可观测变量能较好地反映与其对应的维度。

测量模型中一阶因子宅基地保障观、宅基地亲和观和宅基地财富观对宅基地价值观的路径系数分别为0.99、0.84、0.93，其中宅基地保障观较其他两个因子对

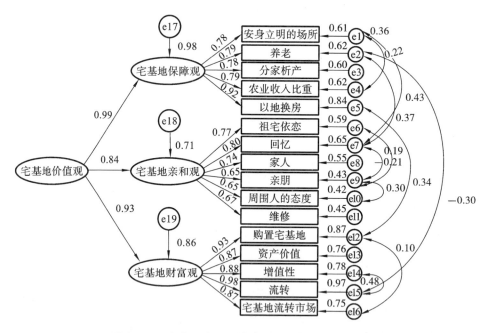

图1-4 二阶验证性因子模型路径图与标准化估计值

宅基地价值观的反映程度要高。从3个外生潜在变量与其对应的可观测变量之间的载荷系数来看,对于外生潜在变量(宅基地保障观),可观测变量(以地换房)的载荷系数最大为0.92,说明以地换房对宅基地保障观贡献最大,即影响最大;对于外生潜在变量(宅基地亲和观),可观测变量(回忆)的载荷系数最大为0.80;对于外生潜在变量(宅基地财富观),可观测变量(流转)的载荷系数最大为0.98。

综上所述,二阶验证性因子模型不仅反映了一阶因子之间的关系,而且反映了3个维度和宅基地价值观的关联程度。通过二阶验证性因子模型,直观地体现了宅基地价值观量表,同时准确地反映了各测项之间的相互关系。说明将宅基地价值观划分为宅基地保障观、宅基地亲和观和宅基地财富观三个维度具有重要理论意义。

3. 宅基地价值观的测度

本书采用相关性权重法确定宅基地价值观各阶指标的权重。相关性权重法是根据相关系数确定权重的一种方法。在结构方程模型中各指标变量之间的相关系数实质上就是标准化因子载荷系数和路径系数。① 因此,将各指标变量标准化因子载荷系数进行归一化处理后得出三级指标的权重,将路径系数进行归一化处理后得出二级指标的权重,最后通过二级指标权重和三级指标权重测度宅基地价值观。

---

① 刘进,揭筱纹.基于二阶因子模型的企业家战略领导能力评价实证研究[J].首都经济贸易大学学报,2012(4):79-84.

归一化公式为：

$$\rho_{ij} = \lambda_{ij} / \sum_{j=1}^{n} \lambda_{ij}$$

式中，ρ_{ij} 为一阶因子 i 的第 j 个指标的相应权重，λ_{ij} 为一阶因子 i 的第 j 个指标的载荷系数。确定一阶因子权重采用以下公式：

$$ZJDJZG = \sum_{i=1}^{H} \beta_i \sum_{j=1}^{K} \rho_{ij} m(i,j)$$

其中，ZJDJZG 代表宅基地价值观，$m(i,j)$ 表示一阶因子 i 的第 j 个指标的平均作用分值，ρ_{ij} 表示一阶因子 i 的第 j 个指标的权重，β_i 表示一阶因子 i 的权重，H 表示一阶因子的数目，K 表示一阶因子对应的二阶因子的指标数目。

从表1-15得知，宅基地价值观各维度权重从大到小依次如下：宅基地保障观权重为35.87%、宅基地财富观权重为33.59%、宅基地亲和观权重为30.54%。由此可知，宅基地保障观是体现当今农户宅基地价值观的一个最重要的方面，宅基地对于农户来说是一种生活的基本保障。

表1-15 宅基地价值观评价指标权重分布表

一级指标	二级指标	权重	三级指标	相对权重	绝对权重
宅基地价值观	宅基地保障观	35.87%	安身立命的场所	19.30%	6.92%
			养老	19.43%	6.97%
			分家析产	19.16%	6.87%
			农业收入比重	19.45%	6.98%
			以地换房	22.66%	8.13%
	宅基地亲和观	30.54%	祖宅依恋	17.87%	5.46%
			回忆	18.79%	5.74%
			家人	17.31%	5.29%
			亲朋	15.30%	4.67%
			周围人的态度	15.12%	4.62%
			维修	15.61%	4.76%
	宅基地财富观	33.59%	购置宅基地	20.56%	6.91%
			资产价值	19.26%	6.47%
			增值性	19.46%	6.54%
			流转	21.66%	7.28%
			宅基地流转市场	19.06%	6.39%

通过16个三级指标的绝对权重得出，以地换房对宅基地价值观的影响最大，绝对权重为8.13%。说明宅基地对于农户来说最重要的作用是居住，即农户对宅

基地的生存依赖很强。农户对于宅基地价值观的意识主要体现在其居住方面的功能，认为宅基地是保障其生产和生活的必要条件。因此，宅基地保障观对于宅基地价值观的影响是不容小觑的。

四、小结

本节以宅基地价值观为研究对象，首先对其概念进行界定并划分为3个维度，然后构建宅基地价值观观测量表，最后运用实证调查数据建立结构方程模型对量表进行检验，最终得出以下结论。

（1）宅基地价值观是指从农户自身角度出发，对宅基地重要性、看法和价值认识的一种心理倾向，其中还包括对各种利用宅基地行为的认知和评价，是一个具有多维度、多层次的观念系统。它主要由宅基地保障观、宅基地亲和观和宅基地财富观三个维度构成。

（2）宅基地价值观量表整体信度为0.887，各维度信度系数均大于0.7，说明问卷中各题项之间具有较高的内在一致性。通过结构效度检验，量表的KMO值为0.838>0.7，说明宅基地价值观各维度间测项的相关性较强。通过收敛效度检验，量表的巴特利特球形检验值为0.000，小于0.01，达到显著性水平，拒绝零假设。各维度平均方差抽取量AVE值均大于0.5，说明潜在变量可以很好地解释其指标变量。

（3）通过分析各维度之间的相关系数和权重值，以及潜在变量与其对应的各可观测变量之间的载荷系数和绝对权重值，得出宅基地保障观的相关系数为0.99，权重为35.87%，较其他两个维度的值要高，说明宅基地保障观是体现当今农户宅基地价值观的一个最重要的方面。16个测项中以地换房的绝对权重最大，为8.13%，说明宅基地对于农户来说最重要的作用是居住，即对宅基地的生存依赖很强。综上所述，影响当今农户宅基地价值观最主要的是住宅对其生活的保障性，换言之，解决好农户住房问题将有利于农村土地的集约利用和经济发展。

第二章
农民土地价值观的影响因素

新中国成立至改革开放以来,我国农业制度改革经历了两次强制性制度变迁和一次诱致性制度变迁,对农业发展产生了重大的影响。① 社会的重大转型与体制改革,自然而然地引发了农民土地价值观的变革,新的价值观在逐渐产生,而旧的价值观力量强大,新旧价值观激烈碰撞,形成价值观的多元化发展趋势。② 当前,在城乡劳动力频繁流动、市场经济日益发达的背景下,不同地区的农民对土地的态度相当不同,发达地区和城郊农村期待更多的土地权利从而获得更多的土地级差收益,一般农业型地区的农民希望以较少的投入获得更多且稳定的农业收入。因此,面对不同地区高度分化的农民,必须清楚地了解农民要什么和什么农民在要背后更深层次的价值观问题。③

目前,相关研究已经注意到农民自身心理、情感所形成地方农民土地价值观的重要作用,本章主要从农民价值观形成的关键要素识别等方面进行研究④,并分析农民土地价值观的影响因素。

第一节 农民土地价值观的关键要素识别

一、数据来源与研究方法

(一)数据来源

选取 2013 年 8—12 月在甘肃河西走廊调查获得的 271 份典型样本进行实证分析。经内业统计得出,问卷具有良好的信度、效度和重测信度,α 值为 0.87。

---

① 廖小平,张长明.价值观代际变迁的基本规律和特点——从改革开放以来的中国社会来看[J].西北大学学报(哲学社会科学版),2007(5).
② 贺雪峰.地权的逻辑:中国农村土地制度向何处去[M].北京:中国政法大学出版社,2010.
③ 陈英,傅颖秀,张仁陟,等.农民土地价值观的理论构建及问卷的初步编制[J].干旱区资源与环境,2015,29(7):54-60.
④ 朱文涛,傅颖秀,陈英,等.农民土地价值观形成环境关键要素识别的 SNA 研究[J].甘肃农业大学学报,2015,50(2):143-150.

样本结构如下：张掖市93人，占34.3%；武威市98人，占36.2%；酒泉市80人，占29.5%。男性193人，占71.2%；女性78人，占28.8%。最年长者88岁，最年轻者17岁，平均年龄44.5岁，中位数年龄43岁。

（二）研究方法

研究主要借助SPSS 19.0和Ucinet 6.0进行统计分析。

自从社会网络分析被引入社会学研究领域以来，它已经发展成为社会理论、经验研究、形式数学与统计学发展的重要组成部分。和一般的静态计量研究不同，社会网络分析的一个基本假定就是，数据之间被视为相互依赖的，其关注点也自然放在行动者-事件的关系而非行动者上。[①]

中心性分析是社会网络分析的重要功能，中心度是对个体行动者权利的量化分析。在社会网络分析中，中心度描述的是图中任何一点在网络中占据的核心性，中心势则用来刻画网络图的整体中心性。

度是复杂网络节点的属性中最简单也是最重要的性质。在社群图中，点的中心度一般用度数中心度来测量。在无向图中是点的度数，在有向图中就是点入度和点出度。节点i的入度定义为指向节点i的节点的数目，出度为被节点i指向的节点的数目。

度数中心度刻画的是局部的中心指数，测量网络中行动者自身的交易能力，没有考虑到能否控制他人。如果网络中一个行动者在交易的过程中较少依赖他人，就认为该行动者与他人的接近程度较高。接近中心度用来测量一个点与网络中所有其他点的距离，较短的距离意味着较高的整体中心度。[②]

整体中心度指的是该点在总体网络中的战略重要性，由Freeman于1979年首次提出。其基本思想是，如果一个点与图中许多其他点的距离都很短，则称该点是整体中心点。根据各个点之间的接近性、不同点之间的距离，可以计算出图中某点与其他各个点之间的最短距离之和。在有向图中，即表现为内接近性和外接近性。[③]

二、理论假设

根据社会网络分析（SNA）方法，农民土地价值观形成环境要素是否具有网络中心性是识别关键要素的重要依据，这种中心性能对整个环境网络内部的凝聚性产生影响。因此，提出本书假设：网络中心性促进农民土地价值观形成环境要素网络的凝聚性，网络中心性越强，其作用性在要素网络中越容易扩散。

---

① 朱琳.北京山区农民土地价值观念变化及其对土地利用的影响[D].北京：中国农业大学，2009.

② 张雪.农民土地价值观念变迁研究[D].济南：山东大学，2010.

③ 孙玉娜，李玉堂，薛继亮.农村劳动力流动、农业发展和中国土地流转[J].干旱区资源与环境，2012,26(1):25-30.

三、基于SNA的农民土地价值观形成环境要素识别模式

根据社会网络分析及上述理论假设，网络中心性是农民土地价值观形成环境的重要属性。在具体研究中，通过要素分析、关联分析、矩阵分析三种方法逐步确定关键要素，并构建农民土地价值观形成环境要素的识别模式。

（一）要素分析

要素分析的主要工作是构建农民土地价值观形成环境的指标体系。

首先，根据前期农民土地价值观系统研究，对农民土地价值观的结构和特征做出基本判断。在此基础上，构建影响农民土地价值观形成的理论系统。大量梳理和整合关于农民个体价值观、职业选择与工作意愿、文化因素对行为的影响、新老农民工代际差异、农村贫困代际传递、区域创新环境方面的研究，并参考价值观形成与转变影响因素探讨等方面内容，从环境、制度、文化及价值观分异特征与个人等因素入手，最终形成5要素模型。5个一级要素分别为：个体社会竞争力特征、基础设施、家庭环境、村庄环境和政策环境。需要说明的是，由于研究的内容、主体、视角和方法不同，每一个要素类别中的具体要素指标可能与前人的研究分类标准不尽相同。

其次，在农民土地价值观形成环境指标体系的基础上，识别相关要素。

为调查清楚农民土地价值观的现状、特点、分类及影响其形成与变化的因素，以甘肃省河西走廊这一传统农业耕作区为例，进行实证研究，调查方式为发放调查问卷和农户访谈。

经内业分析，问卷共发放290份，有效问卷271份。从行政单元来看，参与数据运算的样本来自张掖市、武威市和酒泉市等3个地级市共7个县（市、区）54个行政村。从区域差异来看，数据样本涉及城市郊区与山区、经济发达与欠发达、土地流转多与少的村庄，数据样本充足，可靠性、代表性较强。

结果表明，农户土地价值观差异的形成主要受到个体社会竞争力特征、基础设施、家庭环境、村庄环境和政策环境影响。这为本书提供了方向。

根据研究目标，结合实际调研情况，对5要素模型的相关要素进行识别，列出对被访者价值观形成具有重要作用的一系列影响因素，综合形成影响农民土地价值观形成的要素图谱。表2-1为农民土地价值观形成环境指标体系构建表。

表2-1　农民土地价值观形成环境指标体系构建表

一级因素	二级构成要素	三级指标层
个体社会竞争力特征	劳动能力情况	年龄、性别、身体状况
	信息接收能力	文化程度、职业
	人生经验	务农年限、外出年限、外出从事行业

续表

一级因素	二级构成要素	三级指标层
基础设施	土地资源禀赋	土地规模、类型、等别
	农业发展条件	灌溉条件、地形坡度、种植作物、作物年产量
	土地整治环境	是否进行土地整治相关项目
家庭环境	家庭发展规划	家庭发展目标
	家庭社会经济地位	家庭收入来源结构、就业水平
	家庭发展实力	家庭人口数、需供养人口数
村庄环境	村庄区位条件	距县城距离、道路通达度
	村庄发展水平	人均年纯收入、乡镇企业个数、农民集体合作社个数
	农业发达程度	土地流转规模、机械使用量、务农收入占总收入的比重
	农业技术环境	新技术的传播和采用
政策环境	社会心理因素	社会思潮、人生主导价值观
	地区发展政策	研究单元发展主导战略
	政策支持水平	惠农政策满意度、信贷规模
	信息环境	社会关系、村民关联度
	市场环境	市场需求、务农成本/收入比、农产品价格

（二）关联分析

进行关联分析的目的是将已经识别出来的要素之间的相互关联进行系统分析。在关键数据的收集方面，主要采用了档案资料法和问卷法。档案资料来源于近3年统计年鉴和农业统计年报。问卷采用信效度较高的农民土地价值观量表和村民关联度量表。关联分析步骤如下。

1. 建立邻接矩阵

社会网络分析的基本分析工具是矩阵。邻接矩阵是根据发生矩阵得来的，发生矩阵是表示"行动者-事件"的矩阵，而仅以行动者或仅以事件其中之一构成的网络分析矩阵就是邻接矩阵，在一个邻接矩阵中，行和列的内容相同。本书所使用邻接矩阵是表示"行动者-行动者"的方阵，用来反映农民土地价值观形成环境要素之间的关联程度和相互作用关系。

2. 确定关联值

具体方法为：矩阵中的各行、各列依次代表价值观形成环境要素，根据各个要素之间的相互影响程度判断关联值。设计四级关联值如下：3为强关联，2为中等关联，1为弱关联，0为没有关联。其中，影响值表示行要素与列要素的关联程度。例如：行要素对列要素的影响值填在该行所处的列的位置上，即第 m 行的要素对第

n 列的要素的影响值应该填在第 m 行第 n 列的位置上。

据此,可以画出农民土地价值观形成环境中各要素的社群图(见图 2-1)。图中,各形成要素为网络节点,要素之间的影响关系为网络节点之间的有向连线,如"劳动能力情况"对"家庭社会经济地位"有影响,则用一条从"劳动能力情况"到"家庭社会经济地位"的有向连线表示,便得到各要素之间关系的社群图。

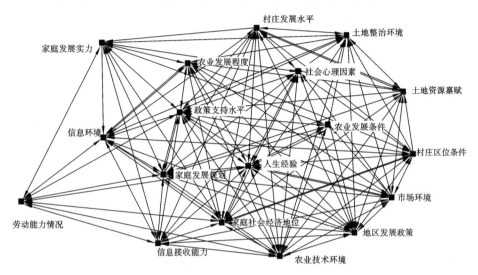

图 2-1 1-Mode 社群图

(三)矩阵分析

矩阵分析的目的是识别农民土地价值观形成环境中的关键要素。关键要素是指在环境网络中起主导和支配作用,同时又不被或较少被其他环境要素影响的要素,其主导作用和支配地位表现为一种网络中心性,能够对网络凝聚性、网络质量及区域创新能力产生重要影响。社会网络的中心性分析方法主要有度数中心性、中间中心性、接近中心性、特征向量中心性、权利指数、影响指数和群体中心性等分析方法。[1]

本书主要使用度数中心性分析方法。根据已构建的价值观形成环境要素矩阵,计算每一要素的点入度和点出度。[2] 计算公式如下:

$$\text{CD-in}(n) = \sum_{m=1}^{n} C_{mn} \tag{2-1}$$

---

[1] 孙玉娜,李玉堂,薛继亮.农村劳动力流动、农业发展和中国土地流转[J].干旱区资源与环境,2012,26(1):25-30.

[2] 梅东海.社会转型期的中国农民土地意识——浙、鄂、渝三地调查报告[J].中国农村观察,2007(1):36-46.

$$\text{CD-out}(n) = \sum_{n=1}^{n} C_{mn} \qquad (2-2)$$

式中，CD-in 为 m 要素的点入度，CD-out 为 n 要素的点出度，邻接矩阵中 $m=n$。

点入度和点出度考虑了与该点直接连接或相邻连接的连线数和连接强度，但并未考虑与该点具有间接联系的连线数。因此，度数中心性表示的只是局域网络的中心性。

为了测量要素在整体网络中的中心性，仅有度数中心性显然不够。因此，本书除采用度数中心性外，还采用接近中心性识别关键要素。接近中心性可以测量某一要素网络点与其他要素网络点之间的距离。计算公式如下：

$$C_{APm}^{-1} = \sum_{n=1}^{n} C_{mn} \qquad (2-3)$$

C_{mn} 是点 m 和点 n 之间的捷径距离，表示如果一个点与网络中所有其他点的距离都很短，则称该点具有较高的整体中心性，一个点的接近中心性是该点与其他点的接近距离之和。

采用表 2-1 中的农民土地价值观形成环境指标体系，构建含 271 个样本的邻接矩阵。

在关联值的确定上，首先采用德尔菲法，访问农业、国土、乡镇等方面专家，对给定的指标体系打分。经过两轮打分，分别确定某一要素对其他要素的影响强度。

其次，选取典型农户个体，研究其土地价值观特点，找出其关键影响因素，与专家打分情况互相检查，并得出关联值表。

最后，随机调查 100 名农户个体，对得出的关联值表进行认可评价，根据其认可意见确定关联值表的可用性。

最终确定的关联值表含 4 级关联值，如表 2-2 所示，其中 3 为强关联、2 为中等关联、1 为弱关联、0 为没有关联。

表 2-2 中计算了各因素的点入度和点出度，由这两项度数中心性指标及网络连接度指标可以看出，大多数因素的点入度、点出度以及由二者构成的连接度都较高，说明许多因素被认为对其他因素有影响，同时也被其他因素影响。这表明农民土地价值观体系是一个高交互式的、动态的、灵活的结构网络。但还不能据此判定哪些是关键因素。

为了识别促使价值观形成的关键要素，需要进行接近中心性计算。使用社会网络分析软件 Pajek 计算该邻接矩阵的外接近中心性和内接近中心性，根据前文所述的价值观形成环境关键要素特征，将那些具有高（外接近中心性＝1.00）或较高（0.90≤外接近中心性＜0.99）外接近中心性，同时具有较低（0.70＜内接近中心性＜0.89）内接近中心性的要素，确定为环境网络中的关键要素。结果如表 2-3 所示。

第二章 农民土地价值观的影响因素

表 2-2 农民土地价值观形成环境要素的邻接矩阵

0 没有影响 1 弱影响 2 中等影响 3 强影响	劳动能力情况	信息接收能力	人生经验	土地资源禀赋	农业发展条件	土地整治环境	家庭发展规划	社会经济地位	家庭发展实力	村庄区位	村庄发展水平	农业发达程度	农业技术环境	社会心理因素	地区发展政策	政策支持水平	信息环境	市场环境	点出度
个体社会竞争力特征	劳动能力情况	—	3	2	0	0	0	3	3	3	0	0	1	1	3	0	2	3	0	21
	信息接收能力	1	—	3	3	1	0	3	3	2	0	2	3	1	3	0	2	3	3	33
	人生经验	1	2	—	0	1	0	3	3	2	0	1	3	0	3	0	3	2	3	27
基础设施	土地资源禀赋	0	0	3	—	3	2	3	3	1	0	3	3	3	3	2	2	0	1	29
	农业发展条件	0	2	3	0	—	3	2	3	1	0	1	3	3	3	2	1	2	3	30
	土地整治环境	0	0	2	3	3	—	1	2	1	0	3	3	0	3	2	3	3	1	33
家庭环境	家庭发展规划	0	2	3	3	2	1	—	2	0	0	1	3	0	3	0	0	2	1	23
	家庭社会经济地位	1	3	2	2	2	0	3	—	0	0	2	2	1	3	0	1	3	0	25
	家庭发展实力	2	2	2	2	2	0	3	3	—	0	3	2	0	3	0	3	2	0	30
村庄环境	村庄区位	0	2	2	2	3	1	2	3	0	—	3	3	1	3	2	2	0	2	33
	村庄发展水平	0	3	3	3	3	1	2	3	0	1	—	3	2	3	1	3	3	3	36
	农业发达程度	0	3	3	3	1	2	2	3	0	0	3	—	3	3	1	3	3	3	33
	农业技术环境	0	3	2	3	3	3	2	3	0	0	2	3	—	1	0	2	0	0	30
政策环境	社会心理因素	0	3	3	3	3	3	2	3	0	0	1	3	3	—	0	3	3	0	31
	地区发展政策	0	3	3	1	2	3	2	3	0	3	2	3	3	3	—	3	3	3	42
	政策支持水平	0	0	1	0	0	0	0	1	0	0	0	2	3	1	1	—	0	2	19
	信息环境	0	2	2	2	2	0	2	3	0	0	0	2	3	3	1	3	—	0	20
	市场环境	0	3	3	3	3	0	3	3	0	0	2	3	3	3	2	3	3	—	36
	点入度	5	35	44	32	37	14	44	42	12	4	27	45	29	40	16	36	41	28	—

表 2-3　基于接近中心性的农民土地价值观形成环境关键要素识别

要素分类	农民土地价值观形成环境要素	外接近中心性	内接近中心性	关键环境要素	指标说明
个体社会竞争力特征	劳动能力情况	0.69	0.58	否	
	信息接收能力	0.90	0.86	是	较高外接近中心性，较低内接近中心性
	人生经验	1.00	0.82	是	较高外接近中心性，较低内接近中心性
基础设施	土地资源禀赋	0.82	0.78	否	
	农业发展条件	0.86	0.95	否	
	土地整治环境	0.86	0.67	否	
	家庭发展规划	1.00	0.85	是	较高外接近中心性，较低内接近中心性
家庭环境	家庭社会经济地位	0.78	1.00	否	
	家庭发展实力	0.78	0.67	否	
	村庄区位条件	0.90	0.55	否	
	村庄发展水平	0.95	0.82	是	较高外接近中心性，较低内接近中心性
村庄环境	农业发达程度	1.00	0.86	是	较高外接近中心性，较低内接近中心性
	农业技术环境	0.82	0.90	否	
	社会心理因素	0.95	0.78	是	较高外接近中心性，较低内接近中心性
政策环境	地区发展政策	0.90	0.67	否	
	政策支持水平	0.75	1.00	否	
	信息环境	0.69	0.90	否	

计算得到每个要素外接近中心性和内接近中心性的数据，其中6个环境要素成为关键要素，它们分别是信息接收能力、人生经验、家庭发展规划、村庄发展水平、农业发达程度、社会心理因素。其中，信息接收能力包括文化程度和职业，是农民土地价值观得以形成的前提和根本；人生经验是行为主体对职业选择的主动干预因素，具有心理倾向的稳定性；家庭发展规划是行为主体的价值偏好，引导价值观形成环境中其他资源的流向与集聚；村庄发展水平涉及社会人行为的"从众心理"和"模仿效应"，是局部微观网络内影响个体农民土地价值观选择和价值判断的

制约因素;农业发达程度是造成农民土地价值观区域差异的决定性因素,暗含了农地"经济价值"对农户农民土地价值观形成的引导作用;社会心理因素主要是社会主流价值观的影响,是农民土地价值观形成和变迁的动力来源和持久支撑力量。

（四）关键要素影响所造成的土地价值观差异

上述6个关键要素的影响在实地调查中也得到了充分验证。在研究区范围内,农民土地价值观的空间特征表现为农民土地价值观的情感价值和财富价值走向相反。自西向东,农地情感价值逐渐上升,农地财富价值逐渐下降。这主要是因为:经济越发达,观念越开放,对土地重要性的感知越弱,耕地就业功能的可替代性越强。

以民勤县、凉州区和张掖市为例。在农业发达程度的影响下,民勤县农民对土地的价值认知程度在研究区内属于较低水平;张掖市以"土地流转"立市,大力促进土地流转、专业合作社和土地整治。受村庄发展水平和农业发达程度影响,甘州区（87分）、高台县（86分）、临泽县（82分）、山丹县（86分）和民乐县（83分）农民的土地价值观总体得分在整个研究区内保持较高水平;凉州区土地整治环境较好,农户对土地整治和特色林果业政策的拥护也使得凉州区农户对土地价值认知程度较高。

纵向来看,受社会心理因素影响,农民土地价值观变化呈现出"高价值—高产权—低依赖"的现代化演变趋势,农业比较效益成为衡量土地价值大小的前提,但农业比较效益又因地力条件、农业发达程度和村庄发展水平等而异,"以土为本"的传统土地意识正逐渐演变为"以土地为资本"导向的土地价值观。

家庭发展规划的影响体现在调查中,确定进城农户对已有承包地的利用以隐性撂荒和粗放利用为主。

信息接收能力和人生经验对土地价值观的影响主要体现为代际差异。研究表明,40～60岁的人热爱土地,在土地上精耕细作,愿意承包更多的土地;40岁以下的中年人对土地的感情比较复杂,既将土地看作最后的保障,又存在"掠夺式经营"的客观事实;年轻人不愿意从事农业,将土地看作包袱。

四、小结

农民土地价值观是农民对土地自身意义、重要性和各种土地利用行为的认知和评价,是一个多维度多层次的观念系统。本节采用社会网络分析法,从要素分析入手,通过构建价值观形成的5要素模型和各要素关联值的中心度检验,最终识别出土地价值观形成环境的6个关键因素:信息接收能力、人生经验、家庭发展规划、村庄发展水平、农业发达程度和社会心理因素。表明了农民土地价值观形成环境具有动态性和网络性,利用社会网络分析法进行农民土地价值观变迁研究具有良好的效果,促使农民土地价值观形成。

第二节 农民土地价值观的影响因素

本书以农民土地价值观维度及其分化类型为基础,进一步研究农民土地价值观的影响因素。以武威市一区两县的农户为调查对象,对影响农民土地价值观的因素进行筛选分析,得到主要影响因素。具体分析这些因素的影响程度和作用机制,为把握研究区域农民土地价值观变迁提供有利参考,引导农民土地价值观的正确发展方向,为提高农地利用效率和农地制度有效合理变革提供依据。

一、研究方法与数据材料

(一)研究方法

1. 李克特量表

李克特量表是总加量表的一种特定形式,是社会调查问卷中用得最多的一种量表形式。它由美国社会心理学家李克特于 1932 年在原有的总加量表基础上改进而成。该量表由一组对事物的态度或看法的陈述组成,回答者对这些陈述的回答被分成"非常同意、同意、不一定、不同意、非常不同意"五类,人们在态度上的差别,就在这一组的多样选择中被巧妙地反映出来。[①]

2. 结构方程模型

结构方程模型是行为社会科学领域量化的重要统计方法,包括两个基本模型:测量模型与结构模型。测量模型由潜在变量(又称"潜变量")与可观测变量组成,是一组可观测变量的线性函数。可观测变量是潜在变量的测量指标,是量表或问卷等测量工具所得的数据。结构模型是潜在变量间因果关系模型的说明,作为因的潜在变量即外因潜在变量,作为果的潜在变量即内因潜在变量;外因潜在变量对内因潜在变量的解释变异会受到其他变量的影响即干扰潜在变量。[②]农民土地价值观的影响因素属于潜在变量,不便于直接测量,但可以用测量指标去间接测量。

其中测量模型可表示为:

$$X = \Lambda_X \xi + \delta \quad (2-4)$$

$$Y = \Lambda_Y \eta + \varepsilon \quad (2-5)$$

式(2-4)和式(2-5)中:X、Y 分别代表外因潜在变量、内因潜在变量的可观测变量,Λ_X、Λ_Y 分别代表外生变量、内生变量与测项的回归系数矩阵即因子载荷,ξ、η 分

[①] 马婷婷,陈英,宋文.农民土地意识对农地流转及规模经营意愿的影响研究——以甘肃省武威市为例[J].干旱区资源与环境,2015,29(9):26-32.

[②] 吴明隆.结构方程模型——AMOS 的操作与应用[M].2 版.重庆:重庆大学出版社,2010.

别为外衍潜在变量和内衍潜在变量，δ、ε 为 X、Y 的测量误差。

结构模型可表示为：
$$\eta = B\eta + \Gamma\xi + \zeta \tag{2-6}$$

式(2-6)中，η 通过内生变量与内生变量之间的回归系数矩阵 B 和外生变量与内生变量之间的回归系数矩阵 Γ 及误差 ζ，把内因潜在变量和外因潜在变量联系起来。

（二）数据材料

1. 数据来源

采用问卷调查和现场访谈相结合的分级抽样方法，对河西走廊进行全面深入的调查。本书选取河西走廊的武威市"一区两县"——凉州区、民勤县、古浪县作为研究区域。以74个乡镇948个行政村为抽样总体，最终确定样本区域176个行政村，发放问卷756份，总计有效样本数量718份，有效样本率达94.97%。

2. 样本描述

本书以独立农户为单元，调查对象均为本村居民，具有务农经历。年龄在20～28岁之间的人数为43人，占5.99%；在38～46岁之间的人数为337人，占46.94%。女性人数为108人，占15.04%；男性人数为610人，占84.96%。武威市"一区两县"农民受教育文化程度普遍偏低。其中，凉州区有效问卷数337份，占46.94%；民勤县有效问卷数187份，占26.04%；古浪县有效问卷数194份，占27.02%。

二、变量选取、预期方向及作用机制

（一）变量选取

通过前期对农民土地价值观的相关研究，可知农民土地价值观是一个多维度、多层次的观念系统，是农民对土地自身意义、重要性的认知和评价，以及对各种土地利用行为的认知和评价[1]；划分了包括情感价值、保障价值、财富价值和权利价值在内的"农民土地价值观四维度"模型，以及由此延伸出的土地为本观、土地亲和观、土地保障观、土地包袱观和土地权利观等不同价值观类型。因此，在前人研究的基础上，结合区域调查的实际情况，对造成农民土地价值观的影响因素进行进一步分析，从农户特征和外部环境两大方向出发，进行更深一步的研究。

1. 农户特征

1) 农户基本特征

量化农户基本特征这个潜变量，通过年龄、性别、受教育年限3个观测指标进

---

[1] 裴婷婷,陈英,吴玮,等.农民土地价值观研究——概念界定、量表开发与效度检验[J].干旱区资源与环境,2015,29(3):39-44.

行测度。武威市"一区两县"的农村代际价值观存在差异性,"60后""70后""80后""90后"对土地的感情呈逐渐下降趋势,并且在土地利用方面有各自特定的价值观念;传统的重男轻女现象依然存在,男性对土地的感情一般深于女性;受教育年限时间越长,在提高农民理性认知水平和信息敏感能力方面越有帮助;农民的文化水平越高,自主能力越强,对国家相关法律政策理解和实施能力越强。

2) 农户家庭特征

农户家庭特征潜在变量可通过家庭人口、务农人数、家庭人均月收入、家庭非农收入占比4个观测指标进行量化。在当前城乡二元结构甚至三元利益结构的背景下,农户分化成四种不同的类型:纯农户、Ⅰ兼户、Ⅱ兼户、非农户。农民兼业化现象普遍存在,一般农民的家计模式是以代际分工为基础的半耕半农,即年老父母在家务农,满足日常生活需求,年轻子女外出务工,获取额外收入。通过务农和务工两笔收入,这个家庭可以维持相对体面的生活[①],这在农民土地价值观层面产生了一定的影响。

2. 外部环境

1) 规范因素

新中国成立以来,针对土地发生了三次大的正式变革:土地改革、农业合作化运动及家庭联产承包责任制。目前在农村正推行一系列改革。农民土地价值观重心发生转移,从最开始的情感价值逐渐演化为保障价值,再到改革开放之后多元化的价值观,财富价值和权利价值逐渐增强。[②] 同时,村庄内农民传统形成的地方观念和乡约民俗等非正式规范,对农民日常行为具有一定的约束和指导作用。

2) 外部因素

通过梳理相关研究,选取农技员指导、是否拥有主要经济作物及地方政府相关宣传作为外部因素,分析其对农民土地价值观的影响。农技员的指导可以让农民对土地种植和维护有更深入的认识;一般农作物和经济作物所得收入使农户对土地的观念产生不同的态度;地方政府的相关宣传对农村社会风气起到一定的导向作用,对农民价值观在思想舆论方面有一定的影响。

(二) 预期方向

结合相关研究理论和成果[③][④],以及研究区域实际情况,在对农民土地价值观影响因素选取的基础上,通过对农户特征和外部环境的分析,影响因素经细化后分

---

① 贺雪峰.地权的逻辑Ⅱ:地权变革的真相与谬误[M].北京:东方出版社,2013:77-85.

② 张雪.农民土地价值观念变迁研究[D].济南:山东大学,2010.

③ 李佩恩,杨庆媛,范垚,等.基于SEM的农村居民点整治中农户意愿影响因素——潼南县中渡村实证[J].经济地理,2016,36(3):162-169.

④ 吴林海,侯博,高申荣.基于结构方程模型的分散农户农药残留认知与主要影响因素分析[J].中国农村经济,2011(3):35-48.

成4类:农户基本特征、农户家庭特征、规范因素和外部因素(见表2-4)。

表2-4 农民土地价值观影响因素

潜变量	可测变量			预期方向
	变量代码	含义	变量取值	
农户基本特征F1	X1	年龄	30岁以下=1;30~40岁=2;40~50岁=3;50~60岁=4;60岁以上=5	+
	X2	性别	女=1;男=2	+
	X3	受教育年限	6年以下=1;6~9年=2;9~12年=3;12年以上=4	+
农户家庭特征F2	X4	家庭人口	1~3人=1;4人=2;5人=3;6人=4;6人以上=5	+/-
	X5	务农人数	从事非农就业人数(实际人数)	+
	X6	家庭人均月收入	2000元以下=1;2000~3000元=2;3000~4000元=3;4000~5000元=4;5000元以上=5	+
	X7	家庭非农收入占比	30%以下=1;30%~50%=2;50%~70%=3;70%~90%=4;90%以上=5	+
规范因素F3	X8	正式规范	不了解=1;一般=2;很了解=3	+
	X9	非正式规范	不强烈=1;一般=2;很强烈=3	+
外部因素F4	X10	农技员指导	接受过指导=1;没接受过指导=2	+
	X11	是否拥有主要经济作物	否=1;是=2	+
	X12	地方政府相关宣传	否=1;是=2	+

(三)作用机制

从社会学的视角出发,结合以往关于农民土地价值观的研究,可知农民土地价值观是对那些无法直接观察到的事物进行抽象而概括出的一个概念,农民土地价值观这个概念包括若干个维度和不同的类型。因此,我们把农民土地价值观这一概念也称为变量,它包括若干个子范畴、属性或亚概念,反映出农民土地价值观这一概念所指称的现象在类别、规模、数量、程度等方面的变异情况。① 综上所述,可以对农民土地价值观采用变量的语言进行分析,即从变量之间的相互影响和相互关系来分析事物产生的原因和结果,来描述不同变量及其不同属性之间所存在的

---

① 风笑天.社会学研究方法[M].北京:中国人民大学出版社,2009:25-44.

某种逻辑关系。那么,为什么会出现不同的农民土地价值观?影响因素是什么?如何影响农民土地价值观?

由 Ajzen 的计划行为理论可知,农户特征和外部环境对农民土地价值观具有影响作用。在一个村庄内,农户观念的形成与农户基本特征、农户家庭特征、规范因素和外部因素有着很大的关系,这些影响因素共同作用,从而形成不同的农民土地价值观。

三、信度检验和效度检验

(一)信度检验

信度即测量的可靠性,是指测量结果的一致性、稳定性。测量误差越大,测量的信度就越低,因此,信度亦可视为测量结果受测量误差影响的程度。[1] 本书对信度采用内部一致性信度中的克朗巴哈 α 系数和折半信度系数作为估计指标。克朗巴哈 α 系数大于等于 0.7 为高信度,在 0.35~0.7 之间为一般信度,小于 0.35 为低信度;折半信度系数通常大于 0.5[2](见表 2-5)。

表 2-5 农民土地价值观影响因素问卷信度系数

潜变量	克朗巴哈 α 系数	折半信度系数
农户基本特征	0.653	0.623
农户家庭特征	0.784	0.783
规范因素	0.856	0.856
外部因素	0.801	0.727

(二)效度检验

效度即测量的正确性,是指测量工具确实能够测得其所欲测量的构念之程度,亦即反映测量分数的意义为何。测量效度愈高,表示测量结果愈能显现其所欲测量内容的真正特性。问卷效度一般可用内容效度和构念效度进行检验。[3] 本书问卷调查的各潜在变量构想和观测指标选择基于相关理论、文献综述、专家审查和剔除及预调查情况等一系列评判的结果,能够保证问卷的维度,使观测变量能够反映影响农民土地价值观的主要因素,具有代表性,保证了问卷具有良好的效度。采用

---

[1] 邱皓政.量化研究与统计分析——SPSS(PASW)数据分析范例解析[M].重庆:重庆大学出版社,2013:299-310.

[2] 吴林海,侯博,高申荣.基于结构方程模型的分散农户农药残留认知与主要影响因素分析[J].中国农村经济,2011(3):35-48.

[3] 邱皓政.量化研究与统计分析——SPSS(PASW)数据分析范例解析[M].重庆:重庆大学出版社,2013:299-310.

皮尔逊系数法[①]，检验问卷的收敛效度和区别效度，进一步检验理论构建的合理性。

通过对农民土地价值观影响因素的可观测变量的相关性分析，由表2-6中的数据可知，规范因素潜在变量的可观测变量X8和X9间的相关系数较高，说明该潜变量的收敛效度较高，而与其他可观测变量的相关系数较低，表明该潜变量具有良好的区别效度。同理，农户基本特征、农户家庭特征和外部因素均具有良好的收敛效度和区别效度，说明问卷结构良好。

四、模型分析

（一）模型拟合

使用 AMOS 17.0 软件构建模型进行拟合，即模型的适配度检验。根据结构方程模型的应用程序，在每一次修正模型适配度估计之前，都应该检验模型是否有违规估计。通过问卷调查数据对拟合模型进行验证（见图 2-2）。

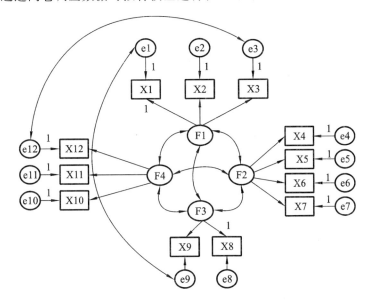

图 2-2 修正模型路径图

在第一次验证后的适配情况下，调整拟合路径，增加可观测变量的两条修正路径。通过两次修正之后，模型拟合度总体良好，说明本书构建的理论模型与实际调查数据相符合，图 2-2 中的路径分析模型得到了支持。模型评价指标和整体适配度检验结果如表 2-7 所示。

---

① 蓝石.社会科学定量研究的变量类型、方法选择及范例解析[M].重庆：重庆大学出版社，2011:168-172.

表 2-6 可观测变量之间的相关系数

变量	X1	X2	X3	X4	X5	X6	X7	X8	X9	X10	X11	X12
X1	1	0.310**	0.312**	-0.027	-0.110	-0.032	-0.039	0.154	0.317**	0.040	-0.081	0.038
X2	0.310**	1	0.648**	-0.024	-0.100	-0.187*	-0.034	0.128	0.147	0.013	-0.048	0.014
X3	0.312**	0.648**	1	-0.017	0.041	-0.053	0.103	-0.066	-0.013	0.068	0.097	-0.053
X4	-0.027	-0.024	-0.017	1	0.397**	0.368**	0.326**	-0.080	-0.081	0.045	-0.064	-0.066
X5	-0.110	-0.100	0.041	0.397**	1	0.650**	0.542**	-0.065	-0.049	0.031	0.092	-0.083
X6	-0.032	-0.187*	-0.053	0.368**	0.650**	1	0.564**	-0.007	0.052	0.039	0.074	-0.076
X7	-0.039	-0.034	0.103	0.326**	0.542**	0.564**	1	0.122	0.118	0.088	0.062	0.043
X8	0.154	0.128	-0.066	-0.080	-0.065	-0.007	0.122	1	0.748**	-0.252**	-0.271**	-0.165
X9	0.317**	0.147	-0.013	-0.081	-0.049	0.052	0.118	0.748**	1	-0.141	-0.198*	-0.148
X10	0.040	0.013	0.068	0.045	0.031	0.039	0.088	-0.252**	-0.141	1	0.572**	0.538**
X11	-0.081	-0.048	0.097	-0.064	0.092	0.074	0.062	-0.271**	-0.198*	0.572**	1	0.615**
X12	0.038	0.014	-0.053	-0.066	-0.083	-0.076	0.043	-0.165	-0.148	0.538**	0.615**	1

注:**表示在1%水平(双侧)上显著相关,*表示在5%水平(双侧)上显著相关。

表 2-7　模型适配指标

评价类别	参考指标	适配的标准或临界值	结果数据	适配判断
绝对适配度指数	χ^2 值	显著性概率值 $P>0.05$	48.493($P=0.373$)	理想
	均方根残余指数 RMR	<0.05	0.024	理想
	近似误差均方根 RMSEA	<0.05	0.022	理想
	拟合优度指数 GFI	>0.90	0.936	理想
	调整拟合优度 AGFI	>0.90	0.891	接近
	期望跨效度指数 ECVI	理论模型值应小于独立模型和饱和模型值	1.023,1.418,4.593	理想
增值适配度指数	规范拟合指数 NFI	>0.9	0.899	接近
	增量拟合指数 IFI	>0.90	0.994	理想
	塔克-刘易斯指数 TLI	>0.90	0.991	理想
	比较拟合指数 CFI	>0.90	0.994	理想
简约适配度指数	简约适配度指数 PGFI	>0.50	0.552	理想
	简约调整后的规准适配指数 PNFI	>0.50	0.627	理想
	χ^2 自由度比值	<2.00	1.054	理想
	赤池信息准则 AIC	理论模型值应小于独立模型和饱和模型值	112.493,156.000,505.233	理想

（二）模型路径分析

表 2-8 表示模型增加的路径分析值，增加的两条可观测变量路径分析均通过显著性检验，且模型拟合度总体良好。

表 2-8　增加路径估计值

Path	Estimate(C)	S.E.	C.R.
e1↔e9	0.0824***	0.0270	3.0569
e3↔e12	−0.0378***	0.0133	−2.8441

注：*** 表示在 1% 水平下显著；Estimate(C)指协方差估计值。

修正路径 e1↔e9，通过 1% 水平下的显著性检验，农民年龄与非正式规范表现为正向共变关系，表示农民在这个村庄生活时间越长，对这个村落的乡约民俗越了解,对于农户土地价值观的形成具有重要的引导作用。村里越年长的人,在村里具有越高的地位和越大的话语权,能够引导整个村庄的风气,这与实际调查相符。

修正路径 e3↔e12,通过 1‰ 水平下的显著性检验,呈现负值,表明受教育年限与地方政府相关宣传为负向关系。受教育年限越长,农民的文化程度越高,对政府宣传具有较强的辨别意识,自主性比较强,尤其体现在年轻人身上。

从上述分析可知,在农民土地价值观影响因素中,农户年龄和乡俗民约非正式规范以及受教育年限和地方政府相关宣传存在显著相关,说明农民土地价值观影响因素要多从地方性考虑,符合地区特征。

（三）农民土地价值观影响因素分析

模型经过修正各评价指标后通过检验标准,进入路径分析阶段。采用极大似然估计法得到模型结果,如表 2-9 所示。将 X1←农户基本特征、X4←农户家庭特征、X8←规范因素和 X10←外部因素的固定路径系数设为 1.000,认为其对农民土地价值观影响因素有必然影响,故其标准差和临界值为空值。

表 2-9　回归系数

Path	Estimate(N)	S.E.	C.R.	Estimate(S)
X1←农户基本特征	1.000	—	—	0.383
X2←农户基本特征	1.542***	0.468	3.293	0.807
X3←农户基本特征	1.543***	0.441	3.502	0.805
X4←农户家庭特征	1.000	—	—	0.472
X5←农户家庭特征	1.772***	0.382	4.634	0.798
X6←农户家庭特征	1.936***	0.426	4.544	0.816
X7←农户家庭特征	1.364***	0.314	4.349	0.684
X8←规范因素	1.000	—	—	0.987
X9←规范因素	0.748**	0.228	3.287	0.744
X10←外部因素	1.000	—	—	0.700
X11←外部因素	1.096***	0.162	6.767	0.827
X12←外部因素	1.144***	0.171	6.698	0.766

注:**、*** 分别表示在 0.05 和 0.01 水平下显著;Estimate(N)指未标准化估计值;Estimate(S)指标准化估计值。

从表 2-9 可得出以下结论。

在农户基本特征潜变量中,农户年龄(X1)的标准化路径系数为 0.383,表明农户年龄与其自身价值观具有正向关系,农户年龄越大,越具有自身的价值观。农户性别(X2)和受教育年限(X3)这两个可观测变量在反映潜变量农户家庭特征在农民土地价值观上的影响程度几乎相近,并且这两个可观测变量的影响方向一致,表明男性在农民土地价值观上强于女性。在一个家庭中,主要劳动力为男性,其对土地的感情和投入多于女性,自身更加敏感。随着受教育年限的增长,农民土地价值观更加明确和理性。

在农户家庭特征潜变量中,家庭人口(X4)的标准化路径系数为 0.472,表明家庭人口与农户价值观存在正向关系,家庭人口越多,农户对自身的价值观认识越具体。农户的家庭人均月收入(X6)是农户家庭特征中的显著因素。不难理解,农民从事农业劳动最基本的初衷就是获得收入,以满足自己日常的衣食住行。农户家庭人均月收入越高,表明农户家庭经济状况越好,在满足自己需要的同时,可以有充足的资产投入土地,对土地具有更深的感情和依赖。农户家庭务农人数(X5)和家庭非农收入占比(X7)的影响方向一致,表明家庭务农人数和家庭非农收入占比越高,农户的农民土地价值观就越清晰。

在规范因素潜变量中,非正式规范(X9)和将路径系数设定为 1 的正式规范(X8)的影响方向一致,表明农民对国家正式制度规范和乡约民俗的认识越深,对农民土地价值观影响越大。

在外部因素潜变量中,农技员指导(X10)的标准化路径系数为 0.700,表明农技员指导与农户价值观存在正向关系,农技员的指导越多,农户价值观越清晰。是否拥有主要经济作物(X11)和地方政府相关宣传(X12)影响方向一致,表明农民种植经济作物对土地的期望值较高,其相关价值观也较清晰;在政府相关宣传下,势必在一定程度上对农民价值观具有导向作用。

五、小结

本节选取武威市"一区两县"为研究区域,从农户特征和外部环境出发,运用结构方程模型,对农民土地价值观的影响因素进行研究,得出以下结论。

(1)农民土地价值观受农户特征和外部环境的影响,其中正式规范、是否拥有主要经济作物、家庭人均月收入、性别和受教育年限的标准化路径系数分别为 0.987、0.827、0.816、0.807 和 0.805,高于其他影响因素。正式规范的标准化路径系数达 0.987,可见国家的相关制度政策对农民的土地价值观形成具有重要影响。

(2)结构方程模型不仅得到各可观测变量对农民土地价值观的影响方向和大小,还通过路径系数,更加准确地判断出变量之间的相互关系。得到农户年龄和非正式规范在 1% 的水平下呈现显著正相关,受教育年限和地方政府相关宣传在 1% 的水平下存在显著负相关。其可弥补一般模型不能探索潜变量之间数量关系的确定,对以后研究不可观测变量之间的关系提供了借鉴意义。

综上所述,国家制度政策对农民土地价值观具有重要影响,应加强对地方乡约民俗的引导。同时,注重村庄中长者的思想内涵,提高农户受教育年限和农户收入,是引导农民土地价值观正确变迁、提高农地利用效率的有效途径。

第三章
农民土地价值观的时代变迁

中共十一届三中全会以来,中国农村改革以推行家庭联产承包责任制为发端,已经走过了多年的历程,农民对土地价值的认识也经历了苏醒期、困惑期、低迷期和上升期四个阶段。

一、苏醒期

1978年以前,中国农村实行人民公社体制,土地集中经营,分配上实行平均主义,不利于调动农民的生产积极性,致使农业生产的发展和农民生活的改善都比较缓慢。中共十一届三中全会为农村土地改革提供了思想前提,创造了政治环境,也揭开了中国农村波澜壮阔的改革画卷。1979年9月召开的中共十一届四中全会通过了《中共中央关于加快农业发展若干问题的决定》,强调允许社队在国家统一计划的指导下因时因地制宜,保障农民生产经营的自主权。1982年中央签发的"一号文件"第一次明确肯定了包产到户的社会主义性质,在中央的鼓励和引导下,各种形式的农业生产责任制迅速发展起来。到1983年初,全国农村实行包产到户、包干到户的生产队达到93%。农村家庭联产承包责任制的实行把农民的责、权、利紧密结合起来,使农民有了生产与分配的自主权,不仅克服了以往分配中的平均主义、吃大锅饭等弊病,而且纠正了管理过分集中、经营方式过分单一等缺点,大大促进了农业生产的发展。其见效之快,是人们没有预想到的,许多地方农业生产当年就见成效,农产品总量在短短的五六年中迅猛增长,农民收入大幅增长,甚至翻了一番或两番,农民的温饱问题因此而得到解决,农民生活日益富裕起来,土地的价值得到普遍重视。

二、困惑期

农村改革进入20世纪80年代中期,家庭联产承包责任制的推行,一方面从农村中解放出一大批劳动力,另一方面也为农村商品经济的发展创造了条件。在政策支持和农村劳动力过剩的双向拉动下,全国乡镇企业出现超常规发展,1985年至1986年的"一号文件"和1987年的"五号文件",都结合乡镇企业发展中出现的问题,制定了一系列新的政策和措施,为乡镇企业发展创造了一个非常宽松的外部环境。从1985年起,农业劳动力开始向以乡镇企业为主的农外产业快速转移,到1987年,全国乡镇企业从业人数达到8805万人,产值达到4764亿元,占农村社会总产值的 50.4%,第一次超过了农业总产值。从 1988 年下半年开始,城市建设对农村劳动力的需求日益凸显,农民逐渐走出土地,向城市聚集的乡镇企业的崛起和城市对农村劳动力的吸纳,使数以千万计的农民走出了土地,启动了农村的分工分业和劳动力的流动转移,农民开始摆脱土地的束缚,以土地为本、安土重迁的价值观受到冲击,农民在感情上开始慢慢疏远和轻视土地。

三、低迷期

中国农村的复杂情况和城乡经济社会发展的互补性,迫切要求形成统筹城乡发展的合理格局,但从农村发展的实际情况来看,农村市场化改革的步伐和程度却落后于城市。20 世纪 90 年代中期以后,随着社会主义市场经济体制的确立,城乡差别和利益对比导致农村人口的自动化迁移,中国社会出现了农业比重大幅下降、农民比重大幅减少、城市大幅扩张的情况。这一时期农村内部改革没有实质性的进展,农业和农村发展出现了周期性波动,改革过程中集聚的一些深层次矛盾和问题开始浮出水面并严重制约着社会发展,农业发展和农民增收陷入僵局。在市场经济大潮中,一家一户分散经营的农民需要独立地面对市场竞争的风险。受资金、土地、技术等多方面因素的影响,农民在市场竞争中势单力薄,处于弱势地位,越来越难以适应瞬息万变的大市场,加上土地细碎,不利于规模经营,农民从土地上获取的利益微乎其微。从 1997 年至 2003 年,农民收入连续 7 年增长不到 4%,还不及城镇居民收入增量的 20%,而支出的压力呈快速增长之势。农民负担不断加重,城乡差别逐年加大。在依靠农业致富无望的情况下,农民纷纷外出打工,土地的比较收益进一步降低,很多农民珍惜土地的热情明显消退,认为种田不赚钱,不愿意在土地上进行投入,甚至一些农村还出现了土地撂荒现象。

四、上升期

党的十六大以后,中共中央国务院提出了把"三农"问题作为全党和全国工作重中之重的基本要求,明确了统筹城乡发展的基本方略,做出了我国总体上已进入以工促农、以城带乡发展阶段的基本判断,制定了"多予、少取、放活"和"工业反哺农业,城市支持农村"的基本方针。从 2004 年开始,中央连续颁发了 5 份关于"三农"问题的"一号文件",目标始终围绕"三农"问题,其目的是通过一系列"多予、少取、放活"的政策措施,给农民平等权利,给农村优先地位,给农业更多反哺,确保农民得到更多实惠。为了加快农民增收步伐,相继出台了一系列惠农政策,取消了在中国延续两千多年的农业税,对种粮农民进行粮食种植补贴,加大对"三农"的投入,提高粮食价格,免除农村义务教育阶段学生的学杂费。农村政策的重大调整使粮食生产出现了重要转机,各地种粮农民首次享受到了直接补贴的好处。特别是中共十七届三中全会以后,农民对土地的权利得到进一步明确,农业生产的比较收益明显上升,能够流转的土地重新受到农民的重视,一度沉寂的农村大地重新焕发出生机和活力,农民的土地观正在经历又一次新的变革。

第一节 农民土地价值观的演进趋势

一、农地制度变迁、农民土地价值观与农地利用关系分析

在不同的农地制度和社会经济条件背景下,会有与之相对应的土地价值观,而不同的土地价值观会有农地利用模式预制响应,并且三者之间是一个动态的相互作用过程。制度是人们认知活动相互交流的产物,只有把当事人的行为建立在合理的认知基础上,才能真正理解制度的起源和演化问题。制度变迁则是人们通过有意识的创新而实现的,主体认知是推动制度变迁的能动力;制度与主体认知之间是持续互动的关系,制度可以塑造人们的认知。因此,制度研究必须引入当事人的认知。[1] 农民土地价值观是农民对土地重要性、农地利用的认知和评价,农民土地价值观对农地利用产生一定的影响,并且不同类型的农民土地价值观对农地利用的影响程度不同。

通过上述分析,我们知道农民土地价值观作为农民的一种认知和评价,与农地制度存在互动关系,而与农地利用具有直接影响关系。农地制度政策的颁布,对农地利用也会产生影响,指导农民的土地利用行为。

回顾新中国成立初期至改革开放以来我国的农地制度变迁,可以发现农地制度的每一次变化都伴随着农民土地价值观的变化,农民土地价值观又直接或间接地反映农地制度是否有效,而能直接反映农地制度有效程度的,就是农民直接经营使用土地的行为。根据农民的土地利用行为,进行相关政策调整,产生新的制度、机制和手段。

二、生命历程视角下的农民土地价值观分析

生命历程理论的重要思路就是现在人的所有结果的原因都在过去。我们要研究已形成的农民土地价值观,应该从过去来追溯它的原因。尽管人的生命过程是一种客观事实,但我们不仅要简单描述人的生命过程,更重要的是研究事件对人成长过程的影响。

下面,我们从生命历程的范式分析农民土地价值观的变迁过程。

(一)个人发展主观能动性

农民土地价值观是在一定的社会制约和机会条件下,不同的农民根据自身面临的状况和感受做出对于土地态度和利用行为的选择。无论是经济学的"理性选

---

[1] 徐美银,钱忠好.农民认知与我国农地制度变迁研究[J].社会科学,2009(5):62-69,188.

择"还是社会学的"理性选择",其前提就是要首先承认人的行为是受理性支配的,而不管这种理性的基础是什么。① 而农民作为农地利用中的直接行为人,对于土地在自己生活中的重要性和作用十分清楚,他们想要满足自己的需要就必须主动做出决策,围绕自己的生活目的安排土地利用方式。农民有自己的主观意识,会做出符合当前生活状态和条件的决策,依据自己的价值观找到适合自己的生产方式。其所做的这一切都会受到社会路径的限制,最大的限制就是所在时期的国家政策和制度,再在每一个环节和状态去选择适合自己的生存方式。土地作为重要的物质生产资料,在每个时段对于农民来说都具有不尽相同的意义。因此,农民的主观能动性对农民土地价值观的形成有一定的选择作用,这也就影响了农民土地价值观。

(二) 历史与文化:时空配置

农民土地价值观之所以会出现异同,与当时农民所处的历史时期和生活区域有着密切关系。经历过不同历史时期、生活在不同区域的农民,其生活经历有很大的不同,导致每个农民的生命历程也有所不同。农民的生命历程反映了农民在自己一生中所处的时间和空间。农民所处时间与出生时间有关,什么时候出生就意味着在历史上处于什么样的时间段。空间就是在什么地方出生,成长在什么地方,会影响到个人的生命历程。因而经历不同历史时期的农民,有不同的追求和价值观念。在调研过程中,我们发现,距离城市中心的远近不同,农民土地价值观念也会不同,距离城市中心越近,农民的趋利行为越明显;距离城市中心越远,农民对土地还保有一定的情感和保障观。同时,我们还发现,出生于新中国成立初期的农民,出生于改革开放初期的农民,以及"90后""00后"农民,对于土地的态度和感情具有一定差异。年龄越大的农民对土地的依赖越强,乡土情结越深;年龄越小的农民对土地的感情出现了分化,不过大多数人将土地当作财富或权利的依托。不同的农民土地价值观,是对当时历史和文化的一种时空反映。

(三) 年龄、时期和队列时序的交互作用

农民土地价值观与农民的年龄有一定的关系,不同年龄的农民所经历的历史事件不同,并且历史事件发生的时间对于不同年龄的人的影响也是不一样的。新中国成立初期至改革开放以来,随着制度的变迁,对于当时处于未成年、成年和老年时期的农民影响程度具有差别。不同年龄的农民对制度内涵的理解是不同的,最基本的就是评价制度是否有利于自己将来的生活,自己可以从中获得什么利益。而且,不同年龄的农民、所处的家庭周期、不同历史时期三者之间存在交互作用,形成了农民自身独特的价值观念,农民土地价值观往往不是个人独自的认知,而是受

---

① 文军.从生存理性到社会理性选择:当代中国农民外出就业动因的社会学分析[J].社会学研究,2001(6):19-30.

到各方面的影响。在调研过程中,一般都是家里的男性主人具有权威话语权,因为其是家庭生活的主要劳力提供者,其土地价值观在家庭中占据主导地位,但又受家庭其他人相关情况的影响,比如新婚家庭、子女成家和空巢家庭等。因此,在不同历史时期、不同家庭周期、不同年龄的农民,其土地价值观具有一定的差异性。

(四)社会关系:相互关联的生活

农民依靠土地进行生产和生活,土地作为重要的生产资料,为农民提供多种产品和服务,是联系农民之间生活的纽带。农村的社会结构关系可称为差序格局。每个人都是他的社会影响所推出去圈子的中心,被圈子的波纹所推及的人就会发生关系,每个人在某一时间、某一地点所动用的圈子具有差异性。中国传统结构中的差序格局具有依据中心势力厚薄而定的伸缩能力,农民对于世态炎凉特别有感触,正因为这富于伸缩的社会圈子会因中心势力的变化而变化。在乡土社会里,亲属关系和地缘关系都是如此,农民会向权利和财富的中心靠近。在差序格局中,社会关系是逐渐一个一个人推出去的,是私人联系的增加,社会范围是根据私人联系所构成的网络。[①] 相关研究证明,在农村居民之间存在一定的关联,比如情感关联、认知关联和行动关联,且不同的关联程度存在区域上的差异性。[②] 而土地作为农民的谋生手段,是农民祖祖辈辈的感情寄托,也是农民乡土情结的体现。在具有差序格局和村民关联的社会体系中,农民土地价值观是相互关联和影响的,不仅包括农民之间的相互影响,而且包括村与村之间的相互影响。

(五)生命全过程的不同轨迹

通过上述分析,我们可以知道农民土地价值观的发展是一个累积的过程,在此过程中非正式约束和正式规则具有重要影响。一方面,文化、规范、习惯、道德、传统及宗教等非正式约束,已被社会广泛接受,但变化速度相对缓慢,周期为100至1000年。另一方面,宪法、法律、制度等正式规则,是人类行为的规则,一般10至100年才会发生变化。[③] 农民土地价值观是农民对土地各方面的一种认知,兼杂潜移默化的非正式因素,也在正式规则的约束下不断变化,是一个不断积淀的过程。因此,对农民土地价值观的理解,要在当前农地制度大背景下考虑农民整体的生命历程,可以从发展脉络中找到农民土地价值观变迁的规律,从而有利于国家制定相关政策,实现乡村振兴。

综上所述,从生命历程视角分析农民土地价值观,我们可以更清楚地了解农民

---

① 费孝通.乡土中国[M].北京:生活·读书·新知三联书店,1985.

② 刘洋,陈英,张玉娇,等.河西走廊村民关联的空间格局及影响因素分析[J].干旱区地理,2018,41(1):195-204.

③ 吴次芳,谭荣,靳相木.中国土地产权制度的性质和改革路径分析[J].浙江大学学报(人文社会科学版),2010,40(6):25-32.

土地价值观的变迁过程。在农民土地价值观变迁过程中,很难捕捉到具体的变化节点。我们采取生命历程这一视角,就是为了在时间维度上更好地理解农民土地价值观变迁的影响因素,以期得到农民土地价值观的演进趋势,为国家调整农地政策提供参考。

三、农民土地价值观变迁中的转折点

新中国成立初期至改革开放以来,农民土地价值观呈现出逐渐朝趋利方向变化的态势,但同时还保有一定的情感价值。在我国人口中,农民大约占三分之二。在这样一个庞大的群体中,农民土地价值观呈现出时间性和空间性差异。本章依据抽样调查获得的资料,分析农民土地价值观变迁的关键点。考虑到人的寿命期限和我国的实际情况,设置了在1950—2000年队列上农民所处的时期、年龄和主要历史事件,选择农地政策调整的关键节点,分析不同队列农民所处时期的年龄情况以及经历的历史事件,对不同队列的农民土地价值观进行客观分析(见图3-1)。

基于生命历程的研究视角,把每个年代农民的生命轨迹描述出来,放在同一队列。在年轻的时候,每位农民的状况基本一样。随着年龄的增长,农民之间的差异越来越明显,离线性也越来越大。我们知道农民之间存在差异,同时这种差异具有累积性,累积的时间越长,差异越大。但是在同一时间点出生的这一队列的农民从青年到老年,他们所经历的事件基本一样,所以真正的累积体现在队列上,不是体现在年龄和时间上,这个问题需要进行进一步研究。

(一)1949—1956年

1949年新中国成立,20世纪50年代的农民处于刚出生一年左右,这个时期的历史事件对农民幼年来讲,几乎没有什么影响,废除封建土地所有制,土地归农民所有。农民与土地直接结合,慢慢恢复了农村的发展。但1956年,土地所有权转向了集体所有,短暂的时间中,农民经历了两次强制性变迁。对于当时刚出生的"50后"农民来说,他们只是经历了这样的时代。对于"60后""70后"直到"00后",他们只是知道历史上有这样的年代,未经历的历史事件对他们来说只是看到相关的客观描述,并不会影响他们的土地价值观。

(二)1956—1978年

1956年以后,土地公有公营,实行人民公社制。直到1978年,开始实行"三级所有,队为基础"的制度。这个时期,"50后"农民由少年走向青年,他们经历了这一时期历史事件的变化,经历了土地由集体所有的这一过程,但土地制度的这一变化并没有解决农民温饱问题。在这一历史时期,"50后"农民的差异性并不明显,他们只是想通过土地解决生存问题。当时的农地制度实行按劳分配,农民对于土地的生产积极性越来越弱,土地不能满足自己的生活需求,就发生了自下而上的诱致性制度变迁。"50后"农民是这一时期的变迁发生的主要人群,他们上有老下有小,需

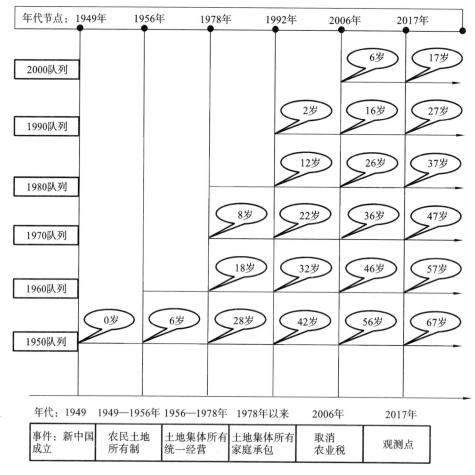

图 3-1 不同代际的生命历程

要去养活自己的家庭,其中也包括"60后"农民,他们刚刚成年,正处于成家立业之时。"70后"基本处于幼年时期,对于他们不会有太大的影响。

(三)1978—1992 年

在改革开放这个大背景下,针对农民从土地上不能满足自己生活需求的情况,国家于1978年开始实行家庭联产承包责任制,并于1992年进行了市场经济体制改革。这一时期是农民土地价值观产生差异的重要时期。"50后"农民已从青年步入中年,从失去土地到得到土地,他们把土地看得比任何时候都重要,在土地上精耕细作。但随着市场化的推进,有的农民开始出农村。同时,国家相关政策法规不断强化农村土地承包关系的稳定和长久不变,"60后"农民也从成人阶段到了养儿育女阶段,土地被无限细分已不能满足生活需求。随着乡镇企业的出现,农民获得了更多的财产性收入。"70后"农民从幼年到成人转变,随着生活条件的逐渐提高,他们接受了相应的教育,有的走出了农村,有的依然留在农村。"80后"农民从幼年到了少年,他们经历了耕作种地的过程,感受到了其中的辛苦与劳累。同时,他们也享受到比上一辈更好的生活条件和教育环境,也被上一辈寄予了很高的期望,一些人通过读书考上大学,进入城市生活。上述历史事件对"90后"几乎没有什么影响,他们的生存与发展状况相对来说更加良好。

（四）1992—2006 年

1992年以后,市场经济体制改革逐步深化,乡镇企业开始崛起。2006年,我国取消农业税。这一阶段对于农民来说获得了更多可支配收入,"50后"农民从中年迈向老年,他们经历的历史事件伴随着他们从出生到现阶段,不同年龄段的农民对土地的感情也不一样。伴随着农村发生的变化,以及农业税的取消,他们中的大多数人还是留在农村务农,他们这一代也是对土地情感最深的一代。"60后"农民这个时期还会种地,农闲之余还会干些零工,以贴补家用。"70后"农民基本上也慢慢从土地中脱离出来,进城务工,务工获得的收入相对务农而言,不仅可以满足家庭需求,而且会有节余,土地对于这一代农民来说是一种情感和保障。"80后"农民从少年成长到青年,基本处于毕业或继续学习阶段,他们基本上已经和土地有了一定的距离,土地对于他们来说可有可无,他们中有不少人已在城市生活。"90后"大多数基本处于上学时期。"00后"准备上学。

（五）2006 年以来

2006年,我国取消农业税,却出现大量农民进城务工,土地已出现多种流转方式。"50后"农民已经慢慢进入老年,土地对于他们来说,不仅是收入来源,也是生活保障,更是情感寄托。"60后"农民处于中年时期,他们大多数还具有劳动能力,基本上可以通过土地或务工满足自己的生活需要,土地对于他们来说,更多的是一种保障。"70后"农民在这个时期大多进城务工,土地对于他们来说,也是一种保障,但大多数人已经不种植粮食作物,转为种植经济作物。为了更好地在城市中务工赚钱,农业逐渐成为副业。"80后"农民有的走出农村,通过上学或凭一技之长,已经完全不需要土地。有些人已在城市安家,把自己的父母和孩子都已接到城市里生活,土地对于他们来说甚至是负担,宅基地长年闲置。"90后"作为富有朝气和活力的一代,基本已经很少回农村生活,大多数已在城市通过自己的努力找到了体面的工作,他们对于土地的情感相对前几代人来说弱化很多。"00后"处于上学期,他们对于土地基本无感情可言,更不可能去耕种土地。

通过上述分析可知,"50"农民逐渐迈入老年,"60后"农民逐渐回归农村,"70后"农民不再主要依赖土地,"80后"农民在城市生活,"90后"和"00后"已经到城市里生活。那么,未来农村的土地谁来种、怎么种和种什么? 这种局面,与新中国成立初期至改革开放以来,农民土地个人所有到集体所有再到家庭承包经营这样一个过程,再到实行"三权分置",是紧密相关的。该问题已经引起国家层面的高度重视,并进行了相关部署,推进农村土地制度改革,培育新型农业经营主体,发展家庭农场、合作社、龙头企业、社会化服务组织和农业产业化联合体,发展多种形式的适度规模经营。落实农村土地承包关系稳定并长久不变政策,衔接落实好第二轮土地承包到期后再延长30年的政策,让农民吃上长效"定心丸"。全面完成农村土地承包经营权的确权登记颁证工作,实现承包土地信息共享。进一步完善农村承包地"三权分置"制度,坚持土地集体所有权的根本地位,严格保护农户承包权,加快放活土地经营权。随着农村农地制度的不断改革,农民土地价值观也随之发生变化。

四、农民土地价值观演进趋势

前文从时代发展过程梳理了农民土地价值观变迁现状,接着从农民土地价值观的影响因素入手分析,得出影响农民土地价值观的主要因素。研究的最终目的是找到农民土地价值观的演进趋势,指导农民的农地利用行为。因此,本章借助生命历程视角,分析各个年代所对应队列在各个历史政策调整的关键时期的情况,其中对农民影响最大的就是国家制度政策的实行,随之农民也会根据自身需要调整自身行为,这将为制定适应农村发展的农地政策提供重要参考。

(一)农民土地价值观趋利性年轻化

人的生命过程具有限度,随着上一辈农民的不断老去,新一代农民的不断成长,农民土地价值观呈现年轻化发展态势。"50后""60后"农民,如今已经老去,基本已无力耕种农地。一部分人被孩子接入城市,大多数人留在农村守着自家的土地。他们中的大多数人对土地的情感较深,就算不种地,土地也是自己情感的寄托。"70后"农民,基本已进城务工,农村土地生产成了副业。他们只是在农忙时回家,其余时间基本在外打工,土地对于自己而言更多是一种保障。"80后""90后""00后"与土地已经慢慢远离,他们大多数已经走出农村。不管是通过上学还是靠一技之长,他们已经不再主要经土地满足自己的生存需求。农村逐步出现了农地流转,主要是亲戚、邻里间的流转,再就是一些乡村精英、干部对土地的承包,土地对于现在的年轻人来说是一种财富和权利的象征。随着国家农地制度改革的深化,盘活农村土地资源,增加农民财产性收入,农民土地价值观趋利性年轻化会更加明显。

(二)农民土地价值观差异性突出

随着国家政策不断推动人口转移和城乡融合,有能力进城安家落户的农民已经走出农村,但大部分农民还是留在农村,尤其"50后""60后"农民。"90后""00后"基本已不在农村生活。在第二轮土地承包到期后再延长30年的大背景下,保护和实现了进城落户农民的土地承包权益,对农村当前新型经营主体培育也是一种保障,盘活了土地资源,实现了土地适度规模经营,提高了农地利用效率。但农民土地价值观差异性突出,大多数农民已不再把土地当作命根子或传家宝。"50后""60后"的农民把土地当作情感上的寄托,而随着"80后""90后""00后"的不断成长,土地不再是他们获得财产的载体,更多是一种财富或权利的保障,越来越多的人不愿种地,农民土地价值观的差异性越来越突出。面对农村的复杂问题,深化农地制度改革的主线依然是处理好农民与土地的关系,针对不同年代农民对于土地的不同价值观,在稳定农村发展的前提下,国家进行了制度探索,以实现乡村振兴。

(三)农民土地价值观累积性扩大

总体上,农民土地价值观是一个不断变化的过程,并且由单一化价值观向多元化价值观转变。在前文的描述和分析中,从新中国成立初期的农民土地价值观情感萌芽期,到改革开放以来农民自下而上的诱致性制度变迁使农民土地价值观呈多元化发展趋势,农民土地价值观呈现出降低的情感价值、过渡的保障价值和增强的财富权利价值,而且农民一直都没有停止对土地利益的追求。因此,我们可以发现,农民土地价值观的发展是一个"先窄后宽"的累积过程,借助土地科学发展时空锥演进轨迹[①],我们可以得到农民土地价值观的变化趋势,也可对农民土地价值观未来的演进趋势进行预测。

正如图3-2所示,农民土地价值观的变迁过程是在旧的价值观念的基础上更新发展,随着社会的不断进步和发展,人口的不断更新,会发展出与社会发展状况相适应的土地价值观,并且相对于前一阶段的农民土地价值观,会更加多元化。

第二节 农民土地价值观变迁的实证分析

一、农民土地价值观变迁的实证分析

(一)数据来源和研究方法

1. 数据来源

数据来源于2013年7、8、12月在河西走廊调查获得的农户信息。采用百分制,让受访农户分别就20世纪80年代(以下将"20世纪80年代"简称为"80年代")和2013年的土地价值观打分,以定量描述每一价值维度发生的时间变迁。与此同时,让农户对两个阶段的价值观分别进行重要性排序,从价值观内容结构的角度分析其变化。

2. 农民土地价值观变迁研究方法

采用转移矩阵、单一及综合动态度定量分析价值观念数量、结构和速度变化。

---

① 冯广京.土地科学发展时空锥及土地科学学科演进研究[J].中国土地科学,2016,30(1):23-31.

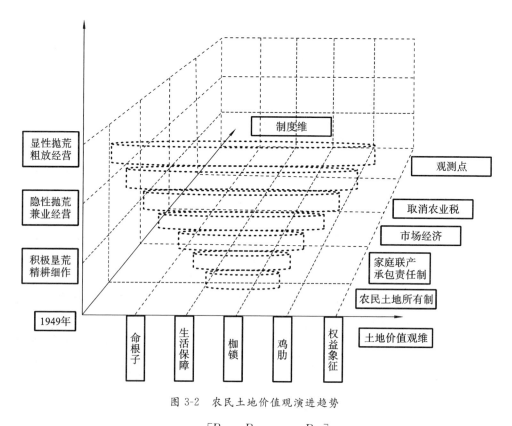

图 3-2 农民土地价值观演进趋势

$$B = \begin{bmatrix} B_{11} & B_{12} & \cdots & B_{1n} \\ B_{21} & B_{22} & \cdots & B_{2n} \\ \cdots & \cdots & \cdots & \cdots \\ B_{n1} & B_{n2} & \cdots & B_{nn} \end{bmatrix}$$

$$K = \frac{U_b - U_a}{U_a} \times \frac{1}{T} \times 100\%$$

$$LC = \left[\frac{\sum_{i=1}^{n} \Delta LU_{i-j}}{2\sum_{i=1}^{n} LU_i} \right] \times \frac{1}{T} \times 100\%$$

式中,K 为单一动态度计算公式,其中 U_a、U_b 为研究期初及期末某一价值观念的得分;LC 为相对动态度计算公式,其中 LU_i 为研究期初 i 类价值观得分,ΔLU_{i-j} 为 T 时期内 i 类价值观转化为 j 类的分数,T 为研究期,n 为价值观念类型总数。

转移矩阵反映了某一价值观念向其他价值观念转化的强弱程度。单一动态度反映各类别某一价值观念类型自身增加或减少的年变化幅度;相对动态度结合基期数据,说明该变化是否显著,刻画的是变化的热点区域。

(二)农民土地价值观不同时代的特点

研究期内农民土地价值观变化情况和重要性排序变化见表3-1和表3-2。

表3-1 研究期内农民土地价值观变化情况

一级类	二级类	变化方向	得分 80年代	得分 2013年	变化量	单一动态度	相对动态度
情感价值	身份认同与情感认知	−	97.43	69.22	−28.21	−1.26%	−0.63%
情感价值	规模经营	+	68.01	86.66	18.65	1.19%	0.60%
情感价值	土地保有	+	94.76	99.99	5.23	0.24%	0.12%
保障价值	土地传承	−	89.43	35.67	−53.76	−2.61%	−1.31%
保障价值	生存保障	−	68.09	42.71	−25.38	−1.62%	−0.81%
财富价值	谋生手段	−	92.25	88.18	−4.07	−0.19%	−0.10%
财富价值	致富途径	+	56.53	98.61	42.08	3.24%	1.62%
权利价值	承包期限	+	32.59	89.62	57.03	7.61%	3.80%
权利价值	土地依赖	−	80.91	69.34	−11.57	−0.62%	−0.31%

表3-2 农民土地价值观重要性排序变化($N=237$)

研究期	排序	价值观念	均分(百分制)
80年代	1	身份认同与情感认知	97.43
80年代	2	土地保有	94.76
80年代	3	谋生手段	92.25
80年代	4	土地传承	89.43
2013年	1	土地保有	99.99
2013年	2	致富途径	98.61
2013年	3	承包期限	89.62
2013年	4	谋生手段	88.18

整个土地价值观体系总分为680分,从表3-1、表3-2可以看出,在两个研究期内,农民对土地价值的认知是不同的。

80年代,土地价值观体系内排在前4位的依次为身份认同与情感认知、土地保有、土地传承和谋生手段。这说明农户对土地的认知可用"土地是农民的命根子"来涵盖,土地是农民的身份符号,土地成为农民生活和生命的一部分。土地与农民之间的联系既是一种地缘联系,更是一种血缘联系。土地是农民生产生活所利用的重要的自然资源,也是农民潜意识中的宝贵财富和传家之宝。农民认为"有地万事足",商户、农户和政府从业人员也只是社会分工的不同,在家庭社会经济地位上没有明显差异。

2013年,排在前四位的农民土地价值观依次为土地保有、致富途径、承包期限和谋生手段。这一阶段农民土地价值观的特点是:农民作为对"承包地"实际主人的意识觉醒,不管对土地是否爱惜、是否精耕细作,仍认为土地有价值;同时受市场观念影响,土地作为一种资源,利用其致富的观念强化;纠结对"农地"的爱与恨已经转化成了对"农地"利用价值的思考。

(三)农民土地价值观的时代变迁

从表3-2可以看出,农民土地价值观的核心价值主要有:情感价值(38.26%)、保障价值(23.16%)和财富价值(21.88%),占农民土地价值观体系的83.3%。

研究期内,农民土地价值观的地位和重要性发生了显著变化。就二级类来看,变化主要表现为规模经营、土地保有、致富途径和承包期限意识逐渐强化(表现为得分增加);身份认同与情感认知、土地传承、生存保障、谋生手段和土地依赖意识逐渐减弱(表现为得分减少)。谋生手段和土地保有两种观念变化不大。

从单一动态度来看,"致富途径"明显增加(增加42.08分,单一动态度为3.24%)、"承包期限"急剧增加(增加57.03分,单一动态度为7.61%);"土地传承"观念在土地价值观体系中淡出速度最快,2013年的得分只有35.67分,单一动态度为−2.61%。

从相对动态度来看,各一级类中变化剧烈的价值维度分别为:情感价值中的"身份认同与情感认知"(−0.63%);保障价值中的"土地传承"(-1.31%)和"生存保障"(−0.81%);财富价值中的"致富途径"(1.62%),权利价值中的承包期限(3.80%)。

相对动态度结果表明,农用地对农户具有的"权利价值"和"财富价值"是土地价值观变化的核心内容。

综上所述,研究期内,农民土地价值观变化显著且有明显的价值偏好变化。原来铁板一块、无差异的"土地是命根"的思想观念发生了变迁,现阶段农民对土地的价值认知表现出强烈的传统观念和现代意识交织的特点。

(四)农民土地价值观的内容结构变化

研究期内农民土地价值观体系结构变动情况见表3-3。

表3-3 研究期内农民土地价值观得分转移矩阵

价值观念	身份认同与情感认知	规模经营	土地保有	土地传承	生存保障	谋生手段	致富途径	承包期限	土地依赖	80年代
身份认同与情感认知	47.03	10.27	1.58	3.11	0	16.77	6.24	12.43	0	97.43

续表

价值观念	身份认同与情感认知	规模经营	土地保有	土地传承	生存保障	谋生手段	致富途径	承包期限	土地依赖	80年代
规模经营	0	50.19	0	0	0	1.55	11	5.27	0	68.01
土地保有	0	1.24	67.81	0	10.85	3.69	3.24	5.05	2.88	94.76
土地传承	4.72	6.88	3.02	16.08	0	19.8	20.25	15.89	2.79	89.43
生存保障	0.31	14.21	12.34	0	18.76	5.95	10.14	4.58	1.8	68.09
谋生手段	1.24	0	7.89	8.33	0	24.83	19.08	18.08	12.5	92.25
致富途径	0	0	0	0	9.52	8.22	20.9	6.23	11.66	56.53
承包期限	6.47	0	0	0.89	3.58	0	0	19.2	2.45	32.59
土地依赖	9.45	3.57	7.35	7.26	0	7.37	7.76	2.89	35.26	80.91
2013年	69.22	86.66	99.99	35.67	42.71	88.18	98.61	89.62	69.34	680
净变化	−28.21	18.65	5.23	−53.76	−25.38	−4.07	42.08	57.03	−11.57	—

市场经济和时代转型导致农民土地价值观发生变化，而这一变化引起土地价值观体系内部结构发生变动，从而值得土地资源管理者认真对待、区别分析。结合农民土地价值观历史特点及当下内涵，本书通过引入转移矩阵的方法，对导致价值观结构变化的各转移类型进行统计，得出各一级类、二级类土地价值观的主要转移方式，为全面分析研究区内农户土地价值认知提供翔实数据支持。

转移矩阵显示，整个价值观体系内部，50%以上的价值观发生了变迁，以"土地传承"观念转出、"致富途径"与"承包期限"转入为主要转移方式。

从二级类分数变动情况来看，主要的价值观念转移类型为：土地传承—致富途径，分数为20.25，比例为5.33%；土地传承—谋生手段，分数为19.80，比例为5.21%；谋生手段—致富途径，分数为19.08，比例为5.02%；谋生手段—承包期限，分数为18.08，比例为4.76%；身份认同与情感认知—谋生手段，分数为16.77，占总转移比例的4.41%。

从一级类来看，情感价值和保障价值的价值认知降低最多，占总转出比例的近60%。这说明，改革开放之前，耕地的财富价值（谋生手段、致富途径）和其他7项价值维度（情感认知与身份认同、土地依赖、土地保有、土地传承、规模经营、生存保障、就业功能）的重要性差距不大。此时农户土地价值观考虑最多的维度是：情感认知与身份认同、土地保有和土地传承。耕地的财富价值逐渐从9个维度中脱颖而出，形成"一枝独秀"的局面，主要表现为其他维度分值和重要性排序的下降以及"谋生手段"和"致富途径"分值和重要性排序的上升。

综上所述，时代变迁造就了农户对土地价值认知情况的变化，单纯的土地-农户情感维系已岌岌可危，农地作为打工失败退路和养老保障的"保障价值"也正在缩水。农户对土地天然的依赖和感情基础正在被以利益为前提的使用价值所蚕食,主要表现为"谋生手段"和"致富途径"价值观念的频繁转入和转出。值得一提的是,以对自家承包权限和"承包权利"为核心内容的"承包价值"凸显,不管土地是否满足农户精耕细作以支持产出还是通过务农赚钱的期望,农户关注的是只要保有土地,土地就是有价值的,农户"权利主体"的概念得以强化。这正体现了农户作为"理性经济人"对机会成本的思考。

(五)结果分析

以上分析充分说明,农民土地价值观已经从一种"终极性价值观"演变为"手段性价值观"或"使役性价值观"。

1. 土地保有对农户重要性变迁的年代螺旋

图3-3是土地保有对农户重要性变迁的年代螺旋,其中,螺旋的长度代表保有土地对农户的效用;螺旋的高度代表保有土地给农户带来的利益。

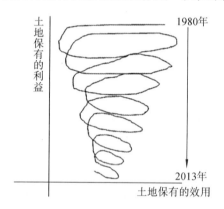

图 3-3 土地保有对农户重要性变迁的年代螺旋

从图3-3可以看出:

(1)随着时间变迁,螺旋的长度越来越短,说明保有土地给农户带来的效用下降;

(2)2013年的保有螺旋方向向上,说明保有土地对农户仍有正效用;

(3)纵向来看,年代螺旋的高度以缓慢速度不断降低,说明"靠土地保有和扩大规模一定能为农户带来更多利益"的认知已经过时。

2. 农民土地价值观时代变迁的目标手段谱

农民土地价值观时代变迁结果表明,土地价值观已经从一种"终极性价值观"演变为"手段性价值观"或"使役性价值观"。

原来的耕地,像是必须花钱从商场中购买的商品,具有高价值和高使用价值,是农户们拼了命也要拥有、想尽办法也要扩大经营的一笔财富。这是指"终极性价值观"(见图3-4),不考虑其他因素,是耕地,就要保有和利用,追求的仅仅是"耕地"本身。

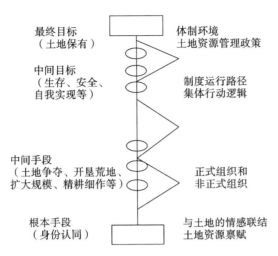

图 3-4 耕地为"终极性价值观"的目标手段谱

而现在的农户,不再将耕地看作"命根子",耕地对其来讲更像是买了商品后商场附送的赠品。农民的权利意识苏醒,这体现为对承包期限、承包权利和土地流转过程中权利保护等问题思考的增多。农户更看重的不是耕地本身,而是耕地可能有的高附加值和增值空间。对农户来说,生活体面、摆脱贫穷、扩张财富才是其"终极性价值观",而耕地的保有和利用只是达到"终极性价值观"的一种手段,即"手段性价值观"或"使役性价值观"(见图3-5)。

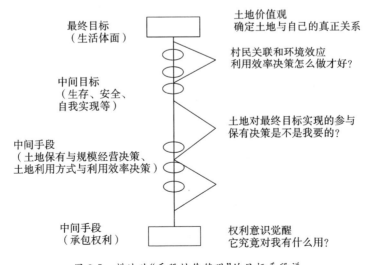

图 3-5 耕地为"手段性价值观"的目标手段谱

二、小结

通过分析农地制度、农民土地价值观和农地利用三者之间的关系,并对农民制度变迁过程中土地价值观的情况分析,借助生命历程视角,我们知道农民土地价值观变迁过程随着国家政策调整而相应发生变化,采用百分制的方式以定量描述每一价值维度发生的时间变迁。

农民土地价值观具有趋利性年轻化、差异性突出和累积性逐渐扩大的趋势,在借鉴土地科学发展的时空锥演进轨迹的基础上,农民土地价值观的演替趋势是一个"先窄后宽"并不断发展的过程。同时,通过对农民土地价值观时代变迁结果的实证分析可知,农民土地价值观已经从一种"终极性价值观"演变为"手段性价值观"或"使役性价值观"。

第四章
农民土地价值观分化研究

第一节 农户土地意识分化研究

自古以来,我国就是一个传统的农业大国,土地问题一直是中国农民最根本的问题。农民围绕着赖以生产和生活的土地形成心理思考,开始有了土地意识,即关于土地对其自身意义、价值及重要性的认识、看法和态度。通过长期在土地上的耕作经营,农民在面对土地及其相关的事物(如土地政策、土地冲突等)和再利用土地时产生的情感、价值判断及行为倾向等心理活动,从自身需要出发,将这种特殊情感与价值认知形成一种相对稳定的、具有多维度多层次的观念系统——土地价值观。从内在动因来看,土地价值观反映了农民个体对农地利用各要素的根本观念,是一个包含农民对农地的保有动机、利用态度和利用目的等内容的系统;从外在表现来看,它作为衡量农地对其是否有价值的判断标准,直接体现为农民对农地利用方式和行为等的选择取舍;从功能上看,土地价值观起着评价标准的作用,是农户心目中用于衡量农地对其是否具有价值、价值大小、期限,体现价值的载体、包含内容、发挥方式,以及价值转换的条件、范围、程度等的内心尺度。

一、农户土地意识分化的概念界定

本书根据研究需要直接借鉴杨俊[1]给农户的定义,即农户是指拥有农村户籍和农村土地承包经营权的家庭。关于土地意识的概念,相关学者从不同的角度进行了不同的界定。梅东海[2]将土地意识定义为:农民分配、占有、使用、交换土地等行为背后的心理思考。他从土地利用、土地保卫、土地权利3个角度来具体分析浙、鄂、渝三地农民土地意识的现状和成因。陈胜祥[3]将农民的土地意识定义为:土地意识是农民在长期的农作生活与非农就业转移中通过互动性学习而获得的关于土

---

[1] 杨俊.不同类型农户耕地投入行为及其效率研究[D].武汉:华中农业大学,2011.
[2] 梅东海.社会转型期的中国农民土地意识——浙、鄂、渝三地调查报告[J].中国农村观察,2007(1):36-46,81.
[3] 陈胜祥.分化视角下转型期农民土地情结变迁分析[J].中国土地科学,2013,27(6):35-41.

地的自然经济属性及其社会制度安排的"认知""情感""意愿"等心理因素的综合。本书在结合以上三种观点的基础上将农户土地意识定义为:农户在土地利用过程中的心理活动,是农户关于土地及其制度政策的认知、情感和行为倾向等心理因素的总和。分化是事物发展的一个重要标志,是社会和经济发展进步的因素和表现。因此,本书将农户土地意识分化定义为:农户对待土地及其制度政策的认知、情感、行为倾向等综合心理因素的变化,农户土地意识在农村经济和社会发展过程中从原来的单一类型分化为多种类型。

二、农户土地意识分化的类型分析

通过梳理土地意识相关文献和对研究区进行实地调查,本书将农户土地意识分为农户土地依赖意识、农户土地保障意识、农户土地包袱意识、农户土地致富意识、农户土地产权意识进行研究,并对各农户土地意识类型的概念进行了解释。

（1）农户土地依赖意识:土地是最重要的资源和财富,是命根子,是仅有的生存依赖。

（2）农户土地保障意识:土地是一种重要的生产资料,是生产生活和养老的基本保障。

（3）农户土地包袱意识:土地是一种负担和累赘,种地成本高、效益低,而且比较辛苦,对身体消耗大。

（4）农户土地致富意识:通过集约化和规模化经营,土地可以发家致富,愿意承包更多的土地来获得更多的经济财富。

（5）农户土地产权意识:土地是一种不动产,会升值,即使不耕种也希望占有更多的土地。

三、农户土地意识分化的量表设计

在以上对农户土地意识及其分化概念界定和分化类型分析的基础上,本书采用李克特五级量表设计了农户土地意识分化的量表。首先在前人研究的基础上,给各农户土地意识类型分别设置 5 个最初指标,并邀请相关专家通过打分对量表的适切性进行检验。把不具代表性的指标剔除,用剩余的指标通过对部分农户发放问卷进行探索性调查;再剔除不合适的指标,把剩余指标作为大规模调查的正式变量指标。本书最终共采用 20 个指标进行农户土地意识分化正式问卷调查,其中,4 个农户土地依赖意识指标,5 个农户土地保障意识指标,4 个农户土地包袱意识指标,4 个农户土地致富意识指标,3 个农户土地产权意识指标。

首先运用探索性因子分析对探索性调查得到的题项的基本结构进行检验。在 SPSS 19.0 中检验农户土地意识分化各指标的一致性,得到克朗巴哈指数为 $0.84>0.7$,具有较强的一致性。由表 4-1 可知,KMO＝$0.851>0.7$,说明农户土地意识分化各指标相关性较强;巴特利特球形检验值为 $0.000<0.01$,达到显著水平,

拒绝零假设,适合做因子分析。

然后运用主成分分析法抽取公因子,采用最大方差法进行因子旋转,选取特征根大于1且累计方差贡献率大于80%的前5个公因子。发现20个变量均从属于五种类型,且划分结构与探索性调查的结果一致。最后再对五种类型的可观测变量分别进行信度检验,得到各农户土地意识类型α系数均大于0.80,因此各农户土地意识类型内部题项一致性较好。

综上所述,农户土地意识分化量表构建完成,且通过了内容效度检验和信度检验。量表共分为五部分,即农户土地意识分化的五种类型。农户土地意识分化量表如表4-1所示。

表4-1　农户土地意识分化量表

	潜在变量	CFA代码	可观测变量	α系数
农户土地意识分化F	农户土地依赖意识F1	V1	土地是传家宝	0.882
		V2	种地已经成为一种习惯	
		V3	靠种地维持生计	
		V4	土地是命根子	
	农户土地保障意识F2	V5	土地是基本的生活保障	0.893
		V6	农忙时回家种地,农闲时外出打工	
		V7	农业收入是家庭收入的重要组成部分	
		V8	土地是一种养老保障	
		V9	即使种地收入不高,也可以贴补家用,不会抛荒	
	农户土地致富意识F3	V10	种地多了照样能发财	0.83
		V11	种地能有稳定的收入,不比外出打工差	
		V12	希望能承包更多的土地	
		V13	依靠种地可以致富	
	农户土地包袱意识F4	V14	土地对我可有可无	0.888
		V15	种地成本高,收入低,不值得种	
		V16	种地不体面,没前途	
		V17	在城市工作,没时间种地	
	农户土地产权意识F5	V18	将来可能从土地中获得更多收益	0.823
		V19	不论是否耕种,土地都是一项基本权益	
		V20	期待从农转非中获得土地增值收益	

四、农户土地意识分化量表的结构效度检验

(一) 一阶验证性因子分析

为了探究量表的因素结构模型与实际收集的数据是否契合,在 AMOS 里对模型适配度进行检验。借鉴相关研究选取绝对适配度指标、增值适配度指标、简约适配度指标。一阶验证性因子模型拟合指数数据见表 4-2,一阶验证性因子模型路径图与标准化估计值见图 4-1。

表 4-2 一阶验证性因子模型拟合指标数据

统计检验量	适配的标准或临界值	检验结果数据	模型适配判断
绝对适配度指标			
χ^2	$P>0.05$(未达显著水平)	119.20(0.076)	是
RMR	<0.05	0.021	是
RMSEA	<0.08(若<0.05,优良,<0.08,良好)	0.051	是
GFI	>0.8	0.910	是
AGFI	>0.8	0.836	是
增值适配度指标			
NFI	>0.8	0.859	是
RFI	>0.8	0.879	是
IFI	>0.8	0.965	是
TLI(NNFI)	>0.8	0.951	是
CFI	>0.8	0.929	是
简约适配度指标			
PGFI	>0.5	0.697	是
PNFI	>0.5	0.800	是
χ^2/DF	<2	1.312	是

表 4-2 中,χ^2 为 119.20 时,显著性概率值 $P=0.076>0.05$,表示未达 0.05 的显著性水平检验,接受虚无假设,说明研究中的因素结构模型与实际数据契合。RMR$=0.021<0.05$,RMSEA$=0.051<0.05$,GFI$=0.910>0.8$,AGFI$=0.836>0.8$,NFI$=0.859>0.8$,RFI$=0.879>0.8$,IFI$=0.965>0.8$,TLI$=0.951>0.8$,CFI$=0.929>0.8$,PGFI$=0.697>0.5$,PNFI$=0.800>0.5$,$\chi^2/DF=1.312<2$,可见所有适配度指标均符合模型适配标准,说明假设模型与观察数据能够适配。

图 4-1 中,5 个潜在变量的标准化因子载荷系数均大于 0.5,且都通过了 5% 的显著性水平检验。而载荷系数用来反映可观测变量对潜在变量的解释能力。对于

第四章 农民土地价值观分化研究

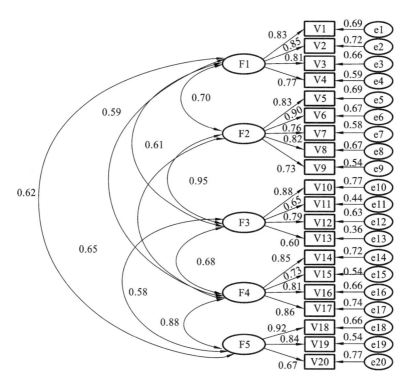

图 4-1 一阶验证性因子模型路径图与标准化估计值

潜在变量农户土地依赖意识,可观测变量"土地是传家宝"(V1)、"种地已经成为一种习惯"(V2)、"靠种地维持生计"(V3)、"土地是命根子"(V4)的载荷系数,分别是0.83、0.85、0.81、0.77,说明其对农户土地依赖意识有很强的解释能力。持土地依赖意识的农户绝大部分属于二兼农户与纯农户,对土地有较强的依赖。

对于潜在变量农户土地保障意识,可观测变量"土地是基本的生活保障"(V5)、"农忙时回家种地,农闲时外出打工"(V6)、"农业收入是家庭收入的重要组成部分"(V7)、"土地是一种养老保障"(V8)、"即使种地收入不高,也可以贴补家用,不会抛荒"(V9)的载荷系数分别是0.83、0.90、0.76、0.82、0.73,说明其对农户土地保障意识有很强的解释能力。持土地保障意识的农户大都是在城市打工的一兼农户,自身受教育水平较低,并没有一技之长,从事的都是比较简单的体力劳动,因此在城市就业不稳定,把土地当作基本的生活保障。

对于潜在变量农户土地致富意识,可观测变量"种地多了照样能发财"(V10)、"种地能有稳定的收入,不比外出打工差"(V11)、"希望能承包更多的土地"(V12)、"依靠种地可以致富"(V13)的载荷系数分别是0.88、0.66、0.79、0.60,说明其对农户土地致富意识有很强的解释能力。持土地致富意识的农户大多是土地规模较大,实现或者可能实现较大农业收益的农户,所以他们普遍认为土地可以用来致富。

对于潜在变量农户土地包袱意识,可观测变量"土地对我可有可无"(V14)、"种地成本高,收入低,不值得种"(V15)、"种地不体面,没前途"(V16)、"在城市工作,没时间种地"(V17)的载荷系数分别是 0.85、0.73、0.81、0.86,说明其对农户土地包袱意识有很强的解释能力。持土地包袱意识的农户大多在城市工作,有相对稳定的工作和收入,很少返乡,几乎不再种地,也不在乎种地带来的微薄收入,或任其荒芜,或交给别人耕种。

对于潜在变量农户土地产权意识,可观测变量"将来可能从土地中获得更多收益"(V18)、"不论是否耕种,土地都是一项基本权益"(V19)、"期待从农转非中获得土地增值收益"(V20)的载荷系数分别是 0.92、0.84、0.67,说明其对农户土地产权意识有很强的解释能力。持土地产权意识的农户大多有相对稳定的工作和收入,虽然农业收入在其生活中已不再重要,但当前农村土地制度的一系列变革让其看到了土地的非农业潜在价值,保有土地是为了能够获得客观的增值收益。

(二)二阶验证性因子分析

一阶验证性因子模型表明 5 个维度之间的相关系数均大于 0.5,说明各个维度既能单独测度土地意识的不同方面,也能同时反映土地意识这一相同内容。因此,这 5 个维度可能存在高阶因子。为了进一步验证,在一阶因子模型的基础上构建二阶因子模型,进行二阶验证性因子分析。二阶验证性因子模型拟合指标数据见表 4-3,二阶验证性因子模型路径图与标准化估计值如图 4-2 所示。

表 4-3　二阶验证性因子模型拟合指标数据

χ^2	RMR	RMSEA	GFI	AGFI	NFI	RFI
124.31(0.076)	0.021	0.051	0.910	0.836	0.859	0.879
	IFI	TLI	CFI	PGFI	PNFI	χ^2/DF
	0.965	0.951	0.929	0.697	0.800	1.312

分析表 4-3,二阶验证性因子模型的 χ^2 为 124.31 时,显著性概率值 $P=0.076>0.05$,表示未达 0.05 的显著性水平检验。相比较一阶验证性因子模型,二阶验证性因子模型节约了 8 个卡方值,其他指标没有明显变化。

图 4-2 中的结构模型反映了农户土地意识分化为土地依赖意识、土地保障意识、土地致富意识、土地包袱意识、土地产权意识五种类型。其中土地依赖意识、土地保障意识、土地致富意识的路径系数分别为 0.84、0.92、0.67,说明其分别能解释 84%、92%、67%的农户土地意识分化。土地包袱意识和土地致富意识的路径系数都较小,分别为-0.51 和 0.53。说明土地包袱意识能解释 51%的土地意识分化,土地致富意识能解释 53%的土地意识分化。土地包袱意识是土地意识分化的负向因子,因此其路径系数为负值。

以上分析表明,二阶验证性因子模型既反映一阶因子模型之间的关系,又反映

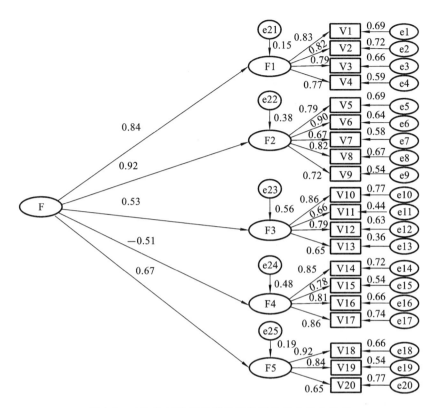

图 4-2 二阶验证性因子模型路径图与标准化估计值

5 个维度和农户土地意识分化的关联强度。因此,二阶验证性因子模型更具有理论意义。所以,本书的农户土地意识分化为土地依赖意识、土地保障意识、土地致富意识、土地包袱意识和土地产权意识具有理论意义。

(三)效度检验

表 4-4 中,潜在变量的标准化因子载荷系数均超过了 0.5 的临界值,且通过了 5% 的显著水平检验,说明可观测变量与其潜在变量之间的共同方差大于各可观测变量与误差方差之间的共同方差,表明模型具有较好的收敛效度。

表 4-4　各维度相关系数绝对值及 $\sqrt{AVE}$ 值

项目	F1	F2	F3	F4	F5
F1	0.76				
F2	0.76	0.73			
F3	0.75	0.72	0.75		
F4	0.52	0.69	0.60	0.76	
F5	0.63	0.54	0.57	0.56	0.78

为了检验模型的区别效度,需比较各维度间完全标准化相关系数与所涉及自身 AVE 平方值的大小。表 4-4 中,对角线为 $\sqrt{\text{AVE}}$,左下角部分为各维度之间相关系数的绝对值 r。一阶模型中任何一个潜变量的 AVE 的均方根都大于与其他潜在变量的相关系数绝对值,因此,各维度间存在足够的区别效度。综上所述,一阶验证性因子模型的适配度较佳,且具有良好的收敛效度和区别效度。

五、农户土地意识分化类型的测度

(一)研究区域概况

武威市凉州区处于甘肃省西北部,河西走廊东端,平均海拔 1632 米。凉州区隶属于甘肃省武威市,历史悠久,地理位置优越,属温带大陆性气候,降水偏少,光照条件优越,昼夜温差大,适合粮油作物、瓜果的生长。全区土地总面积 50.83 万公顷,农用地面积 21 万公顷。2014 年农作物播种面积达 11.05 万公顷,其中粮食作物总播种面积 6.95 万公顷,经济作物播种面积 4.10 万公顷。主要有小麦、玉米、洋芋、高粱、洋芋、大豆等农作物,主要有胡麻、油菜等,还有葡萄、西瓜、白兰瓜、苹果等经济作物。全区辖 19 镇 18 乡,共计 449 个村民委员会 3767 个村民小组。2014 年全区实现生产总值 238.3 亿元,比上年增长 12.9%。

(二)数据来源

为研究农户土地意识分化对耕地利用效率与保护强度的影响,2015 年 8 月,笔者从农户家庭基本情况、农户土地意识分化、农户耕地利用及保护情况等方面对甘肃省武威市凉州区开展农户问卷调查。样本区域的选择依据平均分布和具有代表性的原则,采用分层随机抽样的方法进行。在凉州区随机选择 8 个乡镇,每个乡镇随机选择 5 个村庄,每个村庄随机选择 10～15 个农户进行调查。共调查了 496 个农户,除去不具有代表性的无效问卷,获得有效问卷 487 份,有效问卷的比例高达 98.19%。数据获取采取问卷调查和参与式农户调查相结合的方法。问卷设计采取"设计—预调查—问卷修改"的程序,问卷合适之后再进行实地调查。

(三)样本特征描述

样本农户特征如表 4-5 所示。

表 4-5 样本农户特征

类型	特征	频数(户/人)	比重(%)
性别	男	312	64.07
	女	175	35.93

续表

类型	特征	频数(户/人)	比重(%)
年龄	30 岁以下	45	9.24
	30～40 岁	126	25.87
	40～50 岁	135	27.72
	50～60 岁	99	20.33
	60 岁以上	82	16.84
文化程度	小学及以下	209	42.91
	初中	168	34.5
	高中及以上	110	22.59
农户类型	纯农户	102	20.94
	以农为主的兼业农户	153	31.42
	以非农为主的兼业农户	232	47.64
非农收入比例	25%以下	95	19.51
	25%～50%	114	25.46
	50%～75%	213	43.74
	75%以上	65	13.34

本书采用相关性权重法来确定农户土地意识分化各阶指标的权重。相关性权重法是根据相关系数确定权重的一种方法。而在结构方程模型中各指标变量之间的相关系数实质上就是标准化因子载荷系数和路径系数。因此,将各指标变量标准化因子载荷系数进行归一化处理后得出三级指标的权重,将路径系数进行归一化处理后得出二级指标的权重,最后通过二级指标权重和三级指标权重测度农户土地意识分化。归一化公式为:

$$\rho_{ij} = \lambda_{ij} / \sum_{j=1}^{n} \lambda_{ij}$$

上式中,ρ_{ij} 为一阶因子 i 的第 j 个指标的相应权重,λ_{ij} 为一阶因子 i 的第 j 个指标的载荷系数。确定一阶因子权重也采用上述公式。ij 为负值时,表明指标 i 和因子 j 是负相关的,在计算权重时取绝对值即可。

由表 4-6 可知,农户土地意识分化类型权重排序为:土地保障意识权重为 29.62%、土地依赖意识权重为 23.15%、土地致富意识权重为 19.82%、土地包袱意识权重为 16.27%、土地产权意识权重为 11.14%。一阶因子中,4 个正向维度解释了农户土地意识分化的 88.86%,而土地包袱意识这一负向维度解释了农户土地意识分化的 11.14%。由此可知,农户的普遍对土地持正向感情,尤其是土地的保障意识更能反映当代农户的土地意识,农户把土地当作重要的生产生活和养老保障。

同时，虽然土地包袱意识的比重较低，但其作为农户土地意识的负向维度，反映的是农户对土地的消极态度，因此农户土地包袱意识的影响也不容忽视。

表 4-6 农户土地意识分化评价指标权重分布表

一级指标	二级指标	权重（%）	三级指标	权重（%）
农户土地意识分化	土地依赖意识	23.15	土地是传家宝	26.51
			种地已经成为一种习惯	28.15
			靠种地维持生计	22.78
			土地是命根子	22.56
	土地保障意识	29.62	土地是基本的生活保障	20.21
			农忙时回家种地，农闲时外出打工	22.12
			农业收入是家庭收入的重要组成部分	19.21
			土地是一种养老保障	21.35
			即使种地收入不高，也可以贴补家用，不会抛荒	17.11
	土地致富意识	19.82	种地多了照样能发财	20.38
			种地能有稳定的收入，不比外出打工差	18.36
			希望能承包更多的土地	30.28
			依靠种地可以致富	30.98
	土地包袱意识	16.27	土地对我可有可无	28.21
			种地成本高，收入低，不值得种	20.82
			种地不体面，没前途	21.35
			在城市工作，没时间种地	29.62
	土地产权意识	11.14	将来可能从土地中获得更多收益	30.21
			不论是否耕种，土地都是一项基本权益	33.57
			期待从农转非中获得土地增值收益	36.22

六、小结

为了定量研究农户土地意识分化对耕地利用效率的影响，本节内容从农户类型的角度出发，分析农户土地意识分化类型与农户类型的分化的一致性，以便更准确地区分农户土地意识分化的类型。近年来，很多学者从兼业化程度角度把我国农户划分为纯农户、一兼农户、二兼农户和非农户。将非农收入所占比例低于家庭总收入的10%视为纯农户，将占比10%～50%的视为一兼农户，将占比50%～90%的视为二兼农户，将占比大于90%的视为非农户。本书根据实际调查以及量表的设计与验证,将农户土地意识分化为土地依赖意识、土地保障意识、土地包袱意识、土地致富意识和土地产权意识。由于农户土地意识是一个抽象概念,仅依据概念界定不能对其予以明确区分,因此,本书以农户的兼业化程度为核心评价指标,其次以受教育程度、年龄分布和外出打工经历为约束指标,对5种土地意识类型予以区分。农户土地意识分化特征对比表如表4-7所示。

表4-7 农户土地意识分化特征对比表

价值观类型	农户类型	年龄分布	文化程度	收入来源	外出打工经历
土地依赖意识	纯农户	60岁以上	小学以下	农业收入	没有
土地保障意识	一兼农户	50～60岁	小学	农业收入为主	有过
土地致富意识	二兼农户	40～50岁	初中	非农收入为主	现在打工
土地产权意识	二兼农户	30～45岁	高中	非农收入为主	现在打工
土地包袱意识	非农户	30岁以下	大学及以上	非农收入	脱离农业

第二节 农民土地价值观差异性检验

社会经济快速发展,在城市化、工业化、市场化浪潮下,原本同质化的农户分化为承包大户、纯农小农经营户、一兼户、二兼户、非农户5种类型。不同类型农户由于其职业特征、收入来源、土地资源数量的多寡而对土地持有不同的认识与看法,土地对其重要性也产生了根本性的不同。在理论分析的基础上利用实践调查数据,采用独立样本t检验,可通过若干指标实证测度不同阶层农户对于有关土地价值观相同问题的认识是否具有显著的差异性,以及是否具有统计学意义。

在有关土地价值观问题设计上,本书认为土地价值是集土地为本价值、土地保障价值、土地致富价值、土地包袱价值、土地权利价值于一体的。为了能够表征不同阶层农户对于土地价值认识的差异,在调查问卷中设计"土地是农民的命根子"(代表土地为本价值),"土地是我进能进城打工、退能回家种地的保障"(代表土地保障价值),"经营土地不仅能让我获得比外出打工更高的收益,而且可以致富"(代表土地致富价值),"土地于我犹如鸡肋,食之无味,弃之可惜"(代表土地包袱价值),"保有土地的目的是将来能够获得农转非的增值收益"(代表土地权利价值)等5个问题。

一、对土地为本价值的差异性检验

在土地为本价值的测量题项上,选择"土地是农民的命根子"作为测度项,独立样本t检验结果如表4-8所示。

分析表4-8,在设定置信区间为95%的情况下,对"土地是农民的命根子"这一

表 4-8 农户对土地为本价值认识差异的独立样本 t 检验结果

土地价值观	不同阶层农户	假设条件	方差方程的 levene 检验 F	方差方程的 levene 检验 Sig	均值方差的 t 检验 t	均值方差的 t 检验 Df	均值方差的 t 检验 Sig 双侧	均值方差的 t 检验 均值差	均值方差的 t 检验 标准误差值	均值方差的 t 检验 95%置信区间 下限	均值方差的 t 检验 95%置信区间 上限
对"土地是农民的命根子"的看法与认识	非农户-一兼户	假设方差相等	3.428	0.070	−3.753	17	0.420	−0.714	0.19	−1.096	−0.331
		假设方差不相等			−2.834	14	0.030	−0.714	0.252	−1.385	−0.042
	非农户-二兼户	假设方差相等	0.404	0.532	−5.259	21	0.000	−1.565	0.315	−2.310	−1.001
		假设方差不相等			−5.757	7.351	0.001	−1.565	0.288	−2.329	−0.982
	非农户-纯农户	假设方差相等	3.910	0.045	−4.274	38	0.000	−1.971	0.461	−2.905	−1.038
		假设方差不相等			−6.619	8.515	0.052	−1.971	0.298	−2.651	−1.292
	非农户-承包大户	假设方差相等	3.322	0.010	−13.018	10	0.000	−3.457	0.266	−4.049	−2.865
		假设方差不相等			−12.192	6.669	0.000	−3.457	0.284	−4.134	−2.780
	非农户-纯农小农经营户	假设方差相等	1.040	0.312	−7.130	60	0.032	−0.942	0.132	−1.206	0.678
		假设方差不相等			−5.831	22.277	0.000	−0.942	0.162	−1.277	−0.607
	一兼户-二兼户	假设方差相等	60.183	0.035	−7.648	77	0.000	−1.258	0.164	−1.585	−0.930
		假设方差不相等			−7.019	42.061	0.053	−1.258	0.179	−1.619	−0.896
	一兼户-纯农小农经营户	假设方差相等	0.087	0.769	−17.481	49	0.000	−2.744	0.157	−3.059	−2.428
		假设方差不相等			−17.841	8.134	0.000	−2.744	0.154	−3.098	−2.389
	二兼户-纯农小农经营户	假设方差相等	16.031	0.042	−1.213	51	0.231	−0.316	0.260	−0.839	0.207
		假设方差不相等			−1.393	48.452	0.020	−0.316	0.227	−0.772	0.140
	二兼户-纯农小农经营户	假设方差相等	0.121	0.731	−6.945	23	0.989	−1.802	0.259	−2.338	−1.265
		假设方差不相等			−8.678	18.632	0.900	−1.802	0.208	−2.237	−1.366
	承包大户-纯农小农经营户	假设方差相等	13.020	0.001	−3.835	40	0.000	−1.486	0.387	−2.269	−0.703
		假设方差不相等			−6.703	25.763	0.032	−1.486	0.222	−1.942	−1.030

问题的认识上,非农户与一兼户,非农户与承包大户,以及一兼户与承包大户的认识差异均不显著,双侧显著性水平检验值分别为 0.42、0.052、0.053,均大于 0.05,说明对于这一问题,非农户、一兼户、承包大户的认识基本一致。非农户与二兼户、非农户与纯农小农经营户、一兼户与二兼户、一兼户与纯农小农经营户、二兼户与承包大户、承包大户与纯小农经营户的认识差异显著,双侧显著性水平检验值分别为 0.000、0.000、0.032、0.000、0.020、0.032,均小于 0.05,说明对于这一问题,非农户、一兼户、承包大户、二兼户、纯农小农经营户之间的差异很大。而二兼户与纯农小农经营户之间,双侧显著性水平检验值高达 0.989,远高于 0.05,说明对于这一问题,二兼户与纯农小农经营户之间具有高度一致性。结合调查结果发现,二兼户、纯农小农经营户认为"土地是农民的命根子"的比例(非常同意、比较同意、同意之和)分别为 87%、95%。

二、对土地保障价值的差异性检验

在土地保障价值的测量题项上,本书选取"土地是我进能进城打工、退能回家种地的保障"作为测度项,独立样本 t 检验结果如表 4-9 所示。

分析表 4-9,在设定置信区间为 95% 的情况下,对"土地是我进能进城打工,退能回家种地的保障"这一问题的认识上,非农户与二兼户、非农户与承包大户、非农户与纯农小农经营户、二兼户与承包大户、承包大户与纯农小农经营户的认识差异均不显著,双侧显著性水平检验值分别为 0.528、0.323、0.255、0.501、0.087、0.560,均大于 0.05,说明对于这一问题,非农户、二兼户、承包大户、纯农小农经营户的认识基本一致。结合调查结果发现,非农户、二兼户、承包大户、纯农小农经营户认为"土地是我进能进城打工、退能回家种地的保障"的比例(非常同意、比较同意、同意之和)分别为 17%、26%、20%、15%。由表 4-9 可知,非农户与一兼户、一兼户与二兼户、一兼户与承包大户、一兼户与纯农小农经营户的差异较显著,双侧显著性水平检验值分别为 0.020、0.031、0.043、0.034,均小于 0.05,说明对于这一问题,一兼户、非农户、二兼户、承包大户、纯农小农经营户的认识差异较大。结合调查结果,一兼户认为"土地是我进能进城打工、退能回家种地的保障"的占 99%。只有 1% 的农户选择了不同意或相当不同意。

三、对土地致富价值的差异性检验

在对土地致富价值的测量题项上,本书选取"经营土地不仅能让我获得比外出打工更高的收益,而且可以致富"作为测度项,独立样本 t 检验结果如表 4-10 所示

分析表 4-10,在设定置信区间为 95% 的情况下,对"经营土地不仅能让我获得比外出打工更高的收益,而且可以致富"这一问题的认识上,非农户与一兼户、非农户与二兼户、非农户与纯农小农经营户、一兼户与二兼户、一兼户与纯农小农经营户、二兼户与纯农小农经营户的认识差异均不显著,双侧显著性水平检验值分别为

表 4-9 农户对土地保障价值认识差异的独立样本 t 检验结果

土地价值观	不同阶层农户	假设条件	方差方程的 levene 检验		均值方程的 t 检验						
			F	Sig	t	Df	Sig 双侧	均值差值	标准误差值	差分的95%置信区间	
										下限	上限
对"土地是我进城打工、退能回家种地的保障"的看法与认识	非农户—一兼户	假设方差相等	0.208	0.651	-1.581	47	0.020	-0.541	0.342	-1.229	0.147
		假设方差不相等			-1.389	4.685	0.227	-0.541	0.389	-1.562	0.480
	非农户—二兼户	假设方差相等	0.605	0.045	-5.259	21	0.403	-1.200	0.363	-1.954	-0.446
		假设方差不相等			-5.757	5.588	0.528	-1.200	0.408	-2.215	-0.185
	非农户—承包大户	假设方差相等	0.035	0.152	-4.757	38	0.323	-2.057	0.432	-2.933	-1.182
		假设方差不相等			-5.083	5.455	0.303	-2.057	0.405	-3.072	-1.042
	非农户—纯农小农经营户	假设方差相等	0.012	0.214	-5.864	10	0.255	-2.771	0.473	-3.824	-1.718
		假设方差不相等			-5.799	8.412	0.332	-2.771	0.473	-3.824	-1.679
	一兼户—二兼户	假设方差相等	0.549	0.462	-3.338	60	0.031	-0.659	0.197	-1.054	-0.264
		假设方差不相等			-3.394	32.831	0.032	-0.659	0.194	-1.054	-0.264
	一兼户—承包大户	假设方差相等	0.082	0.376	-8.239	77	0.043	-1.561	0.183	-1.880	-1.152
		假设方差不相等			-8.066	63.293	0.056	-1.516	0.188	-1.892	-1.141
	一兼户—纯农小农经营户	假设方差相等	0.144	0.406	-7.583	49	0.034	-2.744	0.294	-2.822	-1.639
		假设方差不相等			-7.053	7.654	0.055	-2.231	0.316	-2.966	-1.496
	二兼户—承包大户	假设方差相等	0.528	0.471	-3.504	51	0.501	-0.875	0.245	-1.348	-0.366
		假设方差不相等			-3.837	43.844	0.436	-0.875	0.223	-1.307	-0.407
	二兼户—纯农经营户	假设方差相等	0.590	0.450	-4.943	23	0.087	-1.571	0.318	-2.229	-0.914
		假设方差不相等			-4.642	9.771	0.061	-1.571	0.338	-2.328	-0.815
	承包大户—纯农小农经营户	假设方差相等	0.014	0.006	-1.929	40	0.561	-0.714	0.370	-1.463	0.034
		假设方差不相等			-2.132	9.537	0.560	-0.714	0.335	-1.466	0.037

第四章 农民土地价值观分化研究

表4-10 农户对土地致富价值认识差异的独立样本t检验结果

土地价值观	不同阶层农户	假设条件	方差方程的levene检验 F	Sig	t	Df	Sig双侧	均值差值	标准误差值	差分的95%置信区间 下限	上限
对"经营土地不仅能让我获得比外出打工更高的收益,而且可以致富"的看法与认识	非农户—一兼户	假设方差相等	1.103	0.299	−1.498	47	0.141	−0.450	0.300	−1.054	0.154
	非农户—一兼户	假设方差不相等			−1.167	4.504	0.301	−0.450	0.385	−1.475	0.575
	非农户—二兼户	假设方差相等	0.148	0.705	−3.070	21	0.106	−1.256	0.409	−2.106	−0.405
	非农户—二兼户	假设方差不相等			−2.995	6.209	0.123	−1.256	0.419	−2.273	−0.238
	非农户—承包大户	假设方差相等	3.781	0.059	−2.608	38	0.013	−1.486	0.570	−2.693	−0.333
	非农户—承包大户	假设方差不相等			−3.473	6.758	0.011	−1.486	0.428	−2.505	−0.467
	非农户—小农经营户	假设方差相等	1.459	0.035	−3.839	10	0.503	−2.486	0.648	−3.928	−1.043
	非农户—小农经营户	假设方差不相等			−4.117	9.989	0.502	−2.486	0.604	−3.831	−1.140
	一兼户—二兼户	假设方差相等	0.651	0.023	−4.277	60	0.085	−0.806	0.188	−1.182	−0.372
	一兼户—二兼户	假设方差不相等			−3.825	25.562	0.081	−0.806	0.211	−1.239	−0.429
	一兼户—承包大户	假设方差相等	40.761	0.060	−4.888	77	0.000	−1.036	0.212	−1.458	−0.614
	一兼户—承包大户	假设方差不相等			−4.561	47.449	0.000	−1.036	0.227	−1.492	−0.579
	一兼户—小农经营户	假设方差相等	10.038	0.003	−6.911	49	0.400	−2.306	0.295	−2.682	−1.444
	一兼户—小农经营户	假设方差不相等			−4.217	6.467	0.505	−2.036	0.483	−3.197	−0.875
	二兼户—承包大户	假设方差相等	13.633	0.001	−0.719	51	0.005	−0.230	0.320	−0.873	0.412
	二兼户—承包大户	假设方差不相等			−0.820	47.854	0.006	−0.230	0.281	−0.794	0.334
	二兼户—小农经营户	假设方差相等	3.468	0.075	−2.394	23	0.507	−1.230	0.419	−2.097	−0.363
	二兼户—小农经营户	假设方差不相等			−2.411	7.993	0.542	−1.230	0.510	−2.407	−0.054
	承包大户—小农经营户	假设方差相等	0.042	0.840	0.433	40	0.008	0.200	0.462	−0.735	1.135
	承包大户—小农经营户	假设方差不相等			0.427	8.483	0.010	0.200	0.468	−0.869	1.269

0.141、0.106、0.502、0.081、0.505、0.507,均大于0.05,说明对于这一问题,非农户、一兼户、二兼户、纯农小农经营户的认识基本一致。结合调查结果发现,非农户、一兼户、二兼户、纯农小农经营户认为"经营土地不仅能让我获得比外出打工更高的收益,而且可以致富"的比例(非常同意、比较同意、同意之和)分别为8%、12%、15%、5%。由表4-10可知,非农户与承包大户、一兼户与承包大户、二兼户与承包大户、承包大户与纯农小农经营户的差异较显著,双侧显著性水平检验值分别为0.013、0.000、0.005、0.008,均小于0.05,说明对于这一问题,承包大户、非农户、一兼户、二兼户、纯农小农经营户的认识差异较大。结合调查结果,承包大户认为"经营土地不仅能让我获得比外出打工更高的收益,而且可以致富"的占85%。

四、对土地包袱价值的差异性检验

在对土地包袱价值的测量题项上,本书选取"土地于我犹如鸡肋,食之无味,弃之可惜"作为测度项,独立样本 t 检验结果如表4-11所示。

分析表4-11,在设定置信区间为95%的情况下,对"土地于我犹如鸡肋,食之无味,弃之可惜"这一问题的认识上,一兼户与二兼户、一兼户与承包大户、一兼户与纯农小农经营户、二兼户与承包大户、二兼户与纯农小农经营户、承包大户与纯农小农经营户的认识差异均不显著,双侧显著性水平检验值分别为0.321、0.983、0.395、0.475、0.196、0.057,均大于0.05,说明对于这一问题,一兼户、二兼户、承包大户、纯农小农经营户的认识基本一致。结合调查结果发现,一兼户、二兼户、承包大户、纯农小农经营户认为"土地于我犹如鸡肋,食之无味,弃之可惜"的比例(非常同意、比较同意、同意之和)分别为3%、2%、0%、0%。由表4-11可知,非农户与一兼户、二兼户、承包大户、纯农小农经营户的差异较显著,双侧显著性水平检验值分别为0.032、0.004、0.000、0.000,均小于0.05,说明对于这一问题,非农户与一兼户、非农户与二兼户、非农户与承包大户、非农户与纯农小农经营户的认识差异较大,结合调查结果,非农户认为"土地于我犹如鸡肋,食之无味,弃之可惜"的占69%。

五、对土地权利价值的差异性检验

在对土地权利价值的测量题项上,本书选取"保有土地的目的是将来能够获得农转非的增值收益"作为测度项,独立样本 t 检验结果如表4-12所示。

分析表4-12,在设定置信区间为95%的情况下,对"保有土地的目的是将来能够获得农转非的增值收益"这一问题的认识上,一兼户与二兼户、一兼户与承包大户、一兼护与纯农小农经营户、二兼户与承包大户、二兼户与纯农小农经营户,承包大户与纯农小农经营户的认识差异均不显著,双侧显著性水平检验值分别为0.735、0.502、0.387、0.364、0.587、0.409,均大于0.05,说明对于这一问题,一兼户、二兼户、承包大户、纯农小农经营户的认识基本一致。结合调查结果发现,一兼户、二兼户、承包大户、纯农小农经营户"保有土地的目的是将来能够获得农转非的增

表4-11 农户对土地包袱价值认识差异的独立样本t检验结果

土地价值观	不同阶层农户	假设条件	方差方程的levene检验 F	Sig	t	Df	Sig 双侧	均值差分的 均值差值	标准误差值	差分的95%置信区间 下限	上限
对"土地于我犹如鸡肋,食之无味,弃之可惜"的看法与认识	非农户-一兼户	假设方差相等	0.326	0.571	−0.630	47	0.032	−0.309	0.491	−1.296	0.678
		假设方差不相等			−0.718	5.346	0.003	−0.309	0.430	−1.394	0.776
	非农户-二兼户	假设方差相等	1.417	0.247	−0.021	21	0.004	−0.011	0.535	−1.123	1.100
		假设方差不相等			−0.023	7.689	0.002	−0.011	0.476	−1.116	1.094
	非农户-承包大户	假设方差相等	0.692	0.433	−0.641	38	0.000	−0.314	0.490	−1.307	0.678
		假设方差不相等			−0.719	5.668	0.000	−0.314	0.437	−1.399	0.770
	非农户-纯农小农经营户	假设方差相等	1.282	0.284	−1.042	10	0.000	−0.686	0.658	−2.152	0.780
		假设方差不相等			−1.106	9.989	0.295	−0.686	0.620	−2.068	0.696
	一兼户-二兼户	假设方差相等	0.574	0.452	1.001	60	0.321	0.289	0.298	−0.297	0.915
		假设方差不相等			0.985	30.624	0.332	0.289	0.302	−0.319	0.893
	一兼户-承包大户	假设方差相等	0.087	0.009	−0.022	77	0.983	−0.005	0.237	−0.477	0.467
		假设方差不相等			−0.022	73.444	0.983	−0.005	0.237	−0.477	0.467
	一兼户-纯农小农经营户	假设方差相等	0.611	0.438	−0.858	49	0.395	−0.377	0.439	−1.259	0.506
		假设方差不相等			−0.754	7.408	0.474	−0.377	0.500	−1.545	0.792
	二兼户-承包大户	假设方差相等	0.312	0.579	−0.989	51	0.475	−0.230	0.320	−0.873	0.412
		假设方差不相等			−0.973	32.955	0.416	−0.230	0.281	−0.794	0.334
	二兼户-纯农小农经营户	假设方差相等	0.105	0.749	−1.333	23	0.196	−0.675	0.506	−1.772	0.373
		假设方差不相等			−1.251	9.765	0.240	−0.675	0.539	−1.880	0.531
	承包大户-纯农小农经营户	假设方差相等	0.144	0.706	−1.963	40	0.057	−1.000	0.510	−2.030	0.030
		假设方差不相等			−1.934	8.462	0.087	−1.000	0.517	−2.181	0.181

表 4-12 农民对土地权利价值认识差异的独立样本 t 检验结果

土地价值观	不同阶层农户	假设条件	方差方程的 levene 检验		均值方差的 t 检验					差分的 95% 置信区间	
			F	Sig	t	Df	Sig 双侧	均值差值	标准误差值	下限	上限
对"保有土地的目的是将来能够获得农转非的增值收益"的看法与认识	非农户-一兼户	假设方差相等	1.293	0.261	-1.071	47	0.009	-0.532	0.496	-1.53	0.467
		假设方差不相等			0.766	4.402	0.003	-0.532	0.695	-2.393	1.329
	非农户-二兼户	假设方差相等	0.86	0.004	-0.746	21	0.000	-0.433	0.581	-1.641	0.774
		假设方差不相等			-0.601	5.1	0.000	-0.433	0.721	-2.277	1.410
	非农户-承包大户	假设方差相等	0.519	0.476	-0.668	38	0.008	-0.371	0.556	-1.497	0.754
		假设方差不相等			-0.528	4.637	0.000	-0.371	0.704	-2.224	1.481
	非农户-纯农小农经营户	假设方差相等	0.214	0.653	-0.225	10	0.006	-0.171	0.762	-1.868	1.525
		假设方差不相等			-0.214	7.08	0.007	-0.171	0.802	-2.064	1.721
	一兼户-二兼户	假设方差相等	0.011	0.016	0.348	60	0.729	0.098	0.283	-0.467	0.664
		假设方差不相等			0.342	30.417	0.735	0.098	0.288	-0.490	0.687
	一兼户-承包大户	假设方差相等	0.556	0.458	0.674	77	0.502	0.160	0.238	-0.313	0.634
		假设方差不相等			0.666	69.021	0.508	0.160	0.241	-0.320	0.641
	一兼户-纯农小农经营户	假设方差相等	0.432	0.514	0.872	49	0.387	0.360	0.413	-0.470	1.191
		假设方差不相等			0.793	7.553	0.452	0.360	0.454	-0.698	1.419
	二兼户-承包大户	假设方差相等	0.218	0.643	0.196	51	0.364	0.062	0.316	-0.573	0.697
		假设方差不相等			0.200	36.500	0.343	0.062	0.310	-0.566	0.690
	二兼户-纯农小农经营户	假设方差相等	0.273	0.607	0.551	23	0.587	0.262	0.476	-0.722	1.246
		假设方差不相等			0.530	10.210	0.607	0.262	0.494	-0.836	1.360
	承包大户-纯农小农经营户	假设方差相等	0.478	0.493	-0.835	40	0.409	-0.371	0.445	-1.270	0.528
		假设方差不相等			-0.735	7.738	0.484	-0.371	0.505	-1.544	0.801

值收益"的比例(非常同意、比较同意、同意之和)分别为8%、11%、9%、2%。由表4-12可知,非农户与一兼户、非农户与二兼户、非农户与承包大户、非农户与纯农小农经营户的差异较显著,双侧性显著性水平检验值分别为0.009、0.000、0.008、0.006,均小于0.05,说明对于这一问题,非农户、一兼户、二兼户、承包大户、纯农小农经营户的认识差异较大。调查结果表明,非农户认为"保有土地的目的是将来能够获得农转非的增值收益"的占65%。

六、小结

本节通过定性分析与实证测度得出的结果表明,不同类型农户对土地的认识与看法不同,纯农小农经营户与二兼户对"土地是农民的命根子"的说法更为赞同,将其定义为土地为本观;一兼户对"土地是我进能进城打工、退能回家种地"的说法更为赞同,将其定义为土地保障观;承包大户对"经营土地不仅能让我获得比外出打工更高的收益,而且可以致富"的说法更为赞同,将其定义为土地致富观(此处的土地致富观是指不改变土地农用的性质,依靠土地获取农业收益);非农户对"土地于我犹如鸡肋,食之无味,弃之可惜"与"保有土地的目的是将来能够获得农转非的增值收益"的说法较为赞同,说明非农户中既有视土地为包袱的,也有视土地为权利的,将其定义为土地包袱观与土地权利观。

第三节　农民土地价值观差异的影响因素

一、数据来源

本书以武威市所辖凉州区、民勤县、古浪县3个纯农作县区74个乡镇948个行政村为抽样总体,以独立农户为调查对象,采用三级简单随机抽样,计算样本容量并通过PPS(概率比例规模抽样)法分配次级抽样单元,最终确定走访176个行政村,正式发放问卷756份,剔除无效问卷38份,有效问卷共718份,有效率为94.97%。

样本结构如下:民勤县187份,占26%;古浪县194份,占27%;凉州区337份,占47%。其中,女性108人,占15%;男性610人,占85%。年龄在38~46岁的337人,占47%;在20~28岁的43人,占6%。高中及以上文化程度者占4%,初中文化程度者占27%,小学文化程度者占30%,其余39%为无文化程度者。被调查者均为本村居民,本村土地承包经营者,且有务农经历。

本书所使用的资料性数据主要来源于《甘肃发展年鉴2012》。

(一)影响因素选取及说明

在梳理相关研究的基础上,结合研究目标,本书选取年龄、文化程度、外出年限、农业收入比重、地块最远最近距离等与农民土地经营高度相关的因素,并且考虑到各因素之间可能会产生交互作用,共同决定农民土地价值观的差异性。

二、研究方法

1. 李克特量表

量表设计采用李克特量表五级赋分,即每一个题项有"非常同意""比较同意""同意""不同意""非常不同意"5 种回答,相应地,回答"非常同意"记 5 分,回答"比较同意"记 4 分,回答"同意""不同意""非常不同意"分别记 3 分、2 分、1 分,对否定陈述题项采用反向赋分。

2. 列联表分析

以交叉表方式,将两个或两个以上的变量交叉分组,呈现出多维次数分布数据。变量之间是否具有关联性,重要的是要检查各单元格当中次数的变化情况。检测两个变量的观察值是否具有特殊关联时,以卡方检验进行的统计检验称为独立性检验。

3. 多因素方差分析

通过研究各变量及其之间交互作用的变异对可观测变量总变异贡献的大小,来解释变量对可观测变量影响力的大小。变量之间的交互作用是指各变量相互搭配后对可观测变量的影响。方差分析采用的是 F 统计量,F 统计量服从 F 分布,根据 F 统计量和 F 分布表可以得到相应的相伴概率 P。如果变量的相伴概率 P 小于或等于给定的显著性水平($\alpha=0.05$),则认为该变量对可观测变量产生显著影响。

三、结果与分析

(一)农民土地价值观分异特征

运用 SPSS 19.0 统计软件,进行地域与农民土地价值认知双因素交叉作用下的列联表分析,地域以独立行政村为划分。列联表,又称交叉表,可将两个变量数据同时在一个表格中呈现。根据分析结果,两个变量具有相互关联性,两个变量的互动关系如图 4-3 所示。

研究区范围内,土地财富价值与土地权利价值的变化趋势基本相同,土地财富价值越高,对土地权利价值的认知越高。土地情感价值与土地财富价值呈相对趋势发展状态,土地情感价值观念越弱,土地财富价值观念越强,这主要是因为:经济越发达,观念越开放,对土地重要性的感知越弱,耕地"就业功能"的可替代性越强。越靠北,农民对土地情感价值的认知越强;越靠南,农民对土地保障价值的认知越强;靠近中部地区,农民对土地财富价值的认知较强。整个研究区范围内,农民对土地权利价值的认知整体处于相对较弱的态势,但共同引导着土地利用格局。

(二)不同特征群体土地价值观差异性对比分析

通过对农民土地价值观分异特征的阐述,根据武威市农民土地价值观分布特

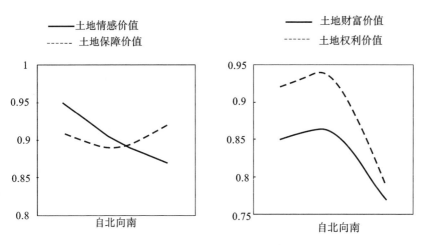

图 4-3 两个变量的互动关系图

征,进一步评价不同个体特征和农地经营特征群体对土地价值认知的差异性。

采用单变量多因素方差分析方法,选用一般线性模型里的单变量对各因素进行方差分析。首先采用 levene 检验法进行方差齐性检验,由于 levene 统计量对应的 P 值均大于显著性水平 0.05,故认为样本数据的方差是相同的,满足方差分析的前提条件。表 4-13 为农民土地价值观差异性因素的方差分析结果。

表 4-13 农民土地价值观差异性因素的方差分析结果

项目	变量类型	影响因素	Ⅲ型平方和	DF	均方	F	Sig
情感价值	个体特征	年龄	0.415	4	0.104	0.376	0.825
		文化程度	1.522	4	0.380	1.377	0.254
		外出年限	1.174	4	0.294	1.063	0.384
		年龄 * 文化程度	4.120	8	0.515	1.864	0.085
		年龄 * 外出年限	7.686	13	0.591	2.140	0.026*
	农地经营特征	农业收入比重	8.695	11	0.790	2.296	0.024*
		地块最远最近距离差	10.810	10	1.081	3.141	0.004**
		收入比重 * 距离差	37.247	35	1.064	3.092	0.000***
保障价值	个体特征	年龄	3.309	4	0.827	1.461	0.227
		文化程度	6.336	4	1.584	2.798	0.035*
		外出年限	1.319	4	0.330	0.583	0.676
	农地经营特征	农业收入比重	6.372	11	0.579	1.191	0.319
		地块最远最近距离差	7.333	10	0.733	1.507	0.167
		收入比重 * 距离差	31.824	36	0.884	1.817	0.027*

续表

项目	变量类型	影响因素	Ⅲ型平方和	DF	均方	F	Sig
富财价值	个体特征	年龄	2.432	4	0.608	1.155	0.342
		文化程度	2.827	4	0.707	1.343	0.267
		外出年限	2.058	4	0.515	0.977	0.428
		年龄＊文化程度	14.376	14	1.027	1.951	0.042*
	农地经营特征	农业收入比重	14.153	10	1.415	2.528	0.016*
		地块最远最近距离差	3.219	10	0.322	0.575	0.826
利权价值	个体特征	年龄	5.442	4	1.360	2.665	0.043*
		文化程度	2.373	4	0.593	1.162	0.339
		外出年限	1.692	4	0.423	0.829	0.513
		年龄＊文化程度	16.975	15	1.132	2.217	0.019*
	农地经营特征	农业收入比重	3.219	10	0.322	0.575	0.826
		地块最远最近距离差	14.153	10	1.415	2.528	0.016*

注：* 表示 $P<0.05$，** 表示 $P<0.01$，*** 表示 $P<0.001$。

1. 情感价值

农业收入比重、地块最远最近距离的主效应显著，P 值分别为 0.024、0.004。农业收入比重越大，农民对土地的依赖越强，产量最大化或利润最大化成为其土地经营决策的核心，一心在土地上精耕细作，具有浓厚的"惜土"情结；地块距离越远，越不方便耕作与管理，土地经营的心理成本增加，情感价值认知减弱。

从交互作用来看，年龄与外出年限、农业收入比重与地块最远最近距离的交互作用显著，P 值分别为 0.026、0.000。具体表现为：年龄相同、外出年限不同的农民或外出年限相同、年龄不同的农民，对土地情感价值的认知存在显著差异；具有相同农业收入比重的农民，会因为经营地块集中程度不同而对土地情感价值的认知存在显著差异；经营地块集中程度相似的农民，会因为农业收入比重的不同而对土地情感价值的认知存在显著差异。年龄较大的农民，无法按非农就业工资实现劳动价值，他们通过种地获得农产品，也从劳动中获得乐趣；对于同一时代的农民，外出年限必然对土地情感价值形成弱化。在地块最远最近距离较大的情况下，如果农业收入占总收入的绝大部分，则农民对于土地情感价值的认知较强。

2. 保障价值

文化程度的主效应显著，P 值为 0.035。从样本调查的统计数据来看，在土地资源贫瘠、土地产值较低的情况下，农民普遍存在兼业现象，农业收入占次要地位，农民不愿意扩大土地经营面积，对农业生产缺乏积极性，但也不愿意放弃土地经营。他们认为外出打工不稳定，不能完全丢了土地，把土地当作最后的生存与养老保障。文化程度越高,对新事物的接受能力越强,创造财富的能力越强,他们敢于承担风险去寻求新的生活方式,对土地保障价值形成弱化。

农业收入比重与地块最远最近距离的交互作用显著,P 值为 0.027。农业收入微薄的情况下,农业生产已不能满足生活与消费需求,农民必然要寻求种地以外的生存方式,土地的保障功能强化。由于较远地块不方便耕作和管理,其情感价值弱化的同时,保障价值强化。因此,对于农业收入比重相同的农民,所经营土地较分散,土地更多是一种保障。

3. 财富价值

农业收入所占比重的主效应显著,P 值为 0.016,农业收入比重越大,则土地对于其自身是一笔财富。年龄和文化程度的交互作用显著,P 值为 0.042,年龄越大,对于财富的追求趋于平淡化,基于传统的思想观念,对于土地价值的认知存在于比较原始的层面。相对于同一时代的农民,文化程度越高,对于外部信息的敏感性越强,思想越开放,其较强的觉悟性和思维观念的外向性一定程度上决定了认知与社会需求的一致性。他们意识到土地的经济功能已超过生产功能,对土地的潜在价值存在高度认同感。

4. 权利价值

年龄、地块最远最近距离对农民对于土地权利价值的认知有显著影响,P 值分别为 0.043、0.016。年龄越大,权利认知的自觉化程度越低,对承包经营权的关注主要集中在对集体土地的成员权上,而对农地产权的认知模糊,这一点与年轻农户形成显著差异。地块越集中,耕作成本在一定程度上降低,对劳动辛苦程度的评价低于对消费满足的评价,土地转出意愿减弱,土地权利价值强化。

年龄和文化程度的交互作用显著,P 值为 0.019,文化程度越高,对土地产权的认知越明晰,土地权利价值深化。同一时代的农民,文化程度越高,对土地权利价值的认知越强。

四、小结

本节所构建的土地价值观概念模型与研究数据达到适配,验证了理论构想的合理性。所开发量表具有良好的信度,各维度及总量表的克朗巴哈指数均达到 0.7 以上;通过专家咨询保证了量表的内容效度。探索性因素分析检验了理论构想的效度。验证性因素分析结果表明,所构建的土地价值观 4 要素模型拟合良好。研究区范围内,在村庄内部和村庄之间,农民对土地情感价值、土地保障价值、土地财富价值、土地权利价值的认知及认知强度呈现相互交融、渐进演变式局面,形成区域性主流价值观。识别和评估出 7 个土地价值观差异性因素,分别为年龄、文化程度、农业收入比重、地块最远最近距离,以及年龄与文化程度、年龄与外出年限、农业收入比重与地块最远最近距离之间的交互作用。

本研究为通过引导主动塑造农民土地价值观,调整土地利用行为和方式,提高农村土地利用效率,解决当前土地利用问题提供了要素依据,有助于创新农地经营制度和农村管理体制。

第四节 农民土地价值观区域差异分析

一、数据来源及处理

本书运用2013年6—8月和2014年6—8月对河西走廊进行调查后收回的1130份有效问卷,进行农民土地价值观区域差异分析。

运用SPSS 19.0对量表数据进行因子分析,采用主成分分析法中的方差最大法进行转轴,抽取4个公因子,分别概括为情感价值(F1)、保障价值(F2)、财富价值(F3)、权利价值(F4)(见表4-14),累计方差贡献率达80.45%。

表4-14 凉州区量表数据的描述性统计

维度	题项	非常同意(%)	比较同意(%)	同意(%)	不同意(%)	非常不同意(%)
F1	V1	17.5	15.0	40.0	25.0	2.5
	V2	15.0	17.5	30.0	35.0	2.5
	V3	22.5	12.5	17.5	45.0	2.5
	V4	32.5	27.5	2.5	30.0	7.5
	V16	52.5	22.5	7.5	15.0	2.5
	V21	20.0	17.5	30.0	32.5	0.0
	V22	15.0	17.5	27.5	40.0	0.0
F2	V12	27.5	37.5	10.0	22.5	2.5
	V13	27.5	17.5	10.0	40.0	5.0
	V20	27.5	17.5	0.0	50.0	5.0
F3	V23	32.5	15.0	32.5	15.0	5.0
	V24	45.0	12.5	12.5	7.5	22.5
	V25	40.0	27.5	15.0	7.5	10.0
F4	V5	32.5	45.0	20.0	2.5	0.0
	V6	35.0	45.0	17.5	2.5	0.0

本书采用加权平均二级评判模型进行模糊综合评价,建立评语集 $V=\{v_1,v_2,v_3,v_4,v_5\}=\{$非常同意,比较同意,同意,不同意,非常不同意$\}$。

(一)对 u_i 进行一级评判

对 u_i 内各因素赋以权重,由于标准李克特量表假定量表中各项目具有同等量值，因此 $a_{ij}=1/j$。将所有评语的隶属向量组成单因素模糊评价矩阵 R_i。进行模糊关系矩阵 R_i 与模糊子集 A_i 的模糊合成运算：

$$B_i = A_i \cdot R_i = (b_{i1}, b_{i2}, b_{i3}, b_{i4}, b_{i5})$$

（二）进行二级评判

首先对各子集 u_i 赋以不同的权重，本书采用因子分析中反映各公因子重要程度的方差贡献率进行归一化处理后作为 U 的权重，即 A；其次，确定二级模糊评判矩阵 $R = (B_1, B_2, B_3, B_4)T$。

$$B = A \cdot R = (b_1, b_2, b_3, b_4, b_5)$$

对评语等级 $=\{V, IV, III, II, I\}$ 在 $0 \sim 1$ 之间进行离散，令 $a = (0.9, 0.7, 0.5, 0.3, 0.1)$，综合评价结果：

$$a = \sum_{j=1}^{5}(a_j \cdot b_j)$$

二、研究方法

（一）模糊综合评价方法

模糊综合评价的基本原理为，设给定两个有限论域 $U = \{u_1, u_2, \cdots, u_n\}$ 和 $V = \{v_1, v_2, \cdots, v_m\}$，$U$ 为综合评判的因素集，对应 V 为评语集，评价结果即 U 到 V 的一个模糊映射 $f: U \rightarrow V$。表示为：

$$B = A \cdot R$$

其中，A 为 U 上的模糊子集，B 为 V 上的模糊子集，$A = (a_1, a_2, \cdots, a_n)$，$0 \leqslant a_i \leqslant 1$，$\Sigma a_i = 1$，$a_i$ 为 u_i 对 A 的隶属度；$B = (b_1, b_2, \cdots, b_m)$，$0 \leqslant b_j \leqslant 1$，$\Sigma b_j = 1$，$b_j$ 为 v_j 对 B 的隶属度。表示为：

$$R = \begin{bmatrix} r_{11} & r_{12} & \cdots & r_{1m} \\ r_{21} & r_{22} & \cdots & r_{2m} \\ \cdots & \cdots & \cdots & \cdots \\ r_{n1} & r_{n2} & \cdots & r_{nm} \end{bmatrix}$$

r_{ij} 为 u_i 的评价对等级 v_j 的隶属度。

由于土地价值观是一个多维度、多层次的概念体系，因此首先需要对各维度进行评判，这就构成多层次模糊综合评价模型。

（二）ESDA 方法

ESDA 是衡量某一现象空间效应的空间自相关分析方法，它通过描述空间分布、揭示空间联系的结构、给出空间异质的不同形式、发现奇异观测值，来研究数据的空间依赖与空间异质性，具体用莫兰指数衡量。

莫兰指数的计算公式如下：

$$I = \frac{N}{\sum_{i=1}^{N}\sum_{j=1}^{N}W_{ij}} \times \frac{\sum_{i=1}^{N}\sum_{j=1}^{N}W_{ij}(X_i - \overline{X})(X_j - \overline{X})}{\sum_{i=1}^{N}(X_i - \overline{X})^2} \quad (4-1)$$

式中：X_i 为区域 i 的观测值；W_{ij} 为空间权重矩阵；I 值位于 $[-1, 1]$。$I > 0$ 说明相似的观测值趋于空间集聚，存在正的空间自相关；$I < 0$ 说明相似的观测值趋于空间离群分布状态，距离越远，区域相似性越大，区域间存在负的空间自相关；$I = 0$ 说明观测值呈独立随机分布。

莫兰指数的计算公式如下：

$$I_i = \frac{X_i - \overline{X}}{S^2} \sum_{j=1, j\neq i}^{N} W_{ij}(X_j - \overline{X}) \quad (4-2)$$

式中：S^2 为 X_i 的离散方差，其余参数同式（4-1）。

三、结果与分析

（一）各因子频率分布分析

运用 SPSS 19.0 对预处理完成的农民土地价值观各因子值进行基本统计分析，选取的描述性统计指标有均值、中位数、标准差、偏度、峰度，结果如表 4-15 所示。

表 4-15　农民土地价值观各因子频率分布特征

项目	均值	中位数	标准差	偏度	峰度
情感价值（F1）	0.619	0.564	0.146	2.117	3.515
保障价值（F2）	0.564	0.552	0.147	1.631	3.907
财富价值（F3）	0.595	0.503	0.096	2.214	5.446
权利价值（F4）	0.602	0.561	0.117	2.722	8.391

从表 4-15 可以看出：河西走廊超过一半县域农民土地价值认知低于平均水平，说明存在少数县域认知水平较高；各因子值离散程度较大，各因子值的频率分布对称性不明显，表现为右偏，说明农民土地价值观各维度均存在明显的地域差异；各因子值分布比标准正态分布更陡峭，F3、F4 的峰度系数大于 F1、F2，说明少数县域权利价值和财富价值变异较大，多数县域情感价值和保障价值呈低水平集簇式分布；F3、F4 的偏态程度大于 F1、F2，说明权利价值和财富价值的地域差异比情感价值和保障价值的地域差异大。

（二）总体空间分异格局

全局空间自相关衡量的是区域化变量整体的空间关联程度，表明了区域化变量在空间上的相似程度。首先采用邻接规则构建空间权重矩阵。选择 1 阶 queen

方式建立研究区空间权重矩阵,依式 4-1 计算各县域农民土地价值观的莫兰指数和相关指标,如表 4-16 所示。

表 4-16 县域农民土地价值观的莫兰指数

项目	因子				F
	F1	F2	F3	F4	
莫兰指数	−0.4608	0.2990	−0.4917	−0.5066	−0.4715
$E(I)$	−0.0667	−0.0667	−0.0667	−0.0667	−0.0667
$Z(I)$	−2.25	1.93	−1.97	−2.23	−2.07
显著性水平	0.01	0.03	0.02	0.01	0.01

莫兰指数显示了农民土地价值观及其各因子的空间结构差异,由表 4-16 可知,研究区农民土地价值观的莫兰指数显著为负,表明河西走廊地区农民对土地的价值认知总体上呈空间离群状态,具有负的空间自相关性。对土地情感价值、财富价值、权利价值认知的莫兰指数均显著为负,具有负的空间自相关性,表现为空间相对不均衡性,属于区域极化或逆极化状态。其中,对土地权利价值认知的莫兰指数相对最低,表明河西走廊地区农民对土地权利价值认知的总体空间差异较大;对土地保障价值认知的莫兰指数显著为正,具有正的空间自相关性,整体在空间上达到相对均衡状态。

总体上,河西走廊地区农民土地价值观的莫兰指数都不高,表明农民对土地价值认知的空间集聚或离群并不强烈,但依旧存在区域不均衡性。

(三)局部空间分异格局

全局空间自相关假定研究区域内空间对象的某一属性只存在一种整体趋势(空间同质性),针对空间对象的潜在不稳定性,即空间异质性,用莫兰指数来验证局域空间的空间自相关性,本质上是将莫兰指数分解到局域空间单元,进一步分析局域集聚和变异特征,依据式(4-2)计算各县域农民土地价值观的莫兰指数及其显著性。

农民土地价值观各维度的莫兰指数空间分异特征明显。对土地情感价值、财富价值、权利价值的认知,分别有 94%、81%、75% 的县域表现为局域空间负相关,说明河西走廊地区农民对土地情感价值、财富价值、权利价值的认知总体上具有空间离群特征;对土地保障价值的认知有 75% 的县域表现为局部空间正相关,说明河西走廊地区农民对土地保障价值的认知总体上具有空间集聚特征,与全局空间自相关分析结果相符。

民乐县、永昌县、民勤县农民对土地情感价值认知较强,局域空间差异性较弱,被凉州区、古浪县、民乐县等低值区域包围(同时这些低值区域表现出较强的局域空间差异性),并通过正的空间自相关关系促进金川区农民对土地情感价值的认知;肃州区、高台县与之相似;敦煌市表现出强的局域空间负相关,即强的局域空间异质性,对全局空间离散分布状态起到促进作用;酒泉市自河西走廊由西向东这种异质性逐渐减弱。除肃州区农民对土地保障价值的认知表现出较强的局域空间异质性外,酒泉市、张掖市大部分地区呈局域空间集聚,并对嘉峪关市和高台县形成一定的辐射带动作用;民勤县、永昌县作为低值区域被高值区域包围,并同步带动金川区农民土地保障价值认知水平。财富价值和权利价值认知的局域空间分异更加明显,基本呈高值与低值相间分布状态,敦煌市、肃州区、民勤县、金川区、凉州区农民对土地财富价值的认知表现出较强的局域空间异质性。

根据空间单元与周围单元之间的关联形式,河西走廊地区农民对土地价值认知空间差异小,县域自身和周边认知水平均高的县域(HH 区),包括敦煌市、瓜州县、玉门市;空间差异大,县域自身农民土地价值认知水平高、周边低的县域(HL 区),包括肃州区、甘州区、凉州区;空间差异大,县域自身农民土地价值认知水平低、周边高的县域(LH 区),占据了空间单元的一半以上,主要连片分布在河西走廊中部及以东地区,以市辖区为核心向外辐射,包括金塔县、嘉峪关市、高台县、临泽县、民乐县、山丹县、永昌县、民勤县、古浪县;金川区农民土地价值认知水平空间差异小,自身与周边均低(LL 区)。

第五节　农民土地价值观代际差异分析

卡尔·曼海姆将"代"的形成过程与社会变迁联系起来。将"代"认定为出生在同一时期,经历了同样的社会变革并形成独特的"历史社会意识"或集体认同,进而影响他们的态度和行为,使之与先前的几代人相区别的一群人。所以伴随着农村社会的变迁,同样形成了对土地价值观有不同认识的几代人,在时间维度上可以理解为土地价值观的代际变迁。这种代际变迁实则表现为土地价值观的代际差异,而这种差异的存在很大程度上受到包括性别、年龄、文化程度以及社会经济等多重因素的影响。

本书基于上述理论准备,试图通过实地调查数据结合数理统计方法来研究土地价值观的代际差异。以期从新的视角审视其对土地利用的影响,拓展土地利用研究的新领域,并试图通过揭示土地价值观的代际差异以及对土地利用的影响来为我国农地制度的制定提供一个社会学视角。

一、数据来源及说明

本书的相关数据来源于 2011 年 6—7 月份对甘肃天水部分县区的调查。本次调查采取问卷调查和走访调查相结合的方法,调查主要以独立农户为单元,以农户成员为主要调查对象。调查涉及天水 4 个县区,包括甘谷县、秦安县、麦积区和秦州区。在整个调查中共发放调查问卷 1000 份,收回 863 份,其中有效问卷 805 份,问卷回收率为86.3%,问卷有效率为93.3%。调查分别从农民及家庭基本状况、农民对土地财富价值、权利价值、情感价值的认识,以及对土地投入、土地流转、土地经营规模、耕地保护和征地的态度来进行。

本书的重点在于关注土地价值观的代际差异,在调查中特别关注不同代际对土地的态度和认识,注重对被调查者年龄信息的收集,设计"您的出生年代"这一问题,分别有20世纪50年代或之前、60年代、70年代、80年代和90年代可供选择。

二、研究方法

(一)独立样本 t 检验法

独立样本 t 检验用于检验对于两组来自独立总体的样本,其独立总体的均值或中心位置是否一样。本书借助独立样本 t 检验,可以验证不同年代农民对土地价值观认识的差异是否具有统计意义上的显著性。

(二)多维 logistic 回归法

采用多维 logistic 回归法详尽考察土地价值观的代际差异,可得到影响土地价值观的净效果。采用分别纳入自变量,然后再加入控制变量的嵌套模型,从侧面说明代际差异对土地价值观的影响程度。其目的在于控制个体差异、区域经济状况、区位条件、农地质量后,来看土地价值观的差异,从侧面反映代际变量对土地价值观的影响作用。

文中的 t 检验分析过程及 logistic 回归分析过程均借助 SPSS 17.0 来完成。

三、结果与分析

(一)对土地价值认识的代际差异

本书中的土地价值是集财富价值、权利价值和情感价值于一体的。为了能够表征不同代际对于土地价值认识的差异,在调查问卷中,设计"土地是否宝贵财富""土地是否农民的命根子""如果有稳定的工作,是否愿意继续从事农业""从事农业是否能致富"等问题。调查数据 t 检验结果如表4-17所示。

分析表4-17,在设定置信区间为90%的情况下,对"土地是否宝贵财富"这一问题的认识上,"50后"与"60后"、"50后"与"80后"、"60后"与"70后"、"60后"与"80后"以及"70后"与"80后"农民的认识差异均不显著,不能通过假设,P 值分别为0.339、0.331、0.339、0.884、0.382,均大于0.1。说明对于这一问题,"50后"与"60后"、"70后"及"80后"的认识基本一致。结合调查结果发现,"50后""60后""70后""80后"农民认为土地是宝贵财富的比率分别为100%、91.7%、100%、94.7%。由表4-18可知,"60后"与"90后"、"80后"与"90后"对于这一问题的认识差异极其显著,P 值均为0.00。结合调查结果,"90后"认为土地是宝贵财富的只有1%,有99%的人选择"不确定"或"不是"。

表 4-17 农民对于土地价值认识的独立样本 t 检验结果

土地价值观	比较年龄组	假设条件	方差方程的 levene 检验		t 检验			均值方差的 t 检验		均值差分的 90% 置信区间	
			F	Sig	t	Df	Sig 双侧	均值差值	标准误差值	下限	上限
对土地是否宝贵财富的认识	"50后"-"60后"	假设方差相等	6.111	0.021	-1.124	25	0.272	-0.083	0.074	-0.210	0.043
		假设方差不相等			-1.000	11	0.339	-0.083	0.083	-0.233	0.066
	"50后"-"70后"	假设方差相等	3.517	0.070	-0.886	32	0.382	-0.105	-0.119	-0.307	0.096
		假设方差不相等			-1.000	18	0.331	-0.105	0.105	-0.288	0.077
	"50后"-"80后"	假设方差相等	6.111	0.021	1.124	25	0.272	0.083	0.074	-0.043	0.210
		假设方差不相等			1.000	11	0.339	0.083	0.083	-0.066	0.233
	"50后"-"90后"	假设方差相等	0.127	0.725	-0.148	29	0.884	-0.022	0.149	-0.274	0.230
		假设方差不相等			-0.163	28	0.871	-0.022	0.134	-0.250	0.206
	"60后"-"70后"	假设方差相等	6.537	0.017	-12.784	26	0.000	-0.917	0.072	-1.039	-0.794
		假设方差不相等			-11.000	11	0.000	-0.917	0.083	-1.066	-0.767
	"60后"-"80后"	假设方差相等	3.517	0.070	-0.886	32	0.382	-0.105	0.119	-0.307	0.096
		假设方差不相等			-1.000	18	0.331	-0.105	0.105	-0.288	0.077
	"70后"-"90后"	假设方差相等	3.758	0.061	-7.782	33	0.000	-0.895	0.115	-1.089	-0.700
		假设方差不相等			-8.500	18	0.000	-0.895	0.105	-1.077	-0.712

注：鉴于篇幅限制，对"土地是否是农民的命根子"的认识，对"如果有稳定的工作，是否愿意继续从事农业"的认识，对"从事农业是否能致富"的认识，"对待土地经营规模的态度"、"对转入土地的态度"、"对转出土地的态度"等同题的 t 检验结果不再以列表的形式表现。

对于"土地是否农民的命根子"这一问题,"50后"与"60后"、"50后"与"70后"、"60后"与"70后"及"70后"与"80后"农民的认识差异不显著,都能通过 t 检验;而"50后"与"80后"、"50后"与"90后"、"60后"与"80后"、"60后"与"90后"、"70后"与"90后"以及"80后"与"90后"对于这一问题的认识差异显著,可以通过 t 检验,P 值分别为 0.008、0.000、0.024、0.000、0.003 和 0.005。这一结果表明,随着经济发展及社会变迁,人们对"土地是否农民的命根子"的认识发生了巨大的变化。"50后"与"60后"农民大多认为土地是农民的命根子,他们受教育程度普遍较低,受年龄和文化程度的限制,不可能像年轻人一样走出农村寻找新的出路,可以说他们以土地为本是一种无奈的选择。而"80后"与"90后"大多认为土地并非农民的命根子,他们有较大的选择空间。"70后"农民介于以上两者中间。

"50后"和"60后"农民以土地为本是一种无奈的选择这一观点可以用"从事农业是否能致富"和"如果有稳定的工作,是否愿意继续从事农业"这两个问题来表征。"50后"农民与"70后"农民对于"如果有稳定的工作,是否愿意继续从事农业"的认识差异是显著的,其他各代之间的差异不显著,表明"70后"农民在稳定工作与土地中会选择稳定工作而不愿意从事农业活动。"农业收入过低"成为大多数"70后"农民选择非农工作的主要原因。而"50后"和"60后"正如前文所述,因为年龄及文化程度的限制,只能从事农业活动,维持较低的收入。继续分析"从事农业是否能致富"这一问题的 t 检验结果可以发现,对于这个问题,没有任何年龄段的农民出现认识上的显著差异。结合调查结果,他们普遍认为从事农业并不能致富,进一步说明了"50后"和"60后"农民以土地为本是一种无奈的选择。

总体而言,土地价值观出现较大差异是从"70后"开始,在"80后"身上显现,在"90后"身上体现得最为明显。"80后""90后"农民不再认为土地是农民的命根子,他们认为,从事农业根本不可能致富,如果有稳定的工作便会放弃土地从事非农工作。他们中间有一部分人依然认为土地是一笔宝贵财富。

(二)对待农地的态度差异分析

本书认为,土地价值观不仅仅是农民对于土地财富价值、情感价值以及权利价值的认识,还应包括农民对于土地流转的态度、对土地规模经营的态度、对待土地投入的态度等。

1. 土地流转态度的代际差异

土地流转是解决我国农村土地利用细碎化及撂荒、闲置的有效途径,对于优化土地资源配置、提高土地利用率、促进农业结构调整,以及促进农村经济发展和农民增收具有重要作用。农户是农业经营的主体,而农民对于土地流转的态度很大程度上决定了土地流转效率、土地流转规模及土地流转程度。土地价值认识的差异,必然会导致不同年代出生的农民对于土地流转态度的差异。根据对土地流转态度的 t 检验结果可知,"50后"与"60后"、"50后"与"70后"以及"60后"与"70后"

对于转入土地的态度差异不显著。在调查样本中,"50后""60后""70后"愿意转入土地的概率分别为46.7%、53.3%和66.7%。可以发现,"50后"农民只有少于一半的人愿意转入别人的土地来扩大经营规模,"60后"和"70后"农民愿意转入别人土地的人也仅仅超过一半。可能的解释是"50后"农民限于年龄,并没有足够力量去经营更多的土地,他们只愿经营好自家的承包地。选择"愿意转入"土地的"60后"和"70后"有一部分是因为文化程度低,无法找到一份比较稳定的非农工作,而只经营自家的土地收入太低,希望通过扩大经营规模来增加农业收入,选择转入土地一定程度上是属于被迫的;另一部分是掌握了一定的农业技术之后,想通过经营更多的土地来增加收入,他们愿意转入更多的土地。

从 t 检验结果可以看出,"50后""60后""70后""80后""90后"对于转入土地的态度有很显著的统计学差异,P 值均小于0.1。结合调查结果可以发现,只有15.8%和0%的"80后""90后"农民愿意转入别人的土地。很显然,他们中的绝大多数人并不愿意转入别人的土地,而不愿意转入别人的土地的原因主要是"种地太辛苦""经营农业没有可观的收入""土地收成只够全家口粮就行,没有转入他人土地的必要"。

以上分析是从"是否愿意转入土地"的角度区分不同代际农民对土地流转的态度,而对待土地流转的态度还应包括对转出土地的态度,所以有必要继续分析不同代际农民对"转出土地的态度"的差异。t 检验结果表明,"50后"与"70后"、"50后"与"80后"、"60后"与"80后"、"60后"与"90后"以及"70后"与"90后"对待"转出土地的态度"的差异显著。"50后"与"60后"、"60后"与"70后"对待"转出土地的态度"的差异不显著,也就是说,"50后""60后""70后"对"是否愿意转出土地"的回答基本相同,他们大多不愿将自己的土地转出,大部分人是因为"土地是农民的命根子,是农民的象征","种地可以满足全家人的口粮,同时,外出务工收入是全家人的主要收入来源"。"80后"和"90后"更多的人选择愿意将土地转出,原因可以分为两类:"土地收入太低,完全没有必要种地","有进入大城市生活的愿望"。

综合以上分析结果,可以判断不同代际农民对于土地流转的态度存在着差异,"50后"、"60后"和"70后"农民有转入他人土地的意愿,其中,"60后"和"70后"这种意愿较为明显,而"50后"不是很明显;同时,他们大部分人也不愿意转出自家土地,更希望自家经营。"80后"和"90后"对待土地流转的态度基本一致,非常愿意转出土地而极不愿意转入土地,土地对他们来说似乎成为一种累赘。这将有益于我国农地流转市场的逐步完善和有序发展。

2. 土地规模经营意识的代际差异

通过对不同代际对于土地经营规模认识的 t 检验分析可知,没有哪两个代际的认识出现显著差异,P 值均大于0.1。分析调查结果可以发现,"50后"、"60后"和"70后"希望扩大土地经营规模的比例分别为46.7%、58.3%和53.3%,希望缩小土地经营规模的比例分别为0%、0%和13.3%,希望保持不变的比例分别为

53.3%、33.3%和13.3%,其余的人选择了"没想过"。"80后"和"90后"希望扩大土地经营规模的比例分别为31.6%和0%,希望缩小经营规模的比例分别为57%和90%,其余人选择了"保持不变"和"没想过"。不难发现,对于土地经营规模这一问题的认识同样表现出"50后""60后""70后""80后""90后"之间的认识差异,即代际差异与前面分析结果基本吻合。

3. 土地投入态度的代际差异

对待土地投入的态度一定程度上反映了农民对于土地财富价值以及权利价值的认识。为了能够全面掌握不同代际对于土地价值观认识的差异,本书对不同年龄段农民对于土地投入的态度差异也做了 t 检验。结果表明,"50后"与"70后"、"80后"、"90后"以及"60后"与"70后"、"80后"、"90后"对于土地投入的态度有显著差异。对于这一结果的解释是"50后""60后"大多愿意在其土地上投入更多的人力、物力和财力,而与此相对应,"70后""80后""90后"大部分农民不愿意投入更多。表明不同代际农民对于土地投入态度的差异,也表明土地价值观代际差异的真实存在。

(三) 不同代际土地价值观多维 logistic 分析

上文采用 t 检验的方法从农地价值观的不同角度分析了不同代际的土地价值观差异,得出了土地价值观代际差异明显这样的结论。但是,这种差异是否因为个体差异特征以及区域条件等原因引起的?基于此考虑,本书继续采用 logistic 分析,在控制个体特征差异以及区域条件等外部变量后,来考察土地价值观差异的变化。鉴于篇幅有限,本书只做"如果有稳定的工作,是否愿意继续从事农业"和"对待转入土地的态度"的 logistic 分析,希望从中分析出有价值的结论。

1. 愿意从事农业生产的 logistic 分析结果

表 4-18 显示出愿意从事非农工作的 logistic 分析结果。将意愿分为三类:愿意、不愿意和不确定。表 4-18 模型 1 中只纳入了代际变量(以不愿意作为参照),计算结果显示,相对于"90后","50后"、"60后"和"70后"在有稳定工作的情况下愿意从事农业的可能性较高,随着年龄的增长,这种可能性在显著增大。一方面说明,年龄影响农民对土地价值观的认识,即土地价值观代际差异的存在;另一方面说明,较年轻的农民大部分不愿意从事农业工作。

表 4-18　愿意从事非农工作的 logistic 分析结果

项目	模型 1	模型 2	模型 3
"80后"("90后"=0)	17.722	14.971	18.131
"70后"	18.009	30.667	32.046
"60后"	18.702	36.078	32.124
"50后"	20.089	44.320	47.362

续表

项目	模型 1	模型 2	模型 3
男(女＝0)		0.914	0.699
初中(高中或以上＝0)		1.314	2.906
小学		－11.223	－12.334
文盲		－8.278	－9.553
有外出经历(无外出经历＝0)		－0.057	0.274
纯农(常年在外打工＝0)		－16.793	－15.475
兼业		－16.091	－14.974
水浇地(水、旱地都有＝0)			14.867
旱地			14.939
平原(丘陵＝0)			12.406
山地			12.671
交通便利(不便利＝0)			0.118

模型 2 在模型 1 的基础上加入了个体差异特征变量,包括性别、受教育程度、外出经历以及职业类型。初中和高中及高中以上人群在有稳定非农工作的前提下愿意从事农业的意愿没有显著差别,而文盲和小学文化程度的人群愿意从事农业的意愿较明显。外出经历并没有对从事农业的意愿造成太大的影响,同时,相对于常年在外打工的人群,兼业和纯农人群从事农业的意愿差异不大,但与常年在外打工的人群差异相对较大。值得注意的是,在加入了个体差异特征之后,不同代际从事农业工作的意愿差异有了明显的变化,但"80 后"从事农业工作意愿基本没有收到个体特征差异的影响。可以初步判断,"80 后""90 后"基本形成了其特有的土地价值观。

模型 3 在模型 2 的基础上加入了区域条件以及农地质量状况变量,即耕地类型、地貌类型及交通便利程度。一般认为,耕地的好坏及交通便利程度直接影响农民从事农业工作的意愿,但是,从分析结果来看,水浇地或旱地、交通便利或不便利并没有引起从事农业工作意愿的强烈变化。同时可以发现,在加入了区域条件与农地质量状况后,不同代际的人从事农业工作的差异变得更为显著。可以说,区域条件以及农地质量状况影响了从事农业工作意愿的代际差异。

更为重要的是,"80 后"对于从事农业工作的认识并没有因为加入个体差异特征、区域条件和农地质量状况而有过多的改变,从模型 1 的 17.722 到模型 3 的 18.131。这说明"80 后""90 后"已经形成了特有的、比较稳定的、有其自身时代特征的土地价值观,并不会因为某些条件的改变而改变。这一结果值得我们注意。

2. 愿意转出土地的 logistic 分析结果

在分析愿意转出土地的 logistic 模型中,分为愿意和不愿意,以不愿意为参照组,分别纳入代际、个体差异和区域条件等不同变量,分别考察不同代际对待转出土地态度的差异,旨在分析外界条件变化对土地价值观代际差异的影响。

如表 4-19 所示,模型 1 中,仅仅纳入代际变量,从分析结果可以看出,不同代际的土地转出意愿存在差异却不是很明显,但意愿的变化趋势相对比较明显。可以看出"50 后"最不愿转出土地,而"80 后"转出土地的意愿比较明显。

表 4-19 愿意转出土地的 logistic 回归结果

项目	模型 1	模型 2	模型 3
"80 后"("90 后"=0)	−18.912	−18.192	−19.067
"70 后"	−19.828	−37.922	−70.582
"60 后"	−20.927	−37.881	−69.911
"50 后"	−40.473	−75.720	−119.350
男(女=0)		1.482	3.229
初中(高中或以上=0)		−0.794	−1.485
小学		−18.460	−25.292
文盲		−18.184	−27.178
有外出经历(无外出经历=0)		2.048	3.073
纯农(常年在外打工=0)		19.669	50.758
兼业		18.592	48.483
水浇地(水、旱地都有=0)			−20.649
旱地			−29.332
平原(丘陵=0)			21.015
山地			22.929
交通便利(不便利=0)			−0.659

在模型 2 中加入个体差异变量之后,转出土地意愿的代际差异显然较模型 1 明显。说明个体特征的差异显著影响着转出土地的意愿,男性更愿意转出土地。分析结果中没有显示不同职业类型的人群对于转出土地的态度有明显的差异。受教育程度的高低与转出土地的意愿成正比,外出经历同样影响到转出土地的意愿。

模型 3 中加入区位条件和农地质量状况变量,分析结果显示的不同代际转出土地意愿的差异有了进一步的扩大,表现在"50 后""60 后""70 后"不愿意转出土地的可能性继续增大。可以发现,随着不断加入不同变量,不同代际转出土地意愿的差异不断加大,但是,"80 后"对待转出土地的态度没有明显的变化,这与从事非农工作意愿的 logistic 分析结果非常吻合。

通过对不同代际从事非农工作意愿和转出土地态度的 logistic 分析,可以认为土地价值观代际差异的存在是不可否认的事实,一定程度上影响了土地流转、土地经营规模等,这种差异受到包括个体特征差异、区位差异及农地质量差异的影响。但是"80后""90后"的土地价值观似乎没有明显受到以上因素的影响。

四、小结

(一)农民土地价值观的代际差异明显

从对"是否认为土地是宝贵财富"、"土地是否农民的命根子"、"从事农业是否能致富"以及"土地流转态度"、"土地投入态度"和"土地规模经意意愿"的 t 检验分析结果来看,不同代际群体对以上问题的认识显示出比较一致的差异性。其中"50后""60后""70后"与"80后""90后"之间的认识差异较大,甚至出现明显的分歧,而"50后""60后""70后"之间的认识差异较小,"80后""90后"之间的认识差异同样较小,形成了两种明显不同的土地价值观。总体来说,不同代际的土地价值观是有明显差异的,这种差异的存在,是我国社会、经济、政治体制和文化观念等向现代类型转变产生的结果,社会经济结构和职业层次、工业化水平等,都是引起土地价值观产生代际差异的原因。

(二)农民土地价值观代际差异的大小受到多方面因素的影响

土地价值观代际差异是社会、经济、文化等大环境的变化造成的,但是当这种差异形成之后,其差异的大小还受到其他方面因素的影响。本书采用 logistic 分析,土地价值观代际差异的大小会因为加入其他变量而变化,而且往往使得代际差异变得更为明显。文中不论是"从事农业工作意愿"还是"转出土地的态度",都因为加入个体特征的差异、农地的区位条件及农地质量等因素,不同代际对于问题认识的差异更为显著。

(三)新一代农民已经形成了比较稳定的土地价值观,受外界因素影响较小

"80后""90后"是在改革开放中成长的一代,一出生就处于变革的洪流当中,他们对待外界事物的观念呈现出比较特别的一面。他们中的农民可以认为是新一代的农民,从文中的 logistic 分析结果来看,"80后""90后"对于土地价值观的认识并没有因为加入个体特征差异、区域条件和农地质量状况而有过多的改变,他们有较为稳定的价值观,与其他代际农民的价值观在加入其他变量后差异变得越来越显著。这一结果值得我们去考虑。

第六节　农民土地价值观产权认知差异分析

一、农地产权制度变革历史梳理

新中国成立以来,我国农地产权制度经历了漫长而曲折的历史变革过程,前人多从政府的角度构建我国农地产权制度框架,而忽略了在历史变革过程中农民认知的重要性。从我国农地制度历史变革的过程来看,作为农地产权制度最直接、最基本的参与者,农民认知在农地产权制度的变革过程中有着极为重要的作用和意义。本书在前人研究成果的基础上,基于农民认知视角对新中国成立以来我国农地产权制度变革过程进行分析和梳理。

（一）土地改革时期的农村土地制度

我国上千年的封建土地产权制度,使得广大农民只能在由地主出租的土地上劳作,自己无法拥有土地,土地属于地主的观念已经稳定形成。随着新中国成立,推翻了地主阶级,废除地主阶级封建剥削土地所有制,实行农民土地所有制,形成"耕者有其田",土地产权制度发生了翻天覆地的变化。土地改革完成后,3亿多无地或少地的农民共得到7亿多亩土地,广大农民可以从高额的地租中解放出来,实现对土地的真正占有和使用。农民认知也随着外部制度环境的变化发生改变,使得长久以来被压抑的平均地权的思想得到彻底解放,完整的土地产权大大地提高了农民的生产积极性,农业生产效率得到提高。新的土地政策顺应了农民的认知和对土地的需求,得到了广大农民的支持和拥护,减少了农民需求与政府之间互动的交易成本。

（二）农业合作化初期的农村土地制度

经过土地改革后,我国已经基本扭转了新中国成立初期混乱的土地局面,但残酷的国际形势使得国家不得不改变原来制定的发展自耕农经济和民族工商业的目标,现有的土地认知水平已无法适应外部环境的变化,这使国家改变原有计划目标,优先发展工业。工业带动城镇人口急剧增加,需要大量粮食来支持城镇发展。土地改革后,土地完全归农民所有,农民拥有土地和生产资料,能够依靠农业生产来实现自给自足的生活,进而形成的小农意识使得农业生产均以家庭利益最大化为目标,希望通过自家土地来实现资本积累,实现高质量的生活。

国家希望通过提取农业生产剩余来支持工业,显然目前土地私有的小农经济与发展工业这一目标产生了冲突,直接向数亿农民收购粮食无疑是难上加难。这时由互助组发展而成的初级合作社应运而生,而这种产权制度依然能够被广大农民所接受的原因是,加入合作社,农民的土地所有权没有发生改变,土地依然属于农民,这使得农民对土地的认知和需求并未发生根本变化。按劳分配的收入模式可以使农民通过辛勤劳动得到较高的报酬,而退社的农民依旧可以将土地带走。初级合作社是国家和农民在认知和需求上相互协调的结果,基本符合农民的心理预期。

(三)高级合作社和人民公社时期的农村土地制度

由于受到规模限制,初级合作社提取的农业生产剩余无法支撑工业的快速发展。从国家认知角度来看,提升合作社等级,建立大规模的集体经济组织,才能提取更多的农业生产剩余,促使农业和工业共同发展。而从农民认知来看,初级合作社阶段,虽然政府提取了大部分的农业生产剩余,但农民的自身权益并未受损,一旦存在损害自身权益的动机,农民必然会有维护自身权益的相应行为。因此,高级合作社阶段,农民基本失去了对土地的所有权、收益权和处置权,只能从劳动产品中获取小部分收益,土地私有的认知状态遭到国家的强制否定。违背农民认知和意愿的高级合作社一方面失去了广大农民的拥护和支持;另一方面,农民采取消极态度进行农业生产,使得这个阶段我国的农业生产率极低。

1958年,国家进一步提高高级合作社等级,扩大为人民公社。人民公社相较于高级合作社并没有发生实质性的改变,只是规模更大,公有性质更深,同时农民没有权利退社,剥夺了农民对于土地的所有权、收益权、处分权和退出权,最终威胁到农民的生存权利。农民在没有选择权和话语权的情况下,只能选择以消极劳作的方式进行抵抗,导致这一时期的农业生产效率和制度效率极为低下。这说明背离农民认知和需求的制度规则和目标是不可行的。

(四)家庭联产承包责任制背景下的农村土地制度

广大农民在人民公社体制下,失去了土地的所有权、收益权和处置权,甚至自己的基本生存都得不到保障,这就迫使农民基于自身的权益认知形成试图改变当前低效率制度的力量。1978年安徽小岗村实施包产到户,农民在获得包产到户的利润后决定继续将其付诸行动,同时,地方政府意识到这种家庭承包带来的经济增长和财政收入。正是农民这种正确的认知,影响了地方政府对于农地产权制度的正确认识。国家最终确立了以家庭承包为基础、统分结合的双层经营体制。

随着社会经济的发展及外部环境的不断变化,农民自身的认知水平也不断地适应着环境。我国相关法律规定土地承包期30年不变,农民作为土地经营权的直接主体,其权利和义务也在改进,这种变化还会继续进行。而基于农民自身对土地制度的认知和需求,进行基于现行土地制度的不断创新,取得制度效率和农业生产效率上的双赢。这更加印证了农民是农地制度最直接、最重要的参与主体。

我国土地产权问题一直都是土地管理问题的核心,1978年实行的家庭联产承包责任制使得我国的农地产权制度走出了人民公社形式下的产权禁锢,通过赋予农民一定期限的土地承包经营权和与之对应的收益权,极大地调动了农民的生产积极性。随着改革开放及市场经济体制的逐步建立,我国城市化进程迅速加剧。

在经济发展的同时,农村土地政策不断发生变化,以顺应农村经济增长的实现条件。在这个过程中,全国各地的城市化发展进程和工业化水平都有所提高,不同的思潮不断冲击农民对赖以生存的土地的认知水平的改变,再加上不同时期的土地产权制度的固化,相应的农民产权认知水平存在差异。同时,随着长期的农业生产创新和探索,全国各地出现不同形式的土地利用方式的改变。为顺应经济发展需求,改变农村经济发展环境,我国的土地管理制度在不断完善,不同时期农民的相应认知水平和需求不同,并随着外部环境的改变而变化,特别是代际差异特征逐步显现。老一辈人对于土地的依赖程度非常高,特别是经历了土地改革、合作社以及人民公社时期,特殊的时代背景造就他们对农地产权特有的情感认知和依赖。中年人由于自身条件的限制及外部环境的约束,思想认知既受到老一辈人的影响,又接受新的社会发展环境下的洗礼,伴随着自身文化水平的提高有所差异。年轻人对于土地的依赖程度较低,在市场经济大背景下,年轻人或者选择放弃土地,追求城市生活,或者选择利用自己比老一辈人更易于接受新事物的优势,其学习能力和接受新事物的水平普遍较高,能够实时了解国家政策,并且可以准确把握时机,以此来改善家庭经济条件,提升生活质量。

卡尔·曼海姆将"代"的形成过程与社会变迁联系起来,同时将"代"定义为出生在同一时期,经历了同样的社会变革进而形成相同或相似的社会意识或集体认同,进而影响他们的认知或行为,使之与先前的几代人相区别的一群人。[①] 人们对于"代际"有着不同的解释:一是纵向的历史时间角度对不同时代人口的定义;二是家庭内部成员之间的代际构成和位置;三是针对个体而言所处在不同年龄阶段的定义,例如"青年、中年和老年"。本书依据第一种解释,将"代际"定义为以新中国成立为时间节点,根据国家社会结构的变化,将历史时间轴划分为五个阶段,即"50后"为新中国成立初期出生的群体;"60后"为全面建成社会主义初期的群体;"70后"为我国改革开放初期出生的群体;"80后"为计划经济向市场经济彻底转变时期的群体;"90后"为我国信息技术飞速发展时期的群体,也称新时期出生的群体。

二、农民土地产权认知的实证测度

(一)数据来源

为掌握研究区域农民土地产权认知现状,分析区域内农民土地产权认知代际差异,进而研究得到构成差异性的主要影响因素,本书从农民土地产权认知的4个维度出发,根据李克特量表开发原理和普通问卷调查的设计方法,设计外业调查问卷,着手实地调查走访。

---

① 梅志雄,徐颂军,欧阳军.珠三角县域城市潜力的空间集聚演化及影响因素[J].地理研究,2014,33(2):296-303.

本书数据源于2014年8月份对甘肃河西走廊部分县区的调查。调查采取问卷调查和走访调查相结合的方法,主要以独立农户为单元,以农户成员为主要调查对象。在正式大规模调查之前,对甘肃省武威市凉州区村民随机发放初步调查问卷,通过调查结果对问卷进行修改完善。设计的调查问卷从农民农地产权认知4个维度(主体认知、功能认知、结构认知和价值认知)展开,共设计20个题项。问卷形式采用5级李克特量表形式,从非常同意、比较同意、同意、不同意到非常不同意,分别赋予量化指标值5、4、3、2、1。在初步调查过程中,共向村民发放问卷100份,回收89份,回收率89%。其中,共有77份调查问卷被作为有效问卷进行初步数据分析。

大规模调查于2015年8月展开,研究区域为甘肃省河西走廊地区,遵循"市→县→乡→村"的调查路线,对酒泉、张掖、金昌、武威4个地级市的15个县(市、区)45个乡镇196个行政村进行实地调查。采取分层随机抽样调查方法,涉及县城周边及边缘乡镇,经济社会发达和欠发达乡镇,川区和山区乡镇。满足了样本覆盖均匀、社会调查大样本容量的要求。外业调查共发放调查问卷1132份,对其进行核查校正,其中调查结果无法实施下一阶段的问卷35份,可以使用的有效问卷共1097份,累计调查问卷有效率达到96.91%。

(二)特征描述

本书选取研究区域内样本农户的性别、年龄、文化程度、家庭人口数、农户类型和非农收入比例等6个维度对样本特征进行统计描述,结果见表4-20。

表4-20 样本农户特征

类型	特征	频数(户/人)	比重(%)
性别	男	834	76.03
	女	263	23.97
年龄	30岁及以下	70	6.38
	31~40岁	192	17.50
	41~50岁	357	32.54
	51~60岁	320	29.17
	61岁及以上	158	14.40
文化程度	小学及以下	630	57.43
	初中	292	26.62
	高中及以上	175	15.95

续表

类型	特征	频数(户/人)	比重(%)
家庭人口数	3 人以下	71	6.47
	3~5 人	815	74.29
	5 人以上	211	19.23
农户类型	纯农户	211	19.23
	以农为主的兼业农户	438	39.93
	以非农为主的兼业农户	448	40.84
非农收入比例	25%以下	228	20.78
	25%~50%	289	26.34
	50%~75%	417	38.01
	75%以上	164	14.95

分析表 4-20,本次调查对象中男性共 834 人,女性共 263 人,比例约为 3:1。调查对象的年龄特征共分为 5 个阶段,主要集中在 41~50 岁和 51~60 岁,分别占总调查对象的比例为 32.54%和 29.17%,共有 677 人;其次为 31~40 岁和 61 岁及以上,分别占总调查对象的比例为 17.50%和 14.40%,共有 350 人;30 岁及以下所占比例最少,为 6.38%。与外业调查走访对象现状一致,大部分年轻群体选择外出打工,而家庭中的中老年人成为务农的主要劳动力。农户的文化程度,小学及以下所占比例最高,共有 630 人,比例为 57.43%,初中和高中及以上共有 467 人,所占比例分别为 26.62%和 15.95%,说明调查农户的受教育程度普遍偏低。家庭人口数 3 人以下所占比例较少,为 6.47%,主要集中在 3~5 人,比例为 74.29%。农户家庭类型纯农户所占比例较少,为 19.23%,以农为主的兼业农户和以非农为主的兼业农户所占比例差异不大,分别为 39.93%和 40.84%。非农收入比例 25%以下和 75%以上所占比例相对较少,分别为 20.78%和 14.95%,主要集中在 25%~50%和 50%~75%,分别为 26.34%和 38.01%。

(三)产权认知的实证测度

本书以农户中家庭成员个体为单位计算农民土地产权认知及各个维度的认知度,观察其认知度的高低,在此基础上进行分析。下面介绍农民土地产权认知度的测算方法,即采用各个测度项的相关权重系数确定测度指标体系中各题项的权重值,对其进行赋值和标准量化,然后将标准量化值与权重值相乘加和,计算各个维度的产权认知度及最终的农民土地产权认知度。

本书运用相关权重法计算得出所构建的农民土地产权认知测度评价体系的各阶变量指标的权重。相关性权重是利用变量之间的相关性确定权重的一种方法,是通过大量样本数据进行变量之间的相关系数测算,根据相关系数确定相应的权重,是一种客观赋权重的方法。

1. 农民土地产权认知二阶验证性因子模型构建

二阶验证性因子模型中的标准化因子载荷系数的实质就是可观测变量与相应的潜在变量之间的相关系数,表征潜在变量与可观测变量之间的相关性。构建农民土地产权认知对主体认知、功能认知、结构认知和价值认知4个维度的二阶验证性因子模型,求出每个可观测变量的标准化因子载荷系数,即每个可观测变量与相对应的潜在变量之间的相关系数。

构建的二阶验证性因子模型如图4-4所示。

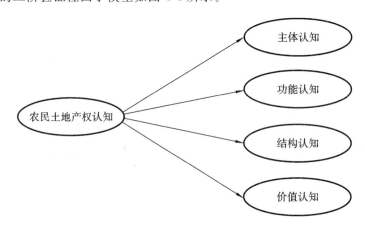

图4-4 农民土地产权认知二阶验证性因子模型

模型构建完成后运用Amos 17.0软件,将各个可观测变量指标数据代入模型,最终运算求得各可观测变量标准化因子载荷系数(见表4-21)和农民土地产权认知对四个维度的路径系数(见表4-22)。

表4-21 二阶验证性因子模型各可观测变量标准化因子载荷系数

可观测变量	标准化因子载荷	可观测变量	标准化因子载荷
$A_1(F_1)$	0.79	$A_9(F_3)$	0.74
$A_2(F_1)$	0.89	$A_{10}(F_3)$	0.72
$A_3(F_1)$	0.83	$A_{11}(F_3)$	0.71
$A_4(F_1)$	0.58	$A_{12}(F_3)$	0.78
$A_5(F_1)$	0.65	$A_{13}(F_3)$	0.75
$A_6(F_2)$	0.69	$A_{14}(F_3)$	0.77
$A_7(F_2)$	0.71	$A_{15}(F_4)$	0.72

续表

可观测变量	标准化因子载荷	可观测变量	标准化因子载荷
$A_8(F_2)$	0.75	$A_{16}(F_4)$	0.79
—	—	$A_{17}(F_4)$	0.76

表 4-22　农民土地产权认知对 4 个维度的路径系数

路径关系	标准化路径系数	显著性水平	是否接受
农地产权认知→主体认知	0.85	***	接受
农地产权认知→功能认知	0.87	**	接受
农地产权认知→结构认知	0.94	*	接受
农地产权认知→价值认知	0.83	***	接受

注：其中，* 表示在 10％水平下显著，** 表示在 5％水平下显著，*** 表示在 1％水平下显著。

农地产权认知对每一个子维度的影响路径系数均在 0.5 以上，路径系数可以接受。

2. 各变量指标权重的确定

由于二阶验证性因子模型中标准化后的路径系数和载荷系数实质上反映了变量之间的相关性，载荷系数和路径系数也可认为是变量的相关系数，因此本书采用相关性权重法计算得出所构建的农民土地产权认知评价测度项体系各阶变量指标的权重。首先将载荷系数进行归一化处理得到指标层的指标权重，将路径系数进行归一化处理得到准则层的指标权重，最后根据指标层和准则层的权重测度二阶因子土地价值观。

归一化公式如下：

$$\omega_{ij} = \lambda_{ij} / \sum_{j=1}^{n} \lambda_{ij} \tag{4-3}$$

$$\omega_{an} = \omega_{ij} \times \omega_i \tag{4-4}$$

上式中，ω_{ij} 为一阶潜在变量因子 F_i 的第 j 个可观测变量指标的相对权重，一阶潜在变量因子权重 ω_i 的确定方法同上，λ_{ij} 为一阶因子 i 的第 j 个指标的载荷系数。确定一阶因子权重也采用上述公式。λ_{ij} 为负值时，表明指标 i 和因子 j 是负相关的，在计算权重时取绝对值即可。通过式(4-3)归一化得到农民土地产权认知的 4 个维度及各个维度所对应可观测变量的指标权重值。绝对权重 ω_{an} 即为 ω_{ij} 与 ω_i 的乘积。运用式(4-4)进行计算，最终得出的相对权重和绝对权重如表 4-23 所示。

表 4-23 农民土地产权认知评价指标权重分布表

一级指标	二级指标	权重	三级指标	相对权重	绝对权重
农民农地产权认知	主体认知	24.36%	1.土地归集体所有,农民对其不具有所有权	21.12%	5.14%
			2.经常性的土地调整会影响对土地长期投资的积极性	23.80%	5.80%
			3.土地承包合同和承包经营权证书是保证农地使用权取得的有效手段	22.19%	5.41%
			4.农地种植收益归农民所有	15.51%	3.78%
			5.承包的土地就是自己的,别人无权干涉	17.38%	4.23%
	功能认知	24.93%	1.自家和他家土地有清楚的权益区分,不能越界	32.09%	8.00%
			2.对于承包的土地具有保护意识,最大限度体现其价值	33.03%	8.23%
			3.明晰的农地产权界定是维护自身合法权益的重要前提	34.88%	8.70%
	结构认知	26.93%	1.可以将承包的土地改为鱼塘、果园等用途用地	16.55%	4.46%
			2.能在自家承包的土地上建造居住房屋或生产厂房	16.11%	4.34%
			3.为满足农业规模生产活动或非农业生产要求,可以将土地承包经营权进行抵押贷款	15.88%	4.28%
			4.农地可以通过转包、转让等其他方式进行流转	17.45%	4.70%
			5.有权决定农地流转的数量、价格以及位置	16.78%	4.52%
			6.承包期内,可以继承父母或其他亲戚的土地	17.23%	4.64%
	价值认知	23.78%	1.通过对土地投入而获取的农地纯收益是农民最根本、最传统的权利	31.72%	7.54%
			2.农地对家庭生存和后代延续都具有重要意义	34.80%	8.28%
			3.除了农地纯收益,农地同时具有农转非后的土地价值	33.48%	7.96%

权重是指某一指标在整体评估中的相对重要程度。由表4-24可知,农民土地产权认知体系中的各维度权重排序如下:主体认知权重为24.36%、功能认知权重为24.93%、结构认知权重为26.93%、价值认知权重为23.78%。一阶因子中,4个维度均正向解释了农民土地产权认知。由此可知,农户普遍对土地产权认知在主体、功能、结构和价值四个方面能够均匀体现,尤其是结构认知更能反映农民土地产权认知。随着人类社会的不断发展,作为农民重要的生产资料和生存条件,土地的重要性越来越突出。农民依靠土地进行生产生活,同时土地作为资产的特性也越来越明显。伴随着我国农村家庭联产承包责任制的改革和不断完善,农民拥有的主要权利为土地的承包经营权,在现有法律法规的严格要求下,提升农民产权认知,减少农民个体之间、农民与政府之间的矛盾,进一步优化产权(土地承包经营权)结构,最大限度地发挥土地价值,进而提高农业生产效率,是当前土地产权研究的重要课题。

农民土地产权认知计算公式为:

$$CQRZ = \sum_{i=1}^{N} \omega_i \times \sum_{j=1}^{M} m(i,j) \tag{4-5}$$

式中,CQRZ代表农民土地产权认知;$m(i,j)$表示一阶潜在变量(主体认知、功能认知、结构认知和价值认知4个维度)因子F_i的第j个可观测变量指标在研究单位内得分的平均值;ω_i表示一阶潜在变量(主体认知、功能认知、结构认知和价值认知4个维度)因子F_i的权重;N表示一阶潜在变量因子的数目,在本书研究中为4个潜在变量;M表示一阶潜在变量因子对应的可观测变量指标的数目,在本书研究中,主体认知对应5个可观测变量,功能认知对应3个可观测变量,结构认知对应6个可观测变量,价值认知对应3个可观测变量。根据各阶变量指标因子权重以及各个可观测变量指标分值即可计算出农民土地产权认知值以及主体认知、功能认知、结构认知和价值认知4个维度相应的认知水平。

根据李克特五级量表的可观测变量指标量化的方法(李克特五级量表的答案从非常不同意到非常同意5个级别分别赋予1、2、3、4、5进行量化),计算各阶测度项权重值和加权求和,得到最终农民土地产权认知水平。将调查的1097个样本数据代入式(4-3)、式(4-4)和式(4-5)中,计算得到农民土地产权认知水平以及主体认知、功能认知、结构认知和价值认知4个维度的认知水平,最终得到的农民土地产权认知和各维度的认知水平取值范围在1~5之间,结果见表4-24。

表4-24 主体认知、功能认知、结构认知、价值认知与农民土地产权认知计算结果统计

分值范围	主体认知		功能认知		结构认知		价值认知		农民土地产权认知	
	个数(个)	比重(%)	个数(个)	比重(%)	个数(个)	比重(%)	个数(个)	比重(%)	个数(个)	比重(%)
1.5~2.0	59	5.38	43	3.92	103	9.39	43	3.92	54	4.92

续表

分值范围	主体认知		功能认知		结构认知		价值认知		农民土地产权认知	
	个数（个）	比重（%）	个数（个）	比重（%）	个数（个）	比重（%）	个数（个）	比重（%）	个数（个）	比重（%）
2.0～2.5	126	11.49	87	7.93	85	7.75	111	10.12	114	10.39
2.5～3.0	287	26.16	122	11.12	259	23.61	83	7.57	278	25.34
3.0～3.5	369	33.64	220	20.05	373	34.00	259	23.61	351	32.00
3.5～4.0	162	14.77	348	31.72	170	15.50	340	30.99	162	14.77
4.0～4.5	94	8.57	221	20.15	107	9.75	241	21.97	129	11.76
4.5～5.0	0	0	56	5.10	0	0	20	1.82	9	0.82
均值	3.07		3.46		3.01		3.68		3.37	

由表 4-24 可知，被调查农民的主体认知水平主要集中在 3.0～3.5 之间，共 369 个，占样本总数的 33.64%；主体认知在 4.5～5.0 之间的样本数为零。通过进一步分析可知，样本的产权主体认知水平均值为 3.07。

被调查农民的功能认知水平主要集中在 3.5～4.0 之间，有 348 个，占样本总数的 31.72%；分值在 1.5～2.0 之间和 4.5～5.0 之间的样本个数均较少。功能认知水平均值为 3.46。被调查农民的结构认知水平主要集中在 3.0～3.5 之间，共 373 个，占样本总数的 34.00%；结构认知在 4.5～5.0 之间的样本数为零。结构认知水平均值为 3.01。被调查农民的价值认知主要集中在 3.5～4.0 之间，有 340 个，占样本总数的 30.99%；价值认知分布在 1.5～2.0 之间和 4.5～5.0 之间的样本所占比例均较少，分别为 3.92% 和 1.82%。价值认知水平均值为 3.68。被调查农民的土地产权认知水平主要集中在 3.0～3.5 之间，共 351 个，占样本总数的 32.00%。分布在 1.5～2.0 之间和 4.5～5.0 之间的样本所占比例均较少，分别为 4.92% 和 0.82%。农民土地产权认知水平均值为 3.37。

3. 农民土地产权认知特征差异分析

表 4-25 为农民土地产权主体认知的独立样本 t 检验结果。

主体认知维度包括 5 个可观测变量：土地归集体所有，农民对其不具有所有权；经常性的土地调整会影响对土地长期投资的积极性；土地承包合同和承包经营权证书是保证农地使用权取得的有效手段；农地种植收益归农民所有；承包的土地就是自己的，别人无权干涉。分别对其采取独立样本 t 检验的分析方法进行代际差异分析，结果（见表 4-26）显示，对土地归属性质问题和对自家承包的土地的处置态度上代际存在差异。对土地归属性质问题上，"50 后"与"60 后"、"50 后"与"70 后"、"60 后"与"70 后"、"80 后"与"90 后"没有显著的差异，方差差异性检验的 Sig 值均大于 0.05，且 t 检验 P 值均大于 0.05。"80 后""90 后"分别与"50 后""60 后"

表4-25 农民土地产权主体认知的独立样本t检验结果

土地价值观	比较年龄组	假设条件	方差方程 levene检验 F	Sig	t	Df	Sig 双侧	均值差值	标准误差值	差分的90%置信区间 下限	上限
农民农地产权主体认知	"50后"-"60后"	方差相等	3.480	0.067	−2.013	65	0.048	−0.2578	0.1281	−0.5136	−0.0020
		方差不相等			−2.479	54.103		−0.2578	0.1040	−0.4663	−0.0493
	"50后"-"70后"	方差相等	3.631	0.062	−0.873	58	0.386	−0.1354	0.1551	−0.4458	0.1750
		方差不相等			−1.320	39.043	0.194	−0.1354	0.1026	−0.3428	0.0720
	"50后"-"80后"	方差相等	4.809	0.033	9.616	48	0.000	1.5159	0.1576	1.1989	1.8328
		方差不相等			12.530	43.891	0.000	1.5159	0.1210	1.2720	1.7597
	"50后"-"90后"	方差相等	5.686	0.022	7.619	41	0.000	1.6373	0.2149	1.2033	2.0713
		方差不相等			14.690	34.399	0.000	1.6373	0.1115	1.4109	1.8637
	"60后"-"70后"	方差相等	0.321	0.575	1.151	29	0.259	0.1224	0.1063	−0.0950	0.3398
		方差不相等			1.222	27.686	0.232	0.1224	0.1002	−0.0829	0.3277
	"60后"-"80后"	方差相等	5.756	0.023	6.753	31	0.000	1.6792	0.2487	1.1720	2.1863
		方差不相等			10.115	30.392	0.000	1.6792	0.1660	1.3404	2.0180
	"60后"-"90后"	方差相等	37.081	0.000	2.562	19	0.019	1.1233	0.4385	0.2055	2.0411
		方差不相等			4.016	15.521	0.001	1.1233	0.2797	0.5289	1.7177
	"70后"-"80后"	方差相等	8.829	0.006	9.422	27	0.000	1.5962	0.1694	1.2486	1.9438
		方差不相等			9.696	17.198	0.000	1.5962	0.1646	1.2492	1.9432
	"70后"-"90后"	方差相等	4.853	0.042	3.181	17	0.005	1.1432	0.3594	0.3849	1.9015
		方差不相等			2.900	0.977	0.016	1.1432	0.3942	0.2647	2.0217
	"80后"-"90后"	方差相等	2.694	0.117	1.027	19	0.318	0.1214	0.1183	−0.1262	0.3690
		方差不相等			1.233	18.577	0.233	0.1214	0.0985	−0.0850	0.3278

注：鉴于篇幅限制，结构认知、功能认知和价值认知三个维度的独立样本t检验结果不再以列表的形式呈现。

表 4-26　农民土地归属问题的独立样本 t 检验结果

土地价值观	比较年龄组	假设条件	方差方程 levene 检验 F	Sig	t	Df	Sig 双侧	均值差值	标准误差值	差分的 90% 置信区间 下限	上限
土地归集体所有，农民对其不具有所有权	"50后""60后"	方差相等	1.650	0.204	-6.867	65	0.205	-0.7607	0.1108	-0.9820	-0.5395
		方差不相等			-7.330	38.190	0.244	-0.7607	0.1038	-0.9708	-0.5507
	"50后""70后"	方差相等	5.093	0.148	-2.774	58	0.197	-0.3844	0.1386	-0.6618	-0.1070
		方差不相等			-2.735	46.983	0.189	-0.3844	0.1406	-0.6672	-0.1016
	"50后""80后"	方差相等	5.995	0.017	-7.511	60	0.000	-1.1292	0.1503	-1.4299	-0.8284
		方差不相等			-5.790	15.946	0.000	-1.1292	0.1950	-1.5427	-0.7156
	"50后""90后"	方差相等	8.570	0.005	-8.097	53	0.000	-1.5215	0.1879	-1.8984	-1.1446
		方差不相等			-5.305	7.709	0.001	-1.5215	0.2868	-2.1873	-0.8558
	"60后""70后"	方差相等	0.025	0.876	-1.310	29	0.200	-0.1851	0.1413	-0.4741	0.1039
		方差不相等			-1.275	21.455	0.216	-0.1851	0.1452	-0.4867	0.1165
	"60后""80后"	方差相等	1.146	0.025	2.363	24	0.027	0.4929	0.2085	0.0624	0.9233
		方差不相等			2.293	18.813	0.034	0.4929	0.2149	0.0427	0.9430
	"60后""90后"	方差相等	4.277	0.049	-4.732	25	0.000	-0.8934	0.1888	-1.2822	-0.5046
		方差不相等			-3.855	9.182	0.004	-0.8934	0.2318	-1.4161	-0.3707
	"70后""80后"	方差相等	7.104	0.012	-1.7	31.000	0.099	-0.3246	0.1909	-0.7140	0.0648
		方差不相等			-1.500	16.359	0.153	-0.3246	0.2164	-0.7826	0.1334
	"70后""90后"	方差相等	5.079	0.038	-2.381	17	0.029	-0.6022	0.2529	-1.1359	-0.0686
		方差不相等			-2.462	13.515	0.028	-0.6022	0.2446	-1.1286	-0.0758
	"80后""90后"	方差相等	0.180	0.676	-2.834	19	0.136	-0.7627	0.2692	-1.3261	-0.1993
		方差不相等			-2.859	18.888	0.139	-0.7627	0.2668	-1.3214	-0.2041

注：鉴于篇幅限制，对于主体认知其余可观测变量以及结构认知下的各观测变量的独立样本 t 检验结构不再以列表形式表现。

"70后"的独立样本 t 检验结果显示,分别在 0.05 显著性水平上存在显著性差异。对自家承包土地的处置态度上,检验结果基本与土地归属问题一致,"50后""60后""70后"的认知基本一致,而较为年轻的两代人则有较老一辈人不同的出生年代和时代背景,认知和追求发生了明显变化,使其与父母甚至更为年长的一代人认知差异明显。

结构认知维度包括 6 个可观测变量:可以将承包的土地改为鱼塘、果园等用途用地;能在自家承包的土地上建造居住房屋或生产厂房;为满足农业规模生产活动或非农业生产要求,可以将土地承包经营权进行抵押贷款;农地可以通过转包、转让等其他方式进行流转;有权决定农地流转的数量、价格以及位置;承包期内,可以继承父母或其他亲戚的土地。运用以上方法,农民对自家农地的承包经营权是否可以进行抵押这一问题在认知上产生了较为显著的代际差异,即"50后"与"60后"、"80后"与"90后"、"70后"与"80后"、"70后"与"90后"的方差差异性检验的 Sig 值均大于 0.05,且在 0.05 水平上不显著。"50后"和"60后"分别与"70后""80后""90后"存在显著性差异,土地对"50后"和"60后"而言,更多的是生存保障,存在较深的情感依赖;而土地对于"70后""80后""90后"相对年轻的三代人而言,比起生存价值,更多的是新的经济发展时代赋予土地的经济价值,以往面朝黄土背朝天、靠天吃饭的耕作生产所体现的土地价值已远远不能满足人们的生活追求,挖掘土地所能体现的最大价值成为当今人们提高生活质量和创造高收益的重要驱动力。

(四)农民土地产权认知空间差异特征探究

在农业时代,土地基本已经成为社会经济的主要衡量标准,财富累积的水平以及社会地位的高低,都与占有土地的多少有很大的关系。特别是城市发展过程中的经济辐射圈,对于如何捍卫土地及通过土地来获取更高的收益十分熟悉。同时,不同区域的政策落实以及农业经济的发展步伐不同,进而造成农民对于政策的敏感度不同,而不同区域内的认知水平在一定程度上对周围区域也存在一定的启示作用。

在对农民农地产权认知进行代际差异分析后,本节选择河西走廊地区 15 个县(市、区),以县域为空间研究单元,采用基于 Geoda 软件平台的探索性空间数据分析(ESDA),进一步对农民农地产权认知差异性在空间尺度上的体现形式进行研究。分析农民农地产权认知及其各个维度的空间格局分布,以得到农民产权认知的空间分布规律,把握县域间的分布联系。进一步结合县域实际情况,引导正确、有效的产权认知,了解不同区域的认知需求,有效促进农民微观的政策诉求与国家宏观的政策取向相融合。

1. 研究方法

模糊综合评价法是一种基于模糊数学的综合评价方法。它根据模糊数学的隶属度理论将定性评价转化为定量评价,即用模糊数学对受到多种因素制约的事物或对象做出一个总体评价,能够清晰、较好地解决模糊的和难以量化的问题。本书利用模糊综合评价法,并结合隶属度函数,评价农地产权认知及其4个维度的认知水平。模糊评价的决策集采用 $V=\{$非常同意、比较同意、一般、比较不同意、非常不同意$\}$来表示,评价结果是从 $U=\{u_1,u_2,\cdots,u_n\}$ 到 $V=\{v_1,v_2,\cdots,v_n\}$ 的一个模糊值映射,即 $f:U \rightarrow V$。

首先利用隶属度函数确定各个指标值对 V 的隶属度矩阵 R_i,即:

$$R_i = \begin{bmatrix} r_{11} & r_{12} & \cdots & r_{1m} \\ r_{21} & r_{22} & \cdots & r_{2m} \\ \cdots & \cdots & \cdots & \cdots \\ r_{n1} & r_{n2} & \cdots & r_{nm} \end{bmatrix}$$

结合各指标相对应的权重模糊子集 $A=\{a_1,a_2,\cdots,a_n\}$,进而得到目标准则层的模糊评判矩阵 R_i,进行运算得到一级模糊综合评价结果:

$$B_i = A \cdot R_i$$

其次,采用探索性因子分析中反映各公因子(4个维度)的方差贡献率,将其进行归一化处理后,得到二级模糊综合评价的权重模糊子集 $A=\{a_1,a_2,\cdots,a_n\}$,与 R_{ij} 进行运算得到二级评价结果:

$$B = A \cdot R_{ij}$$

最后将李克特量表中各分值等级的原始分值(1~5)与量表题目总数(量表 $N=17$),作为决策集 V 中 v_i 的等级参数,得到列向量:

$$C = (c_1,c_2,\cdots,c_n)^T$$

然后将二级模糊综合评价结果 B 与 C 内积,运算得出:

$$p = \sum_{j=1}^{n} d_j \cdot e_j = B \cdot C$$

以此类推,进而得到评价结果。

ESDA(探索性空间数据分析)是基于数据驱动的一系列空间数据分析方法与技术的集成,以空间关联性测度为核心,探索研究事物或现象的空间分布特征,具有描述空间分布、空间关联模式、空间集聚区等功能空间自相关作为 ESDA 的核心内容,是根据位置和属性相似性来共同测度空间区域内相邻位置上同一变量的相关性。空间自相关是指地理事物分布于不同空间位置的某一属性值之间的统计相关性,通常距离越近的两值之间相关性越大。常用的空间自相关指标是莫兰指数及基于距离阈值范围的乘法测度。对于任何空间属性,空间自相关测度的是变量之间的近邻值对于变量的相似或不相似程度。空间属性具有相似的取值和趋势,即空间正相关;反之,则为空间负相关。进而判断该属性是否具有一定的分布规律或为随机分布。空间自相关可分为全局空间自相关和局部空间自相关。

第一,全局空间自相关。莫兰指数统计衡量相邻的空间分布对象属性取值之间的关系,取值范围为-1~1。正值表示该空间事物的属性值分布具有正相关性,负值表示具有负相关性,0值表示该属性值地域分布不具有相关性,为随机分布。相关计算公式如下:

$$I = \frac{n\sum_{i=1}^{n}\sum_{j=1}^{n}\omega_{ij}(y_i-\overline{y})(y_j-\overline{y})}{(\sum_{i=1}^{n}\sum_{j=1}^{n}\omega_{ij})\sum_{i=1}^{n}(y_i-\overline{y})^2}$$

式中,n 为栅格数据数目;y_i 和 y_j 分别为空间对象在第 i 和第 j 两点的属性值,可为 y 的平均值。空间权重矩阵元素 ω_{ij} 为空间对象在第 i 和第 j 两点之间的连接关系。

第二,局部空间自相关。全局空间自相关是在假设空间为同质的条件下进行的,即区域内的某一属性只显示出一种分布趋势。由于空间区域存在异质性,局部空间自相关旨在揭示局部空间某一属性的空间自相关性空间聚集性,即空间热点区域,常用莫兰指数来表示。相关计算公式为:

$$I_i = \frac{y_i-\overline{y}}{S^2}\sum_{j}^{n}\omega_{ij}(y_j-\overline{y})$$

式中,S^2 为 y_i 的离散方差,$\overline{y}$ 为均值,ω_{ij} 为权重矩阵。

2. 数据来源

本书对河西走廊的酒泉、张掖、金昌、武威4个地级市,包括敦煌市、瓜州县、玉门市、金塔县、肃州区、高台县、临泽县、甘州区、民乐县、山丹县、金川区、永昌县、民勤县、凉州区、古浪县为研究区域,采用三级简单随机抽样的方法,并按"县→乡→村"的调查路线进行走访调查,各县域调查样点统计表如表4-27所示。

表4-27 各县域调查样点统计表

地区	人数(人)	所占比例(%)	地区	人数(人)	所占比例(%)
敦煌市	67	6.11	民乐县	65	5.93
瓜州县	43	3.92	山丹县	89	8.11
玉门市	61	5.56	金川区	41	3.74
金塔县	102	9.30	永昌县	50	4.56
肃州区	98	8.93	民勤县	113	10.30
高台县	75	6.84	凉州区	95	8.66
临泽县	62	5.65	古浪县	47	4.28
甘州区	89	8.11			

3. 不同地域农民土地产权认知的模糊综合评价

本书基于前文中对农民土地产权认知量表的探索性因子检验,最终选取特征根大于0.5且方差累计贡献率大于80%的公因子,最终选取4个公因子。由于本书涉及区域较多,需要分区域进行模糊综合评价,因此,以武威市凉州区为例,采用加权平均二级评价模型进行模糊综合评价,具体步骤如下。

因素集 U 按照公因子个数分为 $s=4$ 个子集,记作 U_1、U_2、U_3、U_4,将其相对应的可观测变量(题目)依次归入其中。

根据探索性因子分析结果,土地产权认知的 4 个公因子的累计方差贡献率达 87.503%,凉州区土地产权认知各个维度评分分析结果如表 4-28 所示。

表 4-28 凉州区土地产权认知各个维度评分分析结果

维度	题项	非常同意(%)	比较同意(%)	一般同意(%)	不同意(%)	非常不同意(%)	方差贡献率(%)
主体认知 F1	V1	27.5	15.2	33	21.6	2.7	36.389
	V2	33.5	19.5	25.5	18	3.5	
	V3	32.5	16.5	14	35	2	
	V4	46.3	28	4.5	16	5.2	
	V5	17.5	13.2	26.5	38.3	4.5	
功能认知 F2	V6	28.5	17	45	9.5	0	29.650
	V7	29	16.2	34.5	20.3	0	
	V8	38.5	29	23	9.5	0	
结构认知 F3	V9	10.3	6.5	11.7	47	24.5	11.615
	V10	1.2	8.5	5.6	50	34.7	
	V11	3.5	5.2	10.8	44	36.5	
	V12	46	21.5	22	7.5	3	
	V13	22.5	14.7	32	11.8	19	
	V14	58.9	24.1	14.5	2.5	0	
价值认知 F4	V15	37.5	33.5	27.5	1.5	0	9.849
	V16	46.8	22	18.8	10.5	1.9	
	V17	24.5	13.3	35.5	22.6	4.1	

以表 4-28 为基础,构建 4 个子集相对应的模糊评判矩阵 R_i。由于李克特量表假定的各个可观测量表具有相同的量值,因此,各个子集内部的因素权重相等。$A_i = \{a_{i1}, a_{i2}, \cdots, a_{in}\}$,其中 $a_{in} = 1/n$。

$$A_1 = \{0.2 \quad 0.2 \quad 0.2 \quad 0.2 \quad 0.2\}$$

$$R_1 = \begin{bmatrix} 0.275 & 0.152 & 0.152 & 0.330 & 0.027 \\ 0.335 & 0.195 & 0.195 & 0.255 & 0.035 \\ 0.325 & 0.165 & 0.165 & 0.140 & 0.020 \\ 0.463 & 0.280 & 0.280 & 0.045 & 0.052 \\ 0.045 & 0.383 & 0.265 & 0.132 & 0.157 \end{bmatrix}$$

通过一级模糊综合评价运算,得到结果 $B_1 = A_1 * R_1$,$B_1 = (0.289, 0.235, 0.207, 0.208, 0.062)$。同理可得到 $B_2 = (0.317, 0.205, 0.338, 0.130, 0.000)$,$B_3 = (0.373, 0.336, 0.161, 0.079, 0.062)$,$B_4 = (0.359, 0.227, 0.270, 0.114, 0.020)$。根据最大隶属度原则,一级模糊综合评价结果为"非常同意""比较同意""同意""不同意""非常不同意"。

通过 4 个公因子的方差贡献率,得到二级模糊综合评价的权重模糊子集 $A = (0.416, 0.339, 0.133, 0.113)$,由 B_1、B_2、B_3、B_4 共同组成二级模糊评价矩阵:

$$B_{14} = \begin{bmatrix} 0.289 & 0.235 & 0.207 & 0.208 & 0.062 \\ 0.317 & 0.205 & 0.338 & 0.130 & 0.000 \\ 0.373 & 0.336 & 0.161 & 0.070 & 0.062 \\ 0.359 & 0.227 & 0.270 & 0.114 & 0.020 \end{bmatrix}$$

将权重子集 A 与评判矩阵 B_{14} 进行运算,得到二级模糊综合评价结果:

$$B = A * B_{14} = (0.317 \quad 0.237 \quad 0.252 \quad 0.152 \quad 0.036)$$

根据最大隶属度原则,最大分值为 0.317,二级模糊综合评价结果为"非常同意"。

将李克特量表相对应的赋分(1~5)分别乘以农地产权认知量表中可观测变量数目($N=17$),作为评价集合 C 中的单个等级 c_i:

$$C = (c_1, \quad c_2, \quad \cdots, \quad c_n)^T = (17 \quad 34 \quad 51 \quad 68 \quad 85)^T$$

将二级评判结果与 C 进行运算,得到凉州区农地产权认知等级分值:
$p = B * C = 0.317 * 17 + 0.237 * 34 + 0.252 * 51 + 0.152 * 68 + 0.036 * 85 = 39.70$

采用以上方法,分别计算出剩余 14 个市、县(区)的农地产权认知等级分值,如表 4-29 所示。

表 4-29 不同县域土地产权认知模糊综合评价结果

地区	分值	归一化	地区	分值	归一化
敦煌市	28.06	0.71	民乐县	26.64	0.67
瓜州县	20.12	0.51	山丹县	20.51	0.52
玉门市	21.79	0.55	金川区	35.79	0.90
金塔县	27.13	0.68	永昌县	29.51	0.74
肃州区	30.76	0.77	民勤县	30.98	0.78

续表

地区	分值	归一化	地区	分值	归一化
高台县	25.77	0.65	凉州区	39.78	1.00
临泽县	21.9	0.55	古浪县	28.77	0.72
甘州区	29.12	0.73			

4. 基于 ESDA 的农民土地产权认知的空间自相关

为了能够更加直观地反映河西走廊地区农民土地产权认知的空间分布特征，以探索性因子及认知属性值为运行依据，采用 ESDA 空间分析方法的莫兰指数统计和分级图，以及 LISA 聚类，来表征单个县域单元与周围单元之间在空间上的聚集，进而得到研究区域各个县域农地产权认知的空间差异特征。

首先，全局空间自相关。进行空间相关性分析，首先需要定义空间研究对象的相互关系，即空间权重矩阵的建立。本书采用常用的邻接规则确定权重矩阵，其中的 rook 和 queen 标准均是采用相邻县域之间的公共边界，不同的是，rook 标准采取公共边界的方式进行连接，而 queen 标准则要求到点即可。根据研究属性特征，选取 queen 标准按照以下规则构建权重矩阵：

$$\omega_{ij} = \begin{cases} 1, \text{空间单元具有连接性} \\ 0, \text{不存在关联或其他} \end{cases}$$

空间自相关权重矩阵在软件 Geoda 中运行得到。

莫兰指数的高低说明研究区域内单个区域与周围县域之间空间差异的均值，农民土地产权认知的空间聚散程度。莫兰指数衡量相邻空间分布对象属性值之间的关系，取值范围介于 $-1 \sim 1$ 之间。莫兰指数>1 时，表明该属性值的空间分布存在正相关性，呈趋同集聚，具体表现为 H-H、H-L 聚集，越接近 1，则空间差异越不明显；莫兰指数<0 时，说明空间分布存在负相关性，呈趋异集聚，具体表现为 H-L、L-H 聚集，越接近-1，则空间差异越明显。最终计算得到的莫兰指数等如表 4-30 所示。

表 4-30 农民土地产权认知及其维度全局自相关系数表

指标值	维度				产权认知 F
	F1	F2	F3	F4	
莫兰指数	-0.467	0.366	0.457	0.579	0.386
z-value	-2.453	1.980	2.152	2.663	2.013
p-value	0.080	0.033	0.016	0.003	0.012

由表 4-30 可知，基于农民土地产权认知和空间权重矩阵的运行结果，计算得到土地产权认知的莫兰指数为 0.386，为正值，z-value 值大于 1.96，拒绝零假设。说

明在95%的概率下存在空间正相关,县域间的土地产权认知并非处于随机状态,而呈现一定程度的空间集聚。认知水平较高的县域之间相邻,认知水平较低的县域之间相邻。

其次,局部空间自相关。莫兰指数从整体水平上反映了县域农民土地产权认知存在显著的空间相关趋势,但具体4个维度下15个县域的集聚状况以及局部趋于异质性,需要通过局部空间自相关进行具体分析,将莫兰指数分解到局域空间中,即针对每个空间分布对象,得到各维度土地产权认知的分布差异。

农民对土地产权主体认知的空间异质性较为明显,金川区和凉州区的莫兰指数较高,其周围县域(民勤县、永昌县、古浪县)仍有差异,高高区域和低低区域聚集不明显,表现为间隔布局,53%的县域分值呈现空间负相关的趋异状态,差异较大。对于土地产权功能认知的空间异质性较不明显,高台县、民勤县和凉州区等高分值区域,对其周边县域的认知起到一定的辐射作用。73%的县域呈现出空间集聚正相关的趋势,总体呈非随机分布状态。而农民土地结构认知的空间自相关格局主要分布在河西走廊地区东南部,以凉州区、民勤县的高分值区域带动周边县域呈现次级高分值状态,80%的县域呈现出空间集聚趋势。低分值区域主要集中于瓜州县和临泽县。农地价值认知的空间集聚最为明显,金昌市、凉州区及肃州区的高分值辐射带动作用最为明显。73%的县域呈现高分值空间集聚状态,价值认知具有明显的空间正相关特征。

采用莫兰散点图和LISA聚集图表征局部自相关分布特征,将Geoda软件与ArcGIS相结合,利用农地产权认知的总评判分值和空间权重矩阵,得到河西走廊地区15个县域的农民土地产权认知水平的莫兰散点图,并将其进行可视化显示(见图4-5),从而更为客观、具体地分析各个县域农地产权认知的空间分异特征。

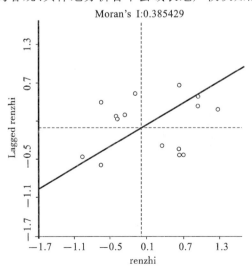

图4-5 河西走廊农民土地产权认知莫兰散点图

由图 4-5 可知,莫兰散点图分为四个象限,分别对应四种不同类型的局部空间关系,其中,右上象限(H-H)和左下象限(L-L)存在关联为正的空间自相关,H-H区域农民土地产权认知水平较高,县域之间的属性值存在较高的相似性,差异较小;L-L 区域土地产权认知水平较低,差异较小。在这两个象限内的县域存在较强的空间正相关,具有均质性。而左上象限(L-H)和右下象限(H-L)的空间关联表现为空间负相关,即各县域单元与周边县域的属性值差异较大,存在异质性。

H 型为农民农地产权认知高水平分布的热点区域,各个县域及其周边的认知水平的空间分异较小,且水平较高,区域内共包含 4 个县域,分别为金川区、凉州区、民勤县和永昌县。L-H 型县域单元自身认知水平不高,但与其相邻的周边县域呈现较高水平分布,该类型包含 5 个县域,分别为高台县、临泽县、山丹县、民乐县和古浪县。其中山丹县和古浪县均与热点区域相邻,但未受到其辐射带动作用,空间异质性较为明显。L-L 型为土地产权认知低水平分布热点区域,瓜州县和玉门市均落在该区域内,属于认知低水平区域,处于低水平均质特征阶段。H-L 型县域自身具有较高的认知水平,但与其相邻的周边县域认知水平较低,属于此类型的县域有敦煌市、肃州区、金塔县和甘州区,其对于周边县域的辐射带动作用有限。

三、小结

本节基于上述理论基础,通过实际调查,并结合数理统计等方法分析农民土地产权认知的代际差异,即从主体认知、功能认知、结构认知和价值认知 4 个维度进行差异比较,进而缩小范围,最终得出代际差异较为明显的可观测变量,并通过差异性分析,为农民产权认知对土地利用的影响和我国农地制度提供一个新的研究视角。

(一)主体认知代际差异特征分析

主体认知维度下的可观测变量共有 5 个,5 个可观测变量分别对应的权重为 21.12%、23.80%、22.19%、15.51% 和 17.38%,最终计算得出农民产权主体认知分值。t 检验分析过程借助软件 SPSS 19.0 完成。在设定置信区间 90% 的情况下,在农地产权主体这一维度上的认知,"50 后"与"60 后"、"50 后"与"70 后"、"60 后"与"70 后","80 后"与"90 后"农民认知分值方差齐性检验的 Sig 值均大于 0.05,说明 4 个两两独立样本的假设方差相等;相对应的 Sig 双侧值(P 值)分别为 0.116、0.194、0.232 和 0.233,均大于 0.05。对于产权主体认知,"50 后"与"60 后"、"60 后"与"70 后"以及"80 后"与"90 后"的认知差异均不显著,基本一致。同时,"50 后"与"80 后"、"50 后"与"90 后"、"60 后"与"80 后"、"60 后"与"90 后"、"70 后"与"90 后"农民主体认知分值方差齐性检验的 Sig 值均小于 0.05,说明 5 个两两独立样本的假设方差不相等,相对应的 Sig 双侧值(P 值)分别为 0.000、0.000、0.000、0.001 和 0.016,均小于 0.05。对于产权主体认知,"50 后"与"80 后"、"50 后"与"90

后"、"60后"与"80后"、"60后"与"90后"、"70后"与"90后"的认知差异显著,具有不一致性。

（二）结构认知代际差异特征分析

结构认知维度下的可观测变量共有 6 个,分别对应的权重为 16.55%、16.11%、15.88%、17.45%、16.78%和 17.23%。在设定置信区间 90%的情况下,在农地产权主体这一维度上的认知,"50后"与"60后"、"80"后与"90"后、"70"后与"80后"、"70后"与"90后"的农民认知分值通过方差齐性检验,P 值均大于 0.05。对于产权结构认知,"50后"与"60后"、"80后"与"90后"、"70后"与"80后"、"70后"与"90后"的认知无显著性差异。同时,"80后"和"90后"分别与"50后"和"60后"农民主体认知分值方差齐性检验的 Sig 值均小于 0.05,说明 4 个两两独立样本的假设方差不相等。相对应的 Sig 双侧值（P 值）分别为 0.000、0.153、0.001 和 0.004。其中,"60后"与"80后"的方差不等,没有通过显著性检验,其余 3 组的 P 值均小于 0.05。对于产权主体认知,"50后"与"80后"、"50后"与"90后"、"60后"与"90后"的认知存在显著性差异。

（三）功能和价值认知代际差异特征分析

功能和价值认知维度下的可观测变量个数均是 3 个,分析方法同主体认知和结构认知。在设定置信区间 90%的情况下,在农地产权功能这一维度上的认知,5 个代际分组之间的方差差异性检验 Sig 值均大于 0.05,接受方差相等的假设。相对应的 t 检验 Sig 值大于 0.05,即不存在显著性差异。换言之,就是对于产权功能的认知和需求,不同代际的人们具有相同的认知。而在产权价值认知维度上,认知水平的差异同功能认知,但不同的是"90后"与"50后"、"90后"与"60后"的方差存在差异性,且差异显著。

总体而言,对产权认知的 4 个维度进行独立样本 t 检验结果显示,不同代际的群体对于主体认知、结构认知、功能认知和价值认知存在差异。其中,主体认知和结构认知的代际差异性较为显著,主要从"70后"开始凸显差异性,而"90后"的差异性最为明显;功能认知和价值认知水平整体趋于一致,个别差异主要在于"80后""90后"与较早代际的比较。随着时间和外部制度环境发生改变,认知差异逐渐显现,人们对于土地的重要性和价值认知的改变,都会对他们的认知水平产生影响。4 个维度的认知水平都是由其可观测变量加权求和得到的。

第二部分

实证研究

第五章
农民土地价值观对耕地保护行为影响

耕地作为土地的重要组成部分,是人类获取食物和其他农产品所不可或缺的生产资料。我国耕地资源极度紧缺,据第二次全国土地调查数据显示,全国人均耕地面积1.52亩,不足世界人均耕地面积的一半。同时随着城市化、工业化的快速发展,建设占用耕地数量呈上升趋势,城郊的优质耕地被大量占用,耕地的总体质量持续下降。耕地数量持续减少、耕地质量不断下降给我国粮食安全造成极大的威胁。作为世界上人口最多的国家,由于国际市场粮食流通的有限性以及贸易的风险性,我国必须保证粮食的自给自足,以维护社会稳定、国家安全。因此,保证一定数量的优质耕地十分必要。

农户作为我国农村组织的基本单元,是耕地的直接使用者和耕地保护的直接执行者。农户对待土地的态度以及利用土地的方式很大程度上决定了我国粮食的总产量以及农业增长的速度,同时也是影响我国耕地保护实施效果的关键因素,农户对我国耕地保护尤其是耕地质量保护起着十分重要的作用。

第一节 农民土地价值观对耕地保护行为影响

一、研究区域概况

武威市凉州区地处黄土高原、青藏高原交会地带,位于甘肃省河西走廊东端,地势西南高东北低,地形分为三部分,西南部分为祁连山地,中部为走廊平原,东北部为沙漠。属冷温带干旱区,是典型的大陆性气候,日光充足,温差大,无霜期约150天,宜于粮油作物的生长。全区总面积50.81万公顷,2013年完成农作物播种面积11.12万公顷,其中粮食作物播种面积6.98万公顷,经济作物播种面积4.14万公顷。农作物主产小麦、玉米、谷子、高粱、洋芋、大豆等。经济作物主要有胡麻、油菜等,还有葡萄、西瓜、白兰瓜、苹果、瓜菜、葵花籽、烟叶等。辖19镇18乡,共计449个村民委员会3767个村民小组。2013年全区实现生产总值237.3亿元,比上年增长12.7%。其中,第一产业增加值51亿元,增长6.68%;第二产业增加值104.59亿元,增长15.9%;第三产业增加值81.71亿元,增长10.6%。

二、农户耕地保护行为中存在的问题

（一）耕作质量不高，不注重使用科学的种植方式

武威市凉州区地处河西走廊东端，农业人口众多，但文化程度普遍不高，且年龄结构偏高。各种原因导致农户的知识水平有限，所以他们大多采用经验式的耕作方法，多为分散经营和小型农机具的使用。不合理的土壤耕作制度，弱化了土壤的蓄水能力、对矿物营养成分的转化能力，破坏了耕地质量，不利于农作物正常生长发育，严重影响了作物的产量，减少了经济效益。

（二）大量施用化肥和农药，土地质量退化严重

当前武威市凉州区耕地质量退化严重，从农户的土地利用行为方式来看，一方面，农户施用了大量的农药与化肥，造成土壤环境被污染，耕作层被破坏。另一方面，农户对耕地过度利用，或只种不养、重用轻养。尽管知道大量施用化肥会造成土壤板结，但为了提高土地的产出率，获取短期的土地收益，农户还是更倾向于施用肥效快的化肥取代农家肥。在选用农家肥的过程中，农户比较关注的是农药施用的效果及农药价格，对高毒性农药产生的诸如自身健康、粮食安全之类的负面作用并没有过多考虑。

（三）隐性抛荒现象严重

社会经济的快速发展提供了大量的非农就业岗位。由于农业本身的低效益性，越来越多的农民开始放弃农业生产而向城市的二、三产业进军。随着非农业收入的逐步增加，大部分农户家庭的收入来源不再依赖农业。于是他们开始减少承包地的耕种面积，虽然大部分农民表示他们将剩余的土地流转给了本村的邻居、亲戚朋友耕种，但是代耕的农户也只是对土地进行粗放式经营，土地产出率较低。虽然并没有让土地直接撂荒，但是粗放式经营减少了土地利用的效益，形成一种隐性抛荒。

三、农户耕地保护行为程度评判

（一）农户耕地保护行为指标的确定

从农户角度而言，耕地保护行为就是以微观农户为行为主体，在自身资源禀赋条件、社会经济发展水平、制度政策背景等内外部环境条件的约束和影响下采取的以耕地质量、数量和外部性保护为目的和内容的耕地保护行为及对应的逆向行

为。① 结合以上关于农户耕地保护行为的内涵,本书拟从耕地质量保护、耕地数量保护、耕地外部性保护三个方面选取 16 个指标衡量耕地保护行为。

(1) 耕地质量保护。农户作为我国耕地资源的直接使用者与实际生产经营者,其在生产经营过程中,能否积极采取各种保护性措施,增加各种类型的投入,不仅关系到其自身经济利益,对耕地质量的提高更是至关重要。根据《全国土地利用总体规划纲要(2006—2020 年)》对我国耕地质量保护的内容提出的具体要求,结合研究区域农户实际生产习惯,选取如下 7 个指标:施用农家肥,打井、整修田埂渠道,搭配种植,轮换种植,土地整理,复垦,土壤改良,休耕。

(2) 耕地数量保护。我国国土面积居于世界第三位,与此同时我国是世界上人口最多的国家,这一基本国情决定了我国人均土地占有量少,人均耕地占有量更少。人多地少的基本国情决定了我们必须十分珍惜与合理利用每一寸土地,尤其是耕地。国家因此也颁布了一系列关于耕地数量保护的法律法规,如基本农田保护制度、耕地用途管制制度、耕地占补平衡制度等。耕地作为农户从事农业生产的直接生产资料,其数量的多少决定了农户的经济收入水平及生产经营方式,使农户具有耕地数量保护的需求与动机。从农户的角度而言,基本农田保护制度和耕地用途管制制度是与农户关系较为密切且影响较大的耕地数量保护制度。基于基本农田保护制度与耕地用途管制制度,选取如下 5 个指标:垦荒种植,禁止耕地撂荒,禁止在承包地上建房修路,禁止在承包地上栽树造林,禁止在承包地上挖塘养鱼。

(3) 耕地外部性保护。耕地是一种特殊的公共物品,具有公共物品的各种特性,其中最重要的就是供给的普遍性和消费的非排他性。因此耕地生产环境和条件的改变及农户耕地利用和生产方式的不同不仅会影响到农业生产,更会影响到其他社会经济主体的利益。目前我国耕地外部性保护主要体现在两个方面②:耕地利用过程中的生态环境问题、耕地利用过程中农产品污染引起的食品安全问题。基于以上两个方面内容,结合研究区域农户耕作特点,选取如下 4 个指标:秸秆还田、施用无公害农药、病虫害治理、地膜回收。

在将农户耕地保护行为划分为耕地质量保护、耕地数量保护与耕地外部性保护并选择相应指标的基础上,征求专家意见,形成指标体系(见表 5-1)。

---

① 任继伟.农户参与耕地保护的行为分析及程度评判[D].武汉:华中科技大学,2008.
② 陈美球,洪土林,许兵杰.试析农户耕地保护的外部性[J].江西农业大学学报(社会科学版),2010,9(1):71-71.

表 5-1　农户耕地保护行为指标层次表

目标层 A	准则层 B	指标层 C
农户耕地保护行为 A	耕地质量保护 B_1	施用农家肥 C_1
		打井、整修田埂渠道 C_2
		搭配种植 C_3
		轮换种植 C_4
		土地整理、复垦 C_5
		土壤改良 C_6
		休耕 C_7
	耕地数量保护 B_2	垦荒种植 C_8
		禁止耕地撂荒 C_9
		禁止在承包地上建房修路 C_{10}
		禁止在承包地上栽树造林 C_{11}
		禁止在承包地上挖塘养鱼 C_{12}
	耕地外部性保 B_3	秸秆还田 C_{13}
		施用无公害农药 C_{14}
		病虫害治理 C_{15}
		地膜回收 C_{16}

(二) 农户耕地保护行为指标权重的确定

基于表 5-1 所构建的指标层次,本书运用层次分析法来确定农户耕地保护行为指标权重。

首先,对指标层进行比较分析,构建判断矩阵。判断矩阵的构造根据风险因素对比 9 级标度,由耕地保护相关专家对其做出判断,从而形成判断矩阵。依据判断矩阵,在 yaahp 软件中进行权重的确定,最后进行一致性检验,确定所构建的判断矩阵是否合理。按照相同的方法依次确定准则层与目标层的权重并进行一致性检验。农户耕地保护行为指标权重如表 5-2 所示。

表 5-2 农户耕地保护行为指标权重

目标层 A	准则层 B	B 权重	指标层 C	C 权重
农户耕地保护行为 A	耕地质量保护 B_1	0.5571 CR=0.0547	施用农家肥 C_1	0.1218
			打井、整修田埂渠道 C_2	0.0600
			搭配种植 C_3	0.0981
			轮换种植 C_4	0.0981
			土地整理、复垦 C_5	0.0639
			土壤改良 C_6	0.0748
			休耕 C_7	0.0404
	耕地数量保护 B_2	0.3202 CR=0.0218	垦荒种植 C_8	0.1447
			禁止耕地撂荒 C_9	0.0578
			禁止在承包地上建房修路 C_{10}	0.0439
			禁止在承包地上栽树造林 C_{11}	0.0468
			禁止在承包地上挖塘养鱼 C_{12}	0.0271
	耕地外部性保护 B_3	0.1226 CR=0.0227	秸秆还田 C_{13}	0.0207
			施用无公害农药 C_{14}	0.0415
			病虫害治理 C_{15}	0.0251
			地膜回收 C_{16}	0.0353

由表 5-2 可知,在农户耕地保护行为指标中,耕地质量保护、耕地数量保护、耕地外部性保护的权重分别为 0.5571、0.3202、0.1226。其随机一致性检验 CR 分别为 0.0547、0.0218、0.0227,均小于 0.1,说明所构建的判断矩阵合理。其中,耕地质量保护的权重最高,说明其对农户耕地保护行为的影响最大,这与农户作为耕地的直接使用者,对耕地的保护尤其是对耕地质量的保护起着至关重要作用的实际状况相符。在农户耕地质量保护的几个指标中,施用农家肥、搭配种植、轮换种植、土壤改良的权重较高,分别为 0.1218、0.0981、0.0981、0.0748。说明这几个指标对耕地质量起着决定性作用,这与耕地保护的实质是改善土壤理化性状、提高耕地地力的情况相符。在耕地数量保护的几个指标中,垦荒种植与禁止耕地撂荒的权重较高。垦荒种植、禁止耕地撂荒是增加耕地数量的有效途径,这与当前我国社会经济快速发展,农村大量剩余劳动力转向城镇从事非农产业,导致耕地大量抛荒,隐性减少了耕地数量的实际状况相符。在耕地外部性保护的几个指标中,施用无公害农药与地膜回收的权重较高,分别为 0.0415、0.0353。施用无公害农药与地膜回收提高了社会整体效益,减少了农作物生长过程中有毒物质进入农产品的可能性,从而有效保障了整个社会的粮食安全。

(三) 农户耕地保护行为指标的分级

在确定了农户耕地保护行为指标后,需要对各个指标进行定量分析,并对其进行分级。本书将农户耕地保护行为指标分为极好的保护、较好的保护、一般性保护、不太保护、完全不保护五个等级。其中极好的保护级别最高,代表农户耕地保护行为的程度很高。完全不保护级别最低,代表农户参与耕地保护行为的程度很低。为了方便实际调查,在问卷设置中,用李克特五级量表对农户的实际耕地利用行为进行测度。比如,对于"我经常施用农家肥"一项,有非常同意、比较同意、同意、不同意、很不同意5个选项,农户根据自己日常生活中选择施用农家肥的意愿与频率对该题项做出选择。若对该题项的选择是非常同意,则代表其极好地保护了耕地质量。若选择比较同意,则代表其较好地保护了耕地质量。若选择了同意,则代表其一般性地保护了耕地质量。若选择了不太同意,则代表其不怎么保护耕地质量。若选择非常不同意,则代表其完全不保护耕地质量。

(四) 农户耕地保护程度的隶属度的确定

前面确定了各测量指标及其权重,设计了指标分级及其标准。用各个指标的权重来表示权向量,各个指标的指标分级代表评价集。最后需要确定各个指标在各个指标分级上的隶属度,构建隶属值矩阵。本书用选择某一等级的人数占总调查人数的比例来确定在此分级上的隶属度。各指标在各个指标分级上的隶属度之和等于1。

(五) 农户耕地保护行为的模糊综合评价

本书采用模糊综合评价法来衡量农户耕地保护行为。模糊综合评价法的特点是农户耕地保护行为不像常规方法那样只能简单地确定农户对耕地的利用是保护还是未保护,它是用农户耕地保护行为测量项的指标值在各评价等级上的隶属度来表示。首先确定各准则层在评价等级上的隶属度,根据指标层各指标在评价等级上的隶属度构建隶属值矩阵,与指标层各指标的权重值构建的权重矩阵相乘便得到一个评价矩阵,其表示的意义是准则层对每一个指标分级的隶属度。根据最大隶属度原则,将各评价单元归入不同的耕地保护级别。

第二节 农户耕地保护程度实证测度

一、数据来源

本节数据来源于2014年7—8月在甘肃省武威市凉州区部分乡镇进行的调查。调查对象以户籍在农村的农户为标准,以户为基本单位。为确保数据的真实性与完整性,采用一对一的访问方式展开调查。调查选取黄羊镇、羊下坝镇、金山乡、康宁乡等15个乡镇的农村进行调查。共走访320户,获得问卷320份。经效度检验,剔除有大量缺失值、回答前后矛盾的问卷38份,获得有效问卷282份,有效率88.13%。

二、被调查农户特征分析

被调查农户的基本情况包括性别、年龄、受教育程度、职业类别、家庭收入来源、务工年收入、务农年收入、外出务工年限等。被调查农户中,58%为男性,42%为女性,受教育程度大多数为小学或初中,纯农户占13%,兼业户占78%。按照其务工收入占家庭收入的总比统计得到,一兼户人口占兼业户人口的72%,二兼户人口占兼业户人口的28%,外出务工年限多为5年以上。

三、农户耕地质量保护程度评价

首先对调查数据进行描述性统计分析,通过整理,得到各个测量项在各个等级上的隶属度。根据模糊综合评价法,通过指标层模糊关系矩阵及权重集计算准则层模糊关系矩阵。

前文根据层次分析法确定的耕地质量保护的指标 C_1、C_2、C_3、C_4、C_5、C_6、C_7 的指标权重分别为 0.1218、0.0600、0.0981、0.0981、0.0639、0.0748、0.0404,其构成的权重集为:

$$W_{B_1} = (0.1218 \ 0.0600 \ 0.0981 \ 0.0981 \ 0.0639 \ 0.0748 \ 0.0404)$$

对实地调研结果进行描述性统计分析,构建 C_1、C_2、C_3、C_4、C_5、C_6、C_7 的模糊关系矩阵:

$$C_{B_1} = \begin{bmatrix} 0.05 & 0.22 & 0.34 & 0.32 & 0.07 \\ 0 & 0.08 & 0.17 & 0.56 & 0.19 \\ 0 & 0.15 & 0.27 & 0.35 & 0.23 \\ 0 & 0.13 & 0.3 & 0.32 & 0.26 \\ 0 & 0.18 & 0.33 & 0.42 & 0.07 \\ 0 & 0.06 & 0.33 & 0.54 & 0.07 \\ 0 & 0 & 0.03 & 0.71 & 0.22 \end{bmatrix}$$

将权重集与模糊关系矩阵相乘,得到耕地质量保护程度的模糊评价矩阵:

$$B_1 = W_{B_1} * C_{B_1} = (0.006 \ 0.075 \ 0.155 \ 0.236 \ 0.087)$$

耕地质量主要包括耕地肥力与位置,而保护耕地质量就是保护耕地肥力。耕地肥力包括自然肥力与人工肥力,自然肥力是独立于人类劳动之外的由自然赋予土地的肥力,是一种先天性的肥力,人类无法改变;人工肥力是在耕作过程中,通过施加各种人工措施,比如施肥、土壤改良、整修田埂渠道、营造防护林等而形成的肥力。农户作为耕地的直接使用者,对耕地质量的保护就是通过各种合理的措施来保护耕地人工肥力。农户耕地质量保护行为在5个等级上的隶属度分别为0.006、0.075、0.155、0.236、0.087,其中在第四等级上隶属度最大。根据最大隶属度原则,说明农户耕地质量保护程度较弱。在各测量题项上,61%的农户选择施用农家肥,调查农户大部分家庭都圈养了牲畜,牲畜粪便都撒在农田里,这样一方面可以节约买化肥的开支,另一方面提高了耕地的肥力,有助于提高耕地的产出率。75%的农户选择了从未打过井、整修过田埂渠道。这主要是由于打井、整修田埂渠道需耗费大量资金。调查区域农户分化现象严重,村民之间关联度不强,而农户个人并没有这样的能力。虽然25%的农户选择曾进行过此类活动,但仅是对自己承包地的田埂进行了整理。在搭配种植与轮换种植行为中,只有42%的农户曾进行过搭配种植,43%的农户曾进行过轮换种植。这主要是由于凉州区地处干旱半干旱区域,缺水现象比较严重,可供选择的种植作物比较少。土地整理复垦是政府出资组织的耕地保护行为,51%的农户曾参与过土地的整理复垦。而对于土壤改良,大部分人并没有这样的意识,也由于经济、技术的缺陷,选择此项行为的人很少。只有3%的农户选择了休耕,土地对于农民来说就是生活来源,选择休耕意味着至少一年的生活缺少保障。"休耕了农民吃什么?"是农民普遍的回应。

四、农户耕地数量保护程度评价

耕地数量保护的指标 C_8、C_9、C_{10}、C_{11}、C_{12} 的指标权重分别为 0.1447、0.0578、0.0439、0.0468、0.0271,其构成的权重集为:

$$W_{B_2} = (0.1447 \quad 0.0578 \quad 0.0439 \quad 0.0468 \quad 0.0271)$$

对实地调研结果进行描述性统计分析,构建 C_8、C_9、C_{10}、C_{11}、C_{12} 指标的模糊关系矩阵:

$$C_{B_2} = \begin{bmatrix} 0 & 0.17 & 0.12 & 0.36 & 0.35 \\ 0.11 & 0.48 & 0.21 & 0.15 & 0.05 \\ 0.22 & 0.31 & 0.2 & 0.21 & 0.06 \\ 0.16 & 0.36 & 0.3 & 0.15 & 0.03 \\ 0.28 & 0.37 & 0.35 & 0 & 0 \end{bmatrix}$$

权重集与模糊关系矩阵相乘,得到耕地数量保护程度的模糊评价矩阵:

$$B_2 = W_{B_2} * C_{B_2} = (0.031 \quad 0.093 \quad 0.062 \quad 0.077 \quad 0.058)$$

农户耕地数量保护程度比较有限,家庭联产承包责任制按人口分田到户的方式决定了农户只能保证自身承包地的数量,而对于国家宏观层面的耕地数量保护并不能起到决定性作用。农户耕地数量保护行为在 5 个等级上的隶属度分别为 0.031、0.093、0.062、0.077、0.058,其中在第二等级上隶属度最大,为 0.093,说明农户耕地数量保护程度较强。从各测量项的数据来看,对于垦荒种植这一行为,71%的农户选择不会垦荒。农业本身的低效益性及可垦荒地的数量较少,使得大部分农户并不愿意费时费力去垦荒。而对于弃耕行为,80%的农户选择了不会弃耕。虽然弃耕行为本身并没有减少耕地的绝对数量,却减少了耕地的相对数量,即耕地的种植面积,影响到我国当前或将来的粮食生产能力,从而影响国家粮食安全。调查表明,研究区域内的大部分农户即使不耕种自己的承包地,也会无偿或以少量租金转让给他人耕种。对于将农业用途的土地转为非农业用途,如在承包地上建房修路、栽树造林、挖塘养鱼等,调查表明,除27%的农户回答曾在自己承包地上建房,18%的农户回答曾在自家承包地上栽树造林之外,并没有农户曾在自家承包地上挖塘养鱼。这说明绝大部分农民并未选择改变土地的农用性质,从而有效保护了耕地数量。

五、农户耕地外部性保护程度评价

耕地外部性保护的指标 C_{13}、C_{14}、C_{15}、C_{16} 的指标权重分别为 0.0207、0.0415、0.0251、0.0353,其构成的权重集为:

$$W_{B_3} = (0.0207 \ 0.0415 \ 0.0251 \ 0.0353)$$

对实地调研结果进行描述性统计分析,构建 C_{13}、C_{14}、C_{15}、C_{16} 指标的模糊关系矩阵:

$$C_{B_3} = \begin{bmatrix} 0 & 0.03 & 0.15 & 0.65 & 0.17 \\ 0.07 & 0.15 & 0.23 & 0.46 & 0.09 \\ 0.05 & 0.21 & 0.22 & 0.36 & 0.16 \\ 0.11 & 0.18 & 0.23 & 0.35 & 0.13 \end{bmatrix}$$

将权重集与模糊关系矩阵相乘,得到耕地外部性保护程度的模糊评价矩阵:

$$B_3 = W_{B_3} * C_{B_3} = (0.008 \ 0.018 \ 0.026 \ 0.0539 \ 0.016)$$

农户耕地外部性保护行为在5个等级上的隶属度分别为0.008、0.018、0.026、0.0539、0.016。根据最大隶属度原则,农户耕地外部性保护在第四个等级即不太保护上的隶属度最大,说明农户耕地外部性保护程度较弱。从各测度项的检测结果来看,对于秸秆还田这一行为,82%的农户表示平时很少或几乎从来不会秸秆还田。大部分农户将秸秆用来喂养牲畜,而秸秆收割之后容易造成地表裸露,如不及时加以覆盖则易于造成水土流失。对干旱半干旱区来说,水土流失现象越发明显,会引起生态环境恶化。在施用无公害农药这一行为上,54%即一半以上的农户表示很少或从不选择施用无公害农药。这主要是由于无公害农药比一般农药价格高,且药效较差。在病虫害治理这一行为上,48%的农户选择了经常或者偶尔会对病虫害进行治理,他们表示不对病虫害进行治理就会造成作物的绝收。同时由于病虫害治理存在资金及技术上的障碍,有一半农户不太会对病虫害进行治理。在地膜回收这一题项上,52%的农户选择了大小地膜都会回收,而48%的农户表示只会回收大地膜,而残留在耕地中的小地膜对周围环境造成了较大危害。他们表示,回收小地膜的成本比较高,人手也不够,且回收的小地膜没有什么利用价值,因此宁愿让小地膜残留在耕地中。

六、农户耕地保护行为程度综合评价分析

在算得 B_1、B_2、B_3 的模糊评价矩阵后,也就得到了准则层指标 B_1、B_2、B_3 的模糊关系矩阵:

$$B = \begin{bmatrix} 0.006 & 0.075 & 0.155 & 0.236 & 0.087 \\ 0.031 & 0.093 & 0.062 & 0.077 & 0.058 \\ 0.008 & 0.018 & 0.026 & 0.0539 & 0.016 \end{bmatrix}$$

上文根据层次分析法确定的农户耕地保护行为程度指标 B_1、B_2、B_3 的权重值分别为 0.557、0.3202、0.1226,其构成的权重集为:

$$W_B = (0.557 \quad 0.3202 \quad 0.1226)$$

将权重集与模糊关系矩阵相乘后,得到目标层 A 农户耕地保护行为程度的模糊评价矩阵:

$$A = W_B * B = (0.014 \quad 0.071 \quad 0.106 \quad 0.156 \quad 0.066)$$

根据模糊评价最大隶属度原则,目标层 A 在第四等级上的隶属度最大,为 0.156,说明研究区域对耕地保护处于不太保护的状态。

第三节 农户土地价值观对耕地保护行为影响的模型构建

一、模型测评指标体系构建

本书构建的指标体系由农户土地价值观和农户耕地保护行为两部分构成,其中农户土地价值观的测度项在前文中已完成,农户耕地保护行为的测度项根据前文构建的衡量指标,运用李克特五级量表将题项答案划分为"非常同意""比较同意""不确定""不同意""非常不同意"5 个选项,并分别赋予分值 5、4、3、2、1 进行量化。得分越高,说明耕地保护行为程度越强。由于像"外出打工时,会让耕地处于撂荒状态"的题项对耕地数量保护是负向影响,因此在赋分时应将分值倒过来,即对"非常不同意"赋值 5 分,对"非常同意"赋值 1 分。

二、模型假设

本书将土地价值观划分为土地为本观、土地保障观、土地致富观、土地包袱观、土地权利观 5 个维度。在前人研究的基础上,本书提出以下假设:

H1:土地为本观对耕地保护产生影响
  H1-1:土地为本观对耕地质量保护产生正向影响
  H1-2:土地为本观对耕地数量保护产生正向影响
  H1-3:土地为本观对耕地外部性保护产生正向影响

H2：土地保障观对耕地保护产生影响

    H2-1：土地保障观对耕地质量保护产生负向影响

    H2-2：土地保障观对耕地数量保护产生正向影响

    H2-3：土地保障观对耕地外部性保护产生负向影响

H3：土地致富观对耕地保护产生影响

    H3-1：土地致富观对耕地质量保护产生正向影响

    H3-2：土地致富观对耕地数量保护产生正向影响

    H3-3：土地致富观对耕地外部性保护产生正向影响

H4：土地包袱观对耕地保护产生影响

    H4-1：土地包袱观对耕地质量保护产生负向影响

    H4-2：土地包袱观对耕地数量保护产生负向影响

    H4-3：土地包袱观对耕地外部性保护产生负向影响

H5：土地权利观对耕地保护产生影响

    H5-1：土地权利观对耕地质量保护产生负向影响

    H5-2：土地权利观对耕地数量保护产生负向影响

    H5-3：土地权利观对耕地外部性保护产生负向影响

三、模型路径图

综合以上分析构建结构模型如图5-1所示。

结构模型中,包括8个潜在变量,其中,5个外生潜在变量,分别为土地为本观、土地保障观、土地致富观、土地包袱观、土地权利观;3个内生潜在变量,分别为耕地质量保护、耕地数量保护、耕地外部性保护。

四、农户土地价值观对耕地保护行为的影响的模型结果分析

（一）模型适配度检验

根据构建的结构模型,以及实地调查收集到的数据资料,将数据整理后,在AMOS 17.0里对结构模型的拟合优劣程度进行检验。对模型进行修正后,得到结构模型拟合度指标(见表5-3)以及标准化路径系数与载荷系数。

表5-3　结构模型拟合度指标

拟合度指标	χ^2	RMR	RMSEA	GFI	AGFI	NFI	RFI	IFI	TLI	CFI	PGFI	PNFI	χ^2/DF
拟合值	172.77 (0.108)	0.035	0.040	0.862	0.808	0.891	0.863	0.985	0.980	0.984	0.620	0.708	1.144

表5-3中,χ^2(卡方值)为172.77时,显著性概率值$P=0.108>0.05$,表示未达

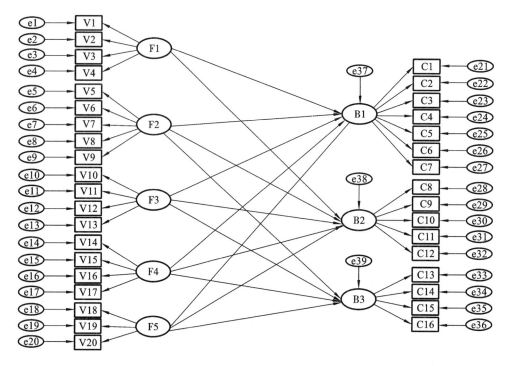

图 5-1 结构模型

0.05 的显著性水平检验。一个不显著的卡方值表示模型的因果路径模型与实际数据不一致的可能性较小,研究中的因素结构模型与实际数据可以契合。再来看其他整体适度指标:RMR=0.035<0.05,RMSEA=0.040<0.05,GFI=0.862>0.8,AGFI=0.808>0.8,NFI=0.891>0.8,RFI=0.863>0.8,IFI=0.985>0.8,TLI=0.980>0.8,CFI=0.984>0.8,PGFI=0.620>0.5,PNFI=0.708>0.5,$\chi^2/DF=1.144<2$。

由上可见,所有适度指标均达到模型适配标准,假设模型与观察数据能够适配。

采用极大似然估计法对数据进行分析,得到结构模型路径系数,如表 5-4 所示。

表 5-4 结构模型路径系数

路径关系	标准化路径系数	显著性水平	是否支持假设
土地为本观→耕地质量保护	0.85	***	支持
土地保障观→耕地质量保护	−0.37	*	支持
土地致富观→耕地质量保护	0.72	***	支持
土地包袱观→耕地质量保护	−0.63	*	支持
土地权利观→耕地质量保护	−0.65	*	支持

续表

路径关系	标准化路径系数	显著性水平	是否支持假设
土地为本观→耕地数量保护	0.77	***	支持
土地保障观→耕地数量保护	0.53	**	支持
土地致富观→耕地数量保护	0.82	***	支持
土地包袱观→耕地数量保护	−0.71	***	支持
土地权利观→耕地数量保护	−0.68	**	支持
土地为本观→耕地外部性保护	0.81	***	支持
土地保障观→耕地外部性保护	−0.55	***	支持
土地致富观→耕地外部性保护	0.63	**	支持
土地包袱观→耕地外部性保护	−0.69	**	支持
土地权利观→耕地外部性保护	−0.73	**	支持

注：* 表示在 0.05 水平下显著，** 表示在 0.01 水平下显著，*** 表示在 0.001 水平下显著。

表 5-4 反映了外生潜在变量不同农户土地价值观对内生潜在变量农户耕地保护行为的影响程度。其中正值代表土地价值观对农户耕地保护行为产生正向影响，负值代表土地价值观对农户耕地保护行为产生负向影响。只有当标准化路径系数至少在 $P=0.05$ 的水平下显著时，获得的路径系数才是合理的。结果表明，持土地包袱观与土地权利观的农户对耕地质量保护、耕地数量保护、耕地外部性保护均产生了负向影响，而持土地为本观、土地保障观、土地致富观的农户对耕地质量保护、耕地数量保护、耕地外部性保护均产生了正向影响。农户土地价值观对耕地保护行为产生影响的假设成立。

（二）不同农户土地价值观对耕地质量保护程度的路径分析

不同农户土地价值观对耕地质量保护程度的影响中，土地为本观对耕地质量保护的影响最大，路径系数达到 0.85。这主要是因为持土地为本观的农户主要由务农为主的二兼户及缺少生产资料或劳动力的纯农小农户所构成，务农收入是他们家庭收入的绝大部分甚至全部。要从土地上获取尽可能多的收益，改善土地质量以提高农作物产量是主要途径，因而其对耕地质量保护的影响最大。持土地致富观的农户对耕地质量保护的影响仅次于持土地为本观的农户，路径系数为 0.72。由于农业本身的低效益性，要想从土地上获得至少不少于外出务工的收益，只能通过扩大土地经营面积来实现规模化经营或者提高单位土地的产出率。我国实行的社会主义土地公有制决定了农户不能通过土地所有权的买卖来实现土地的规模化经营，而只能通过土地经营权的流转逐步实现土地的规模化经营。由于我国农村社会保障体系建设不够完善，土地对绝大多数农民来说具有重要的社会保障功能，因此土地流转在我国农村并未大面积发生。相较于经土地流转实现规模化经营，在单位土地面积上增加投入、改善耕地质量、提高单位产出率是更切实可行的办法,相较于持土地为本观农户的精耕细作略微逊色一点。持土地保障观的农户对耕地质量保护的影响相对较小,且为负向影响,路径系数为-0.37。这是因为务工是持土地保障观农户收入的主要来源,而务农收入只是为了解决日常的生活与人情开支,对土地的过多投入虽然会提高土地的纯收益,但生产成本也会上涨,大量耗费人力、物力。从长期来看,对耕地只用不养,对耕地质量会造成一定的负向影响。土地包袱观、土地权利观对耕地质量保护均产生负向影响,且其路径系数相差不大,分别为-0.63、-0.65。持这两种土地价值观的农户均脱离农业,能够在城市获得比较体面的工作与相对稳定的收入,不再经营农业,因此对土地也就不再投入。

(三) 不同农户土地价值观对耕地数量保护程度的路径分析

在土地价值观对耕地数量保护程度的影响中,土地致富观对耕地数量保护的影响最大,且为正向影响,路径系数为 0.82。客户要想从土地上获得比务工收入更高的收益,有扩大土地经营面积与增加单位面积土地投入两条途径,因此农户通过保护耕地数量,转入足够多的土地以实现规模化经营,从而实现耕地数量保护。持土地为本观的农户对耕地数量保护的路径系数为 0.77,仅次于持土地致富观的农户。虽然其不需要经大面积土地流转来实现规模化经营,但是对于以务农收入为主要来源的农户来说,首先其对土地精耕细作不会让土地撂荒,其次在自家宅基地周围或者承包地周围开荒种些蔬菜瓜果之类,既让其生活物资丰富多彩,也适当减少了生活开支,同时也适量增加了耕地面积,对耕地数量保护形成正向影响。持土地保障观的农户对耕地数量保护的影响相对较小,其路径系数为 0.53,其既不需要流转土地来获得规模化经营,也不需要开垦荒地来减少生活开支,以土地作为日常生活来源也不至于让耕地撂荒或者用耕地进行非农建设,因此对耕地数量保护产生正向影响,但影响力度明显低于持土地致富观与土地为本观的农户。持土地包袱观与土地权利观的农户同样对耕地数量保护产生负向影响,路径系数分别为-0.71、-0.68。持土地包袱观与土地权利观的大多为户籍在农村却从事非农业生产的农户。由于户籍在农村,因此其在村集体范围内还拥有一份承包地。他们中的大部分人将土地流转给他人使用或者干脆撂荒,造成耕地数量减少。随着当前国家建立城乡统一的建设用地市场相关政策的出台与逐步完善,大部分人会选择将土地无偿或以少量租金流转给他人使用。

(四) 不同农户土地价值观对耕地外部性保护程度的路径分析

不同农户土地价值观对耕地外部性保护程度的影响中,土地为本观对耕地外部性保护的影响最大,路径系数为 0.81,这与土地为本观对耕地质量保护与耕地数量保护均产生正向较大影响的结论一致。耕地的外部性保护主要包括耕地利用过程中引起的生态环境问题及农产品污染引起的食品安全问题。持土地为本观的农户大多是年龄偏大、教育程度不高的群体,偏向于选择经验式种植,对土地利用方式的选择也会偏向于传统的无污染方式。而耕地数量保护与耕地外部性保护之间没有严格的分界线。比如施用农家肥,一方面会改善耕地土壤结构与肥力,另一方面可减少化肥的施用对周围生态环境造成的影响,土地为本观对耕地质量的正向保护也引致耕地正的外部性保护。土地致富观同样正向地影响耕地外部性保护,但影响程度低于土地为本观,路径系数为0.63。土地包袱观与土地权利观负向地影响耕地外部性保护,这两种类型的农户基本上都已不再经营农业,其拥有土地却"不作为"的行为逆向影响了耕地的外部性保护。

综上所述,通过外生潜在变量对内生潜在变量的影响分析,可以得知,土地为本观对耕地质量保护、耕地数量保护、耕地外部性保护均呈正向影响,且对耕地质量保护与耕地外部性保护影响最大,对耕地数量保护的影响仅次于土地致富观。土地保障观对耕地质量保护与耕地外部性保护呈负向影响,对耕地数量保护呈正向影响。土地致富观对三种耕地保护形式均呈正向影响,影响值居于中间。土地包袱观与土地权利观对三种耕地保护形式均呈负向影响。研究所提出的假设均得到有效检验。

第六章
农民土地价值观对土地流转意愿的影响

本章主要探讨农民土地价值观对土地流转意愿的影响。农户作为社会人,无可避免地受到群体环境的影响,因此对土地利用态度的影响研究,除个体土地价值观外,有必要从群体层面出发进行分析。而村民关联度正是针对农户的社会化、组织化程度所提出的,将村民关联度引入本书,与土地价值观相结合,可以使本书更全面完善、科学合理。已有研究将村民关联度界定为:村庄内部人与人之间具体关系的性质、程度和广泛性,也就是村民在村庄内部结成的各种具体关系的总称,强调具有行动能力的人与人的关系和构成的行动能力。它包括四个维度:情感关联、认知关联、经济关联和行动关联。

第一节 概念的相关性验证

一、土地价值观与土地流转意愿

以农民土地价值观为自变量、土地流转意愿为因变量进行回归分析,回归结果(见表6-1)证实变量间的系数通过t检验,具有较好的拟合度。表明农民土地价值观对土地流转意愿产生一定正向作用,回归系数为0.356。

表6-1 农户土地流转意愿与土地价值观回归结果

因变量	自变量	调整R方	标准误差	F	β	显著性
土地流转意愿	土地价值观	0.251	0.087	12.367	0.356	0.001

运用逐步回归法进一步分析,发现土地价值观中土地保有、致富途径和承包期限3个维度对土地流转意愿有显著影响。另外,3个自变量的容忍度分别为0.809、0.724和0.637,方差膨胀因子(VIF)分别为2.100、2.401、2.415,不存在多重共线性的问题。土地价值观对土地流转意愿的逐步回归见表6-2。

表6-2 土地价值观对土地流转意愿的逐步回归

	进入回归方程的变量	β	标准误差	t	显著性	调整R方
1	(常量)	2.16	0.147	14.45	0.000	0.291
	土地保有	−0.116	0.051	−2.261	0.003	

续表

进入回归方程的变量		β	标准误差	t	显著性	调整R方
2	（常量）	2.49	0.214	11.69	0.000	0.210
	土地保有	−0.204	0.058	−3.48	0.000	
	致富途径	0.225	0.042	5.84	0.000	
3	（常量）	2.14	0.242	8.71	0.000	0.213
	土地保有	−0.228	0.043	3.48	0.000	
	致富途径	0.240	0.058	5.43	0.000	
	承包权限	0.196	0.062	3.06	0.000	

3个自变量共解释了51.05%的总变异，其中，致富途径解释了36%，贡献最大，β系数为0.240，而土地保有对土地流转意愿的关系为负向。

二、村民关联度与土地流转意愿

村民关联度与土地流转意愿测评指标体系见表6-3。

表6-3 村民关联度与土地流转意愿测评指标体系

潜变量		可观测变量
村民关联度	情感关联(F1)	邻里之间经常出现矛盾纠纷(A1)
		村民经常帮助孤寡老人和留守老人、妇女、儿童(A2)
		村民经常互相串门、交流、娱乐(A3)
	认知关联(F2)	村民介意邻里对其的评价和看法(A4)
		对村内德高望重的老人尊重，遇事愿听其建议(A5)
		村干部由村民选举产生，村民对村干部信任(A6)
		村民发生冲突有村内老人或村干部等协调解决(A7)
		村民愿在村内经济强人的带领下共同致富(A8)
	经济关联(F3)	邻里或族人之间共同购置、使用农机具(A9)
		村民内部常发生无息借贷行为(A10)
		本村村民结伴外出务工挣钱(A11)
		村民愿将了解的农业生产资料和农产品市场信息共享(A12)

续表

潜变量		可观测变量
村民关联度	行动关联(F4)	村民认为权益受到基层干部侵害时,能共同抵抗(A13)
		村里有婚丧事宜,村民间互相帮忙(A14)
		村民共同出资出力修建村庄道路、灌溉设施等(A15)
		村民能孝敬老人,出现不孝行为一致谴责(A16)
		与邻村发生利益冲突时,村民愿集体对抗(A17)
		村民家中有困难时,其余村民愿出资救济(A18)
		农忙时节,村民换工帮忙(A19)
		村民有大事决策时,会与邻居商讨(A20)
土地流转意愿(F5)		如有机会,愿把土地流转出去(A21)
		农地流转对转入和转出方均有好处(A22)
		村集体支持土地流转(A23)
		对土地流转相关政策了解(A24)

以村民关联度为自变量,土地流转意愿为因变量,进行回归分析,由回归结果(见表6-4)可以看出两变量间的系数通过 t 检验,较好地实现了拟合。村民关联度与土地流转意愿之间的回归系数为0.391,表明村民关联度越高,本村居民越倾向于在村集体内部进行土地流转。

表6-4 土地流转意愿与村民关联度的回归结果

因变量	自变量	调整R方	标准误差	F	β	显著性
土地流转意愿	村民关联度	0.391	0.023	11.581	0.196	0.001

运用逐步回归法,就村民关联度4个维度对于土地流转意愿的影响进行进一步分析,回归结果(见表6-5)显示,村民关联度中认知关联对土地流转意愿有显著影响,为正相关。这个维度解释了24%的总变异,β系数为0.158。

表6-5 村民关联度对土地流转意愿的逐步回归

进入回归方程的变量	β	标准误差	t	显著性	调整R方
(常量)	3.629	0.090	34.821	0.000	0.353
认知关联	0.158	0.034	4.253	0.000	

三、村民关联度与土地价值观

以土地价值观为因变量、村民关联度为自变量,进行回归分析。回归分析结果(见表6-6)表明,变量间关系未通过显著性检验。

表 6-6　村民关联度与土地价值观回归结果

因变量	自变量	调整 R 方	标准误差	F	β	显著性
土地价值观	村民关联度	0.003	0.014	2.342	−0.018	0.139

第二节　概念的相关性检验

一、中介变量

中介效应是指从自变量 X 变化到因变量 Y，并不是由直接的因果关系产生，而是在其中通过了至少一个变量 M 的间接影响，这时的 M 就是中介变量，X 通过中介变量 M 间接对 Y 产生的影响即为中介效应。图 6-1 中表示 $X \rightarrow Y$ 的总效应是 c，直接效应是 c'，中介效应是 a、b，总效应为直接效应与中介效应之和。

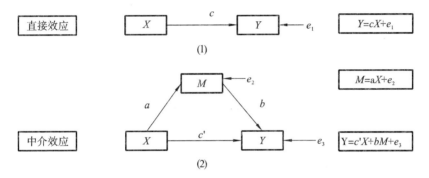

图 6-1　直接效应与中介效应图解

图 6-1 中，(1)为直接效应图解，X 影响 Y。(2)为中介效应图解，X 通过 M 间接影响 Y。温忠麟等在《中介效应检验程序及其应用》中，讨论了中介变量及其相关概念、中介效应的估计，比较了检验中介效应的主要方法，提出了中介效应检验的主要程序，包含依次检验和 Sobel 检验。这两种方法的结合使用，不仅可以做部分中介效应和完全中介效应的检验，而且由于同时考虑了两类错误率，能将错误的概率控制在较小的范围内。本书参照此程序检验土地价值观的中介效应(见图 6-2)。

二、中介效应分析

本书在前面已经完成了对系数 a、b、c 的检验，其中系数 b、c 显著，a 不显著，这时要继续实施 Sobel 检验，如果 P 值<0.000，则中介效应显著，否则不显著。本书运用 Preacher 和 Hayes(2004)开发的 spssmaro 脚本进行中介效应分析。该脚本可以获得比较精准的计算结果，可以分别给出直接效应、中介效应的系数及显著性系数。中介效应检验结果摘要如图 6-3 所示。

图 6-3 中的中介效应采用 Sobel 检验，即同时检验。检验假设 H0：$ab=0$，估计

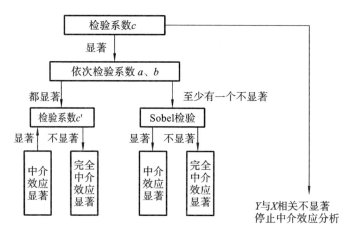

图 6-2 中介效应的检验程序

```
VARIABLES IN SIMPLE MEDIATION MODEL
Y          土地转出意愿
X          村民关联度
M          农民土地价值观
DESCRIPTIVES STATISTICS AND PEARSON CORRELATIONS
```

	Mean	SD	土地转出意愿	村民关联度	农民土地价值观
土地转出意愿	0.0000	1.1244	1.0000	0.1189	0.1146
村民关联度	0.0000	1.3849	0.1189	1.0000	0.0543
农民土地价值观	0.0000	0.5428	0.1146	0.0543	1.0000

DIRECT AND TOTAL EFFECTS

	Coeff	标准误	t值	Sig(双侧)
$b(Y.X)$	0.0904	0.0213	3.3204	0.0008
$b(M.X)$	0.0821	0.0216	1.5109	0.1356
$b(YM.X)$	0.3247	0.0677	3.0523	0.0013
$b(YX.M)$	0.0681	0.0269	3.1688	0.0014

INDIRECT EFFECT AND SIGNIFICANCE USING NORMAL DISTRIBUTION

	效应值	标准误	LL95CI	UL95CI	Z值	Sig(双侧)
Effect	−0.234	0.0213	−0.080	−0.081	−1.934	1.911

图 6-3 中介效应检验结果摘要

自变量 X 通过影响中介变量 M 对因变量 Y 的间接影响。由图 6-3 可知,间接效应值 ab 为 −0.234,检验统计量 Sobel $Z=-1.934$,Sig(双侧) 为 1.911,在 95% 的置信区间内不显著。因此可以判断,土地价值观的中介效应不显著。

至此,假设"农民土地价值观在村民关联度与土地流转意愿的关系中起中介作用"未获得支持。

三、调节变量分析

调节变量又称缓冲变量,如图 6-4 所示。在实际研究中,容易混淆调节变量与

第六章 农民土地价值观对土地流转意愿的影响

中介变量的概念或统计方法,例如运用验证中介作用的方法验证调节变量。温忠麟等指出,若自变量 $X \rightarrow$ 因变量 Y 之间的关系可以表示为变量 M 的构成函数,那么 M 就是该关系式中的调节变量。调节变量的一个重要特征就是,与因变量、自变量都无相关性,只是起到加强或削弱自变量间关系的作用,例如人口统计变量。

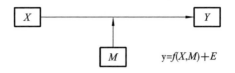

图 6-4 调节变量示意图

为深入了解调节变量,即人口统计变量对因变量的影响,本书将采用双因素方差法进行验证。由于人口统计变量为分类变量而不是连续变量,所以采用一般线性模型的协方差分析方法进行验证。

(一)个体特征变量、土地价值观对土地流转意愿的调节作用分析

个体特征变量中的文化程度作为调节变量,与土地依赖有交互作用,对土地流转意愿产生一定影响。表 6-7 和图 6-5 显示,土地依赖认知较低且文化程度较高的农户多愿意转出土地,土地依赖较高且文化程度较低的农户并不愿意转出土地。

表 6-7 文化程度与土地依赖对土地转出意愿的双因素方差分析表

源数据	Ⅲ型平方和	自由度	均方	F 值	P 值
土地依赖	35.286	21	1.514	2.877	0.452
文化程度	11.076	3	5.808	4.107	0.012
土地依赖*文化程度	54.691	26	2.902	1.154	0.007

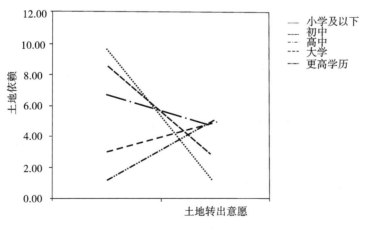

图 6-5 土地依赖与文化程度交互作用图

(二)个体特征变量、村民关联度对土地流转意愿的调节作用分析

个体特征变量中的农户类型作为调节变量,与认知关联有交互作用,对土地转出意愿产生一定影响。

表6-8和图6-6显示,村民人际认知关联程度高、以务工为主的兼业农户土地流转意愿远高于以务农为主的兼业农户,认知关联程度低、以务工为主的兼业农户土地流转意愿远低于以务农为主的兼业农户。

表6-8 认知关联与农户类型对土地转出意愿的双因素方差分析表

源数据	Ⅲ型平方和	自由度	均方	F值	P值
认知关联	3.353	9	0.694	1.880	0.895
农户类型	3.390	3	2.090	0.231	0.171
认知关联*农户类型	23.892	8	2.783	2.260	0.021

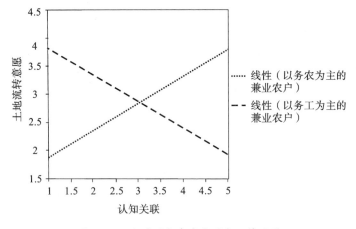

图6-6 认知关联与农户类型交互作用图

四、整体模型关系检验

(一)结构方程模型支持下的整体模型关系检验

前文已分析了农户土地价值观、村民关联度和土地流转意愿三者间的关系。这些分析主要是关注量两变量间如何相互作用,但对三个变量的整体模型关系并未深入分析和验证。因此,采用结构方程模型研究土地价值观、村民关联度和土地流转意愿的作用关系,验证相关假设。模型设定如图6-7所示。

将上述模型输入AMOS 17.0进行拟合,得到路径检验结果如图6-8、表6-9、表6-10所示。

第六章 农民土地价值观对土地流转意愿的影响

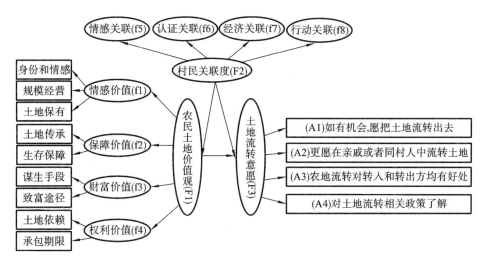

图 6-7 农民土地价值观、村民关联度与土地流转意愿整体模型

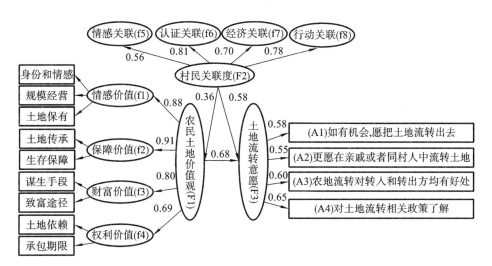

图 6-8 整体模型检验的标准化路径图

表 6-9 标准化路径系数及假设检验结果

路径关系	标准化路径系数	显著性水平	结果
F1→f1	0.88	**	接受
F1→f2	0.91	**	接受
F1→f3	0.80	**	接受
F1→f4	0.69	**	接受
F2→f5	0.56	**	接受

续表

路径关系	标准化路径系数	显著性水平	结果
F2→f6	0.81	**	接受
F2→f7	0.70	**	接受
F2→f8	0.78	**	接受
F3→A1	0.58	**	接受
F3→A2	0.55	**	接受
F3→A3	0.60	**	接受
F3→A4	0.65	**	接受

注：** 表示在 0.01 水平下显著。

表 6-10 农民土地价值观、村民关联度与土地流转意愿整体拟合模型拟合指数表

χ^2	DF	χ^2/DF	NFI	IFI	TLI	CFI	GFI	AGFI	RMSEA
697.68	267	1.956	0.923	0.952	0.951	0.960	0.934	0.915	0.034

从表 6-9、表 6-10 可以看出，模型验证的主要参数和拟合指数均在可接受范围内，整个模型拟合良好。χ^2/DF 小于 2，相关指标 NFI、IFI、TLI、CFI、GFI、AGFI 都大于 0.90，RMSEA 为 0.034<0.05，均达到理想值。潜变量之间的标准化路径系数见表 6-11。

表 6-11 农民土地价值观、村民关联度与土地流转意愿整体模型标准化路径系数

路径	标准化路径系数	显著水平	模型检验结果
村民关联度 F2→农民土地价值观 F1	0.36	0.228	不接受
村民关联度 F2→土地流转意愿 F3	0.58	*	接受
农民土地价值观 F1→土地流转意愿 F3	0.68	**	接受

注：* 表示在 0.05 水平下显著，** 表示在 0.01 水平下显著。

结果显示，潜变量有两个路径系数通过了检验，村民关联度对农民土地价值观作用的路径系数并不显著。本书提出的假设和整体模型得到了验证，获得的检验结果也基本与回归分析的结果相吻合。

（二）假设检验结果汇总

本书通过多种计量经济学统计方法和结构方程模型分别对相关假设进行了验证。其中，有 6 个假设获得支持，1 个假设未获得支持。具体结果见表 6-12。

表 6-12 假设检验结果汇总

研究假设	检验结果
H1:农民土地价值观共包含 9 个维度	获得支持

续表

研 究 假 设	检验结果
H2:网络中心性促进农民土地价值观形成环境要素网络的凝聚性,网络中心性越强,其作用性在要素网络中越容易扩散	获得支持
H3:农民土地价值观时代变迁显著	获得支持
H4:农民土地价值观对土地流转意愿产生显著影响	获得支持
H5:村民关联度显著影响农户土地流转意愿	获得支持
H6:农民土地价值观在村民关联度对土地流转意愿作用过程中具有中介效应	未获得支持
H7:部分个体特征变量与土地价值观或村民关联度产生交互作用,在一定程度上影响农户土地流转意愿	获得支持

五、小结

通过回归分析得出,农民土地价值观、村民关联度分别对农户土地流转意愿影响显著。进一步进行逐步回归,发现土地价值观中土地保有、致富途径和承包期限三个维度对土地流转意愿有显著影响,村民关联度中认知关联对土地流转意愿有显著影响。

通过中介效应检验和调节变量分析得到,在土地价值观和土地流转意愿之间,存在如下调节变量:土地依赖,文化程度。从前文的分析可得,土地依赖较低且文化程度较高的农户多愿意转出土地,土地依赖较高且文化程度较低的农户并不愿意转出土地。

经过分析,在村民关联度与土地流转意愿之间,存在如下调节变量:认知关联,农户类型。人前文的分析可得,村民人际认知关联程度高、以务工为主的兼业农户土地流转意愿远高于以务农为主的兼业农户,认知关联程度低、以务工为主的兼业农户土地流转意愿远低于以务农为主的兼业农户。

第七章
农民土地价值观对土地利用的影响

本书在农民土地价值观理论体系构建的基础上,分别从定性分析和定量研究两个层面探究农民土地价值观对农地利用的影响。本章以定性研究为主,通过实地走访、入户调查,分析农民土地价值观的特征,并通过农民土地价值观的特征分析各种土地价值观对土地利用的影响机理。

第一节 农民土地价值观对土地利用影响的定性研究和模型构建

一、农民土地价值观的特征分析

随着经济的快速发展和资源禀赋的差异,农民和农村逐渐开始分化,农民对土地的认识和态度也分化为不同的类型,从而对土地的决策和利用也产生了差异。为了能够更准确地区分不同类型的农民土地价值观,为定量研究农民土地价值观对土地利用的影响寻找事实依据,本章试图从农户类型的角度出发,探究农户类型的分化和农民土地价值观的分化是否具有一致性,以此作为判断农民土地价值观类型的依据。近年来,我国的农户已不再是单纯的专业农户,出现更多的是兼业化农民。因此,根据兼业化程度,可以将我国的农户划分为纯农户、一兼农户、二兼农户和非农户。对于兼业化的理解,各国的标准也不尽相同。日本学者以非农收入占家庭总收入的比例来衡量兼业化程度,美国学者则以非农生产时间的长短来界定。根据我国国情,选择非农收入所占比例来衡量我国的兼业化程度。将非农收入所占比例低于家庭总收入10%的视为纯农户,10%~50%的视为一兼农户,50%~90%的视为二兼农户,大于90%的视为非农户。[①] 本书根据实际调查及量表的构建与验证,将农民土地价值观分为土地为本观、土地亲和观、土地保障观、土地致富观和土地包袱观。由于土地价值观是一个抽象的概念,仅依据概念界定不能予以明确区分,因此,本书试图寻找可以量化的指标对5种农民土地价值观予以区分。本书以农户的兼业化程度为核心评价指标,其次以受教育程度、年龄分布和外出打工经历为约束指标,来衡量不同类型的土地价值观。不同类型的土地价值观

---

① 陈晓红.经济发达地区农户兼业及其因素分析[J].经济与管理研究,2006(10):90-94.

特征如表 7-1 所示。

表 7-1　农民土地价值观特征对比表

价值观类型	农户类型	年龄分布	文化程度	收入来源	外出打工经历
土地为本观	纯农户	60 岁以上	小学以下	农业收入	没有
土地亲和观	一兼农户	50～60 岁	小学	农业收入为主	有过
土地保障观	二兼农户	40～50 岁	初中	非农收入为主	现在打工
土地致富观	二兼农户	30～45 岁	高中	非农收入为主	现在打工
土地包袱观	非农户	30 岁以下	大学及以上	非农收入	脱离农业

（一）土地为本观特征分析

通过表 7-1 可知，持土地为本观的农户大多为纯农户，基本没有外出打工的经历，受教育程度普遍较低，家庭收入完全依靠农业收入，年龄分布多在 60 岁以上。持这种观点的农户的家庭劳动力主要是老人，青壮年劳动力常年在外打工，且没有能力将老人接进城市，老人只能依靠土地度日。持土地为本观的农户认为土地是传家宝，也希望能将土地世世代代传承下去。

（二）土地亲和观特征分析

持土地亲和观的农户大多为一兼农户，家庭收入的主要来源为农业收入，多以 50～60 岁的老人为主。他们年轻的时候大都有过外出打工的经历，但他们始终觉得务农比务工稳定，因此对土地具有深厚的感情。

（三）土地保障观特征分析

持土地保障观的农户一般为二兼农户，家庭收入的主要来源为非农收入，土地只是一种生活的保障，在务工没有保障的情况下务农可以作为一种退路，继续维持生计。多以 40～50 岁的中年人为主，他们认为土地不能致富，受教育程度和土地亲和观接近。持土地保障观的农户大都半工半农，农忙时回家务农，农闲时外出打工，而且一年打工的时间比务农的时间要长。通过调查得知，土地保障观是 5 种土地价值观中占比最高的，可以认为其是土地价值观中的主流价值观。

（四）土地致富观特征分析

持土地致富观的农户一般也为二兼农户，家庭收入的主要来源为非农收入。与持土地保障观的农户不同的是，持土地致富观的农户认为土地能够致富，也想承包更多的土地。但是受到经济资源和耕地资源的限制，他们只能在现有的土地上进行耕种，同时兼顾外出打工。他们的受教育程度比持土地保障观的农户高。他们比较关注国家的土地政策，如果给予他们足够的农业补贴和充足的土地，他们愿放弃务工而选择回家务农。

（五）土地包袱观特征分析

在调查过程中，与持土地包袱观的农户直接接触较少，主要是因为持土地包袱观的农户一般在城镇具有稳定工作和收入。他们大多是举家搬迁进城，农业收入基本不再是家庭收入的来源，因此他们的土地大多由别人代耕或者直接撂荒。对于持土地包袱观的农户的调查主要通过间接询问得知。土地包袱观的占比较其他4种土地价值观低，说明土地包袱观并没有成为主导的土地价值观。但其作为近年来新出现的土地价值观，在研究过程中应予以重视。

对这5种价值观进行区分，主要是为了便于分析农民土地价值观对土地利用的影响。第一阶段的调查是为了构建农民土地价值观理论体系，因此对农民土地价值观的类型并没有进行区分调查。第二阶段的调查则将5种价值观进行区分，并调查各种价值观下的土地利用情况，便于后续的数据分析。

二、土地利用的概念界定及指标的筛选

（一）土地利用的概念界定

本书中的土地特指与农户密切相关的，种植粮食作物和经济作物的耕地、园地、菜地等，不包括农户居住占用的宅基地。土地利用是指人类通过对土地投入资本、劳动、技术等来获取所需要的物质产品和服务的经济性活动。

（二）农地利用的指标选择

本书主要从土地利用程度、土地投入强度和土地流转角度对农地利用进行研究。土地利用程度是指人类对土地的利用与改造程度，也包括土地因受到人类影响的变化程度，选择有效灌溉率、施肥次数和复种指数来衡量土地利用程度。土地投入是指将一定的劳动力和资本运用一定的物质载体投入到土地中，用亩均投入资本数、亩均投入劳动数、亩均投入机械数来衡量土地投入强度。土地流转指的是承包经营权的流转，本书选择土地流转意愿作为土地利用的测度变量之一主要是基于政策的导向性，同时土地流转也是土地利用的大势所趋。本书设计了4个问题对土地流转意愿进行阐述，分别为："如果有机会，会把自己的土地流转出去"，"更愿意在亲戚或者同村人中流转土地"，"对土地流转相关政策比较了解"，"农地流转对转入和转出方都有好处"。

三、农民土地价值观对农地利用的定性研究

农民土地价值观对农地利用的影响各异，产生这种现象的原因与农民土地价值观的特征密切相关。农民土地价值观的特征不同，直接影响土地的利用行为，下面将分析不同的农民土地价值观对土地利用造成不同影响的原因。

持土地为本观的农户一般为纯农户,家庭依靠农业收入,因此对于土地的利用程度和投入强度都较高。同时,这些农户受限于经济状况,并没有转入或转出自己土地的意愿,而是维持现状,对现有的土地精耕细作。土地为本观的农户对土地比较重视,施肥过程中会特别注意土壤的肥力,对天然肥和有机肥结合使用。持土地亲和观的农户多以一兼农户为主,家庭收入主要以非农收入为主,因此对土地具有较高的热情,能够积极将劳动力和资金投入到土地中,以获取最大的农业收益。他们在经济及资源允许的情况下,有意愿进行土地流转,以获得更多的农业收入。持土地保障观和土地致富观的一般为二兼农户,持这两种价值观的农户在实际调查中并没有明显的区分,这主要是因为持这两种价值观的农户家庭收入都以非农收入为主。虽然他们对土地的态度和看法不同,前者视土地为一种退路,后者认为大规模的土地能够致富。在实际耕种过程中,持土地致富观的农户受到各种因素的影响,只能在现有的土地上进行耕种,而且家庭收入主要为非农收入,没有更多时间和精力投入到土地中。因此,在土地利用程度和投入强度上,持土地保障观的农户和持土地致富观的农户差别不大。但是这两种土地价值观在土地流转意愿上区别较大。持土地保障观的农户不愿在农业上进行更多的投入,因此,他们既不愿转入土地,更不愿转出土地。持土地致富观的农户认为大规模的土地能够致富,因此很愿意进行流转,但是意愿受到实际条件的限制。持土地包袱观的农户大多已脱离农民身份,其土地大多由别人耕种或者撂荒,对土地的质量或者数量的减少多表现为漠视。在调查过程中,一个农户也会同时拥有两种价值观,但是我们选择一种主要价值观作为分析依据。农民土地价值观和农地利用的一致性是通过分析大量问卷得到的一般结论,在调查过程中也发现了一些特例。比如调查对象中年事已高的老人,其所持的观点是土地为本观,但是由于自己体力和精力有限,只能依靠子女来种地。而子女一般都持土地保障观,将土地看作一种退路。还有一种特例是被调查农户由于自身身体状况所限,持有的土地价值观和土地利用情况不符。为了数据的一致性,在分析过程中将特例样本剔除。由于调查时处于8—9月份,正值农忙时节,外出务工的农户也已返乡,因此,问卷的土地价值观和土地利用行为基本相符。农民土地价值观与农地利用的作用机理图见图7-1。

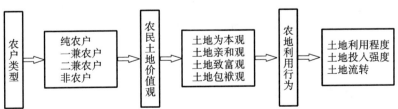

图7-1 农民土地价值观与农地利用的作用机理图

四、农民土地价值观对农地利用影响的模型构建

(一) 模型测评指标体系构建

本书构建的指标体系由农民土地价值观和土地利用两部分构成(见表7-2),其中,农民土地价值观的题项用虚拟数据度量,将题项答案划分为"非常同意""比较同意""不确定""不同意""非常不同意"5个选项,并分别赋予分值5、4、3、2、1进行量化。调查到的土地利用程度和土地投入强度是实体数据,因此本书将实体数据进行等级划分,分为五级,并分别赋予分值5、4、3、2、1,与农民土地价值观的题项相对应,便于后期数据处理。

表7-2 农民土地价值观和土地利用指标体系

潜变量		可观测变量
农民土地价值观	土地保障观(F1)	务工没有保障的情况下务农作为一种退路(A1)
		土地是养家糊口基本途径(A2)
		有稳定收入和工作,愿意放弃土地(A3)
		家庭收入的主要来源是非农收入(A4)
		土地是重要的生存保障(A5)
		土地是晚年养老重要保障(A6)
	土地亲和观(F2)	故土难离,穷家难舍(A7)
		对土地感情非常深厚(A8)
		家庭收入的主要来源是农业收入(A9)
		土地对我来说意义重大(A10)
	土地为本观(F3)	土地是命根子(A11)
		不种地感觉不舒服(A12)
		土地是祖产,是传家宝(A13)
		对土地精耕细作,并一辈辈传下去(A14)
农民土地价值观	土地包袱观(F4)	土地对我可有可无(A15)
		土地对我是一种负担(A16)
		种地不体面,没前途(A17)
		将来不打算回农村,土地不重要(A18)
	土地致富观(F5)	依靠种地可以致富(A19)
		想承包更多土地(A20)

续表

潜变量		可观测变量
土地利用	土地利用程度（F6）	复种指数（A21）
		有效灌溉率（A22）
		施肥次数（A23）
	土地投入强度（F7）	亩均投入资金数（A24）
		亩均投入劳动数（A25）
		亩均技术投入（A26）
	土地流转（F8）	如果有机会，会把自己的土地流转出去（A27）
		更愿意在亲戚或者同村人中流转土地（A28）
		对土地流转相关政策比较了解（A29）
		土地流转对转入和转出方都有好处（A30）

（二）模型假设

在利用结构方程模型的一些核心概念和框架的基础上，本书对要进行的研究首先做出理论假设，然后根据实际数据对理论假设进行验证。主要提出以下理论假设：

H1：土地为本观对土地利用产生影响

  H1-1：土地为本观对土地利用程度具有正向影响

  H1-2：土地为本观对土地投入强度具有正向影响

  H1-3：土地为本观对土地流转具有正向影响

H2：土地保障观对土地利用产生影响

  H2-1：土地保障观对土地利用程度具有正向影响

  H2-2：土地保障观对土地投入强度具有正向影响

  H2-3：土地保障观对土地流转具有正向影响

H3：土地亲和观对土地利用产生影响

  H3-1：土地亲和观对土地利用程度具有正向影响

  H3-2：土地亲和观对土地投入强度具有正向影响

  H3-3：土地亲和观对土地流转具有正向影响

H4：土地致富观对土地利用产生影响

  H4-1：土地致富观对土地利用程度具有正向影响

  H4-2：土地致富观对土地投入强度具有正向影响

  H4-3：土地亲和观对土地流转具有正向影响

H5：土地包袱观对土地利用产生影响

H5-1：土地包袱观对土地利用程度具有负向影响

H5-2：土地包袱观对土地投入强度具有负向影响

H5-3：土地包袱观对土地流转具有正向影响

（三）模型路径图

综上所述，构建理论结构模型，如图 7-2 所示。

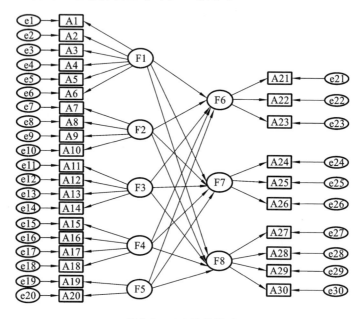

图 7-2　理论结构模型

理论结构模型包括 8 个结构变量，分别为土地为本观、土地保障观、土地亲和观、土地致富观、土地包袱观、土地利用程度、土地投入强度和土地流转意愿。其中前 5 个是外生潜变量，指产生作用的主体，而后 3 个是内生潜变量，指承受作用的客体。

（四）模型参数估计与拟合性检验

根据图 7-2，在 AMOS 软件中将处理好的数据导入并运行模型，得到标准化以后的路径系数及载荷系数，点击 View Text 工具栏便可查看模型运行的详细结果。

首先通过 Model Fit（模型适配度）来分析模型的拟合性，选取常用的卡方与自由度的比值（CMIN/DF）、卡方值的显著性概率值（P）、残差均方和平方根（RMR）、近似误差均方根（RMSEA）、模型的拟合优度指数（GFI）、修正拟合优度指数（AGFI）、规范拟合指数（NFI）等指标进行拟合度测量。P 值大于 0.05，说明卡方值未通过显著性检验。一个不显著的卡方值表示模型的因果路径模型与实际数据不一致的可能性较小[1]，模型与实际数据拟合较好。卡方值与自由度之比（CMIN/DF）在 2∶1 到 3∶1 之间是可以接受的。就适配残差值的观点来看，RMR 值小于 0.05 说明模型可以接受。根据 Hair 等人的研究可知，在满足 RMSEA 小于 0.08，GFI、AGFI、NFI 取值在 0.8～0.9 之间时，说明模型拟合度符合要求。[2] 通过分析得到首次运行后的模型拟合度指标并不理想，即 χ^2（卡方值）的显著性概率值 P＝0.000＜0.05；CMIN/DF（χ^2 自由度比值）＝3.13，不在 1～3 之间；RMSEA（近似误差均方根）＝0.06＞0.05；RMR（残差均方和平方根）＝0.07＞0.05；GFI（模型的拟合优度指数）＝0.87＜0.90。因此，需要对模型进行修正。

（五）模型修正

在 AMOS 中开启 Modification Indices（修正指标值）选项，该选项包括协方差、方差和回归系数三个选项。为了不改变模型设定的路径，本书选择对协方差进行修正。初始模型的协方差修正指标见表 7-3。

表 7-3　修正指标

修正指标	M.I.	Par Change	修正指标	M.I.	Par Change
e20＜－－＞e18	4.456	0.112	e12＜－－＞e20	5.456	0.187
e1＜－－＞e6	6.174	0.214	e15＜－－＞e16	4.387	0.105
e7＜－－＞e9	3.526	0.109	e4＜－－＞e9	3.987	0.098

表 7-3 中，M.I.（协方差的修正指标）指若将 e20 和 e18 由固定参数变为自由参数，即由模型设定之初的不相关变为共变关系，卡方值至少可以降低 4.456。所谓固定参数，即不被检验的参数，而自由参数指必须进行估计的参数。在结构方程模型中，模型的识别取决于自由参数的界定与数目，自由参数越多，自由度越小，模型越复杂。Par Change（参数改变量）指将固定参数改为自由参数后的改变值。依据一次释放一个参数，且释放的修正指标值由大到小的原则对模型进行修正，经过 6 次协方差的修正，最终得到修正模型的拟合指数，如表 7-4 所示。

表 7-4　修正模型的拟合指数表

拟合指数	CMIN	DF	P	CMIN/DF	RMSEA	RMR	GFI
结果	201.23	178	0.34	1.31	0.05	0.03	0.86

由表 7-4 中的修正模型的拟合指数可知：P 大于 0.05，RMR 小于 0.05，CMIN/DF 大于 1 且小于 3，RMSEA 小于 0.08，GFI 大于 0.8。说明农民土地价值观对土地利用影响的模型拟合度良好，具有较强的解释能力。

---

[1]　林凤英.新农村建设背景下农民价值观问题研究[D].福州:福建农林大学,2011.
[2]　蒙丹,戴钢书.基于结构方程模型的大学生理想观影响因素研究[J].学校党建与思想教育,2012(9):4-6.

第二节 农民土地价值观对土地利用影响的模型结果分析

一、结构变量之间的影响关系测评

运用 AMOS 软件,采用极大似然估计法进行分析,得到潜变量间路径系数如表 7-5 所示。

表 7-5 标准化路径系数及假设检验结果表

路径关系	标准化路径系数	显著性水平	结果
土地保障观→土地利用程度	0.66	*	接受
土地为本观→土地利用程度	0.72	***	接受
土地亲和观→土地利用程度	0.68	**	接受
土地致富观→土地利用程度	0.67	**	接受
土地包袱观→土地利用程度	−0.75	*	接受
土地保障观→土地投入强度	0.66	**	接受
土地为本观→土地投入强度	0.83	**	接受
土地亲和观→土地投入强度	0.73	**	接受
土地致富观→土地投入强度	0.64	**	接受
土地包袱观→土地投入强度	−0.68	*	接受
土地保障观→土地流转意愿	0.32	**	接受
土地为本观→土地流转意愿	0.13	*	接受
土地亲和观→土地流转意愿	0.56	**	接受
土地致富观→土地流转意愿	0.89	***	接受
土地包袱观→土地流转意愿	0.91	**	接受

注:其中,* 表示在 0.05 水平下显著,** 表示在 0.01 水平下显著,*** 表示在 0.001 水平下显著。

表 7-5 反映了外生潜变量对内生潜变量的影响程度。外生潜变量对内生潜变量的路径系数的正负反映了外生潜变量对内生潜变量的影响呈正相关或负相关。

不同类型的土地价值观对土地利用的路径系数均至少在 0.05 水平下显著,且路径系数可以接受。5 种土地价值观中,除了土地包袱观对土地利用程度和土地投入强度的影响呈负相关,其余 4 种土地价值观对土地利用的影响均呈正相关,这一结论与研究假设相一致。因此,农民土地价值观对土地利用产生重要影响。

1. 不同农民土地价值观对土地利用程度的路径分析

不同农民土地价值观对土地利用程度的影响中,土地为本观对土地利用程度的影响最大,路径系数为 0.72。这主要是由于持土地为本观的农户多为纯农户,家庭收入的主要来源为农业收入,他们会充分利用自己拥有的土地以获得最大的经济收入。因此,土地为本观对土地利用程度的影响最大。土地亲和观对土地利用程度的路径系数为0.68,较土地为本观对土地利用程度的影响次之。土地保障观和土地致富观对土地利用的影响程度基本相当,且路径系数都为正值,这主要是由于持这两种土地价值观的农户大都为二兼农户,家庭收入多以非农收入为主,因此其土地利用程度不及土地为本观和土地亲和观的农户充分。土地包袱观对土地利用程度的影响呈负相关,路径系数为-0.75,这主要是因为持土地包袱观的农户基本不再生活在农村,因此对土地不再进行利用。

2. 不同农民土地价值观对土地投入强度的路径分析

土地价值观对土地投入强度的影响路径中,土地为本观对土地投入强度的影响程度最大,且为正向影响,路径系数为0.83。这主要是由于持土地为本观的农户以农业收入为主要收入来源,他们会充分利用现有的土地,且对土地投入较多精力和资金,以换取农业收入的最大化。土地亲和观对土地投入强度的影响较土地为本观次之,路径系数为0.73。持土地亲和观的农户多以一兼农户为主,家庭收入的主要来源以农业收入为主,会兼顾畜牧或者农闲时兼业打工,通过衡量家庭收入的来源途径,对土地的投入相对偏多。由于将劳动力和资本在其他方面进行了转移,因此其对土地的投入比持土地为本观的农户低。土地保障观和土地致富观对土地投入强度的影响基本相同,路径系数分别为0.66和0.64。持土地保障观和土地致富观的农户基本都为二兼农户,家庭收入的主要来源依靠外出务工,因此,对土地的投入会明显低于持土地为本观和土地亲和观的农户。持土地保障观的农户将土地视为一种退路,在土地耕种或者收割时会投入相当的劳动力,但是在平时的除草或施肥过程中投入的劳动力会有所降低,即出现了隐性撂荒的现象,这也就影响了土地的整体投入。持土地致富观的农户虽然对待土地的态度和持土地保障观的农户有所区别,但是受限于土地资源和自身经济条件的限制,在土地投入方面更多的是心有余而力不足。因此,土地致富观和土地保障观对土地投入强度的影响差别不大。土地包袱观对土地投入强度的影响呈负相关,路径系数为-0.68。通过对土地包袱观的界定得知,持土地包袱观的农户基本已不在农村生活,家庭收入也不再依赖农业收入,他们承包的土地不是让别人代耕就是直接撂荒,因此对土地基本不再投入劳动力和资金。所持的土地包袱观越明显,其对土地的利用和投入越不足,因此土地包袱观对土地投入的路径系数为负。

3. 不同农民土地价值观对土地流转意愿的路径分析

土地价值观对土地流转意愿的影响路径中,土地包袱观对土地流转意愿的影响程度最大,路径系数为0.91,这与土地包袱观对土地利用程度和土地流转意愿的影响呈负相关截然相反。造成这种情况的主要原因是持土地包袱观的农户将土地视为一种累赘和包袱,其很愿意将自己的土地流转出去,这样既可以减少对土地的负担,同时也可因土地流转而额外获得一份家庭收入。因此,土地包袱观对土地流转意愿的影响程度最大。土地致富观对土地流转意愿的影响程度较土地包袱观次之,路径系数为 0.89。持土地致富观的农户认为土地可以致富,因此希望能承包更多的土地。但是由于受到资源禀赋的限制,其只是在主观意愿上对土地流转予以支持。土地亲和观对土地流转意愿的影响程度为 0.56,明显低于土地包袱观和土地致富观。持土地亲和观的农户由于家庭收入主要依靠农业收入,其在自身条件允许的情况下会少许转入一些土地,但是对土地流转意愿的影响并不明显。土地保障观对土地流转意愿的路径系数为 0.32,影响程度较低,持土地保障观的农户不愿在土地上进行更多的投入,按理是更愿意进行土地流转,路径系数却较低。这主要是由于在实际生产生活中,农户担心土地流转出去之后自己就会丧失土地的经营权。造成这种认识的原因,一方面是其对土地流转政策的了解不够深入,另一方面是由于持土地保障观的农户仅将土地作为自己以后养老的保障,因此在农忙的时候会自己花费一定时间和精力对土地进行耕种,不愿将土地流转。

综上所述,通过分析外生潜变量和内生潜变量之间的关系可知,土地为本观对土地利用程度和土地投入强度的影响较大,而土地为本观对土地流转意愿的影响最小。土地亲和观、土地保障观和土地致富观对土地利用程度和土地投入强度的影响依次降低,而这 3 种价值观中,土地致富观对土地流转的影响程度最高,土地亲和观次之,土地为本观最低。土地包袱观对土地利用的影响中,除其对土地流转意愿的影响呈正相关,影响程度较高外,对土地利用程度和土地投入强度的影响均呈负相关,而视土地为包袱的观念越明显,对土地利用程度和土地投入强度的影响就越深刻。

二、结构变量与可观测变量之间的影响关系测评

本书设定的农民土地价值观对土地利用的影响模型中共包括 8 个测量模型,即 5 种土地价值观与其各自对应的可观测变量,以及 3 种土地利用与其各自对应的可观测变量。运用极大似然法估计农民土地价值观对农地利用影响的参数,只有当可观测变量因子载荷大于 0.4 时,才能说明测量模型具有较强的解释性。[①] 由表 7-6 可知,所有可观测变量的标准化载荷系数都在 0.52~0.93 之间,均大于 0.4,说明各个可观测变量对相应潜变量的解释符合要求。

表 7-6 标准化载荷系数表

可观测变量	标准化载荷系数	可观测变量	标准化载荷系数
A1(F1)	0.75	A16(F4)	0.91
A2(F1)	0.81	A17(F4)	0.86

---

① 吕美,国亮,姬浩.基于结构方程模型的城市金融可持续发展影响因素研究[J].统计与信息论坛,2013,28(1):94-99.

续表

可观测变量	标准化载荷系数	可观测变量	标准化载荷系数
A3（F1）	0.69	A18（F4）	0.61
A4（F1）	0.65	A19（F5）	0.56
A5（F1）	0.83	A20（F5）	0.69
A6（F1）	0.88	A21（F6）	0.90
A7（F2）	0.68	A22（F6）	0.64
A8（F2）	0.54	A23（F6）	0.87
A9（F2）	0.52	A24（F7）	0.68
A10（F2）	0.87	A25（F7）	0.83
A11（F3）	0.91	A26（F7）	0.68
A12（F3）	0.75	A27（F8）	0.70
A13（F3）	0.81	A28（F8）	0.93
A14（F3）	0.69	A29（F8）	0.88
A15（F4）	0.74	A30（F8）	0.71

本书分别从外生潜变量和内生潜变量两个角度分析潜变量与可观测变量间的关系。

（一）外生潜变量与可观测变量间的关系分析

1. 土地保障观与可观测变量间的关系

由表7-6可知，土地保障观的可观测变量的载荷系数均在0.5以上，说明评价因子能较好地反映土地保障观。对于外生潜变量土地保障观（F1），可观测变量A6、A5、A2和A1对土地保障观的载荷系数均大于0.7，说明这4个指标对土地保障观的影响程度较其他3个可观测变量大。A6（土地是晚年养老重要保障）的载荷系数最大，为0.88，说明"土地是晚年养老重要保障"这一观测指标对土地保障观的影响程度最大，这也进一步验证了持土地保障观的农户更多地将土地视为自己养老的保障。其次为A5（土地是重要的生存保障），其载荷系数为0.83。A2（土地是养家糊口基本途径）的载荷系数为0.81。A1（务工没有保障的情况下务农作为一种退路）相对于以上3个测度指标而言对土地保障观的影响程度稍低，载荷系数为0.75。A3（有稳定收入和工作，愿意放弃土地）和A4（家庭收入的主要来源是非农收入）的载荷系数分别为0.69和0.65，说明这两个指标也是土地保障观的重要反映指标。

2. 土地亲和观与可观测变量间的关系分析

潜变量F2（土地亲和观）中包括4个可观测变量，即A7、A8、A9和A10，它们的载荷系数分别为 0.68、0.54、0.52 和 0.87。其中 A10(土地对我来说意义重大)对土地亲和观的影响程度最大,其次为 A7(故土难离,穷家难舍)。这两个指标反映了持土地亲和观的农户认为土地对其意义重大,因此不愿轻易离开农村,抛弃土地。A8(对土地感情非常深厚)和 A9(家庭收入的主要来源是农业收入)也是土地亲和观的两个重要测度指标,A9 反映了持土地亲和观的农户的家庭收入的主要来源是农业收入,因此其对土地感情深厚。

3. 土地为本观与可观测变量间的关系分析

潜变量 F3(土地为本观)中包括 4 个可观测变量,即 A11、A12、A13 和 A14,对应的载荷系数分别为 0.91、0.75、0.81 和 0.69。其中 A11 和 A13 的载荷系数较大,说明这两个可观测变量对土地为本观的影响较大,即持土地为本观的农户视土地为命根子,同时也是传家宝。A12 和 A14 也是土地为本观的重要反映指标。

4. 土地致富观与可观测变量间的关系分析

本书选择了 A19 和 A20 两个指标对外生潜变量 F4(土地致富观)进行解释,对应的载荷系数分别为 0.56 和 0.69,说明 A19 反映 56% 的土地致富观,而 A20 反映 69% 的土地致富观。持土地致富观的农户认为土地能够致富,因此愿意承包更多土地。

5. 土地包袱观与可观测变量间的关系分析

由于外生潜变量 F5(土地包袱观)是土地价值观的负向因子,因此,土地包袱观的可观测变量与其他维度的可观测变量的表述是相反的,但是它对土地包袱观的反映是正向的。土地包袱观包括 4 个测量指标,分别为 A15(土地对我可有可无)、A16(土地对我是一种负担)、A17(种地不体面,没前途)和 A18(将来不打算回农村,土地不重要),它们对土地包袱观的载荷系数分别为 0.74、0.91、0.86、0.61。其中 A16 和 A17 对土地包袱观的载荷系数均大于 0.8,说明这两个可观测变量对土地包袱观的影响程度大于 A15 和 A18。A16 对土地包袱观的贡献最大,因此,"土地对我是一种负担"最能体现土地包袱观的含义。

(二)内生潜变量与可观测变量间的关系分析

1. 土地利用程度与可观测变量间的关系分析

本书选择 3 个可观测变量对内生潜变量 F6(土地利用程度)进行测度。A21(复种指数)表示一定时期内耕地上农作物总播种面积与耕地面积之比,它对土地利用程度的载荷系数最大,为 0.90,表明该指标对土地利用程度的影响最大,也能充分反映土地利用程度这一潜变量。A22(有效灌溉率)和 A23(施肥次数)对土地利用程度的载荷系数分别为 0.64 和 0.87。有效灌溉率反映土地的灌溉情况,选择这一指标主要取决于河西走廊的气候条件。由于研究区域耕地大多为水田,需要进行人工灌溉,因此有效灌溉率是反映土地利用程度不可或缺的指标,这一指标对土地利用程度的影响相对复种指数和施肥次数略低。施肥是土地利用过程中不可或缺的程序,作物的生长除了耕地资源禀赋的优劣外,与施肥次数也密切相关。施肥次数对土地利用程度的载荷系数大于0.8,充分反映了施肥次数是土地利用程度的重要反映指标。

2. 土地投入强度与可观测变量间的关系分析

反映土地投入强度的可观测变量直观反映为资金和劳动,因此,本书选择A24(亩均投入资金数)和A25(亩均投入劳动数)作为衡量土地投入强度的重要指标。技术的投入也是土地投入中不可或缺的因素,本书以机械数量作为技术的衡量指标。可观测变量A25对土地投入强度的影响程度最大,其载荷系数为0.83,说明劳动力在土地投入中是不可或缺的一个因素,劳动力的多寡直接影响到土地的产出。A24和A26(亩均技术投入)对土地投入强度的载荷系数都为0.68,这说明这两个指标对土地投入强度的影响程度相当,也说明资金和技术投入在土地投入中相当重要。

3. 土地流转意愿与可观测变量间的关系分析

本书选择4个可观测变量来反映内生潜变量F8(土地流转意愿),分别为A27(如果有机会,会把自己的土地流转出去)、A28(更愿意在亲戚或者同村人中流转土地)、A29(对土地流转相关政策比较了解)、A30(土地流转对转入和转出方都有好处)。A28对土地流转意愿的影响程度最高,其载荷系数达到0.93,说明其能高度反映土地流转意愿这一潜变量。其次为A29,它对土地流转意愿的载荷系数为0.88,其能充分反映土地流转意愿。A27和A30对土地流转的影响程度分别为0.70和0.71,相差不大,但均大于0.7,说明这两个指标也是土地流转意愿的重要测度指标。

三、小结

本书通过测量模型和结构模型的有机结合,定量化地研究农民土地价值观对土地利用的影响,通过路径系数来反映外生潜变量(5种农民土地价值观)对内生潜变量(3种土地利用行为)的影响程度,既较为直观地体现了二者之间的关系,又能清晰地对比影响的大小。运用载荷系数来反映潜变量与可观测变量之间的关系,通过可观测变量对潜变量的反映,使得抽象的潜变量通过具体化的指标得以体现。通过分析得知,各可观测变量对其所对应的潜变量的载荷系数均大于0.5,说明所选择的可观测变量对其所对应的潜变量的影响程度较大,而且能较为充分地体现其所对应的潜变量。本章在农民土地价值观对土地利用定性研究的基础上,定量探究了农民土地价值观对土地利用的影响程度,为差异化的土地利用政策的制定提供了理论依据。

第八章
农民土地价值观对农地非农化的影响

当前我国正处于城市化、工业化、现代化高速发展时期,城市规模扩大、基础设施建设都需要占用大量土地,在城市土地存量有限的情况下,城市周边农用地向建设用地流转为我国社会经济可持续发展提供了必要的土地要素投入支撑。我国农用地向建设用地流转的形式主要是国家征地,具有较强的强制性。农户作为我国农地的直接经营者与使用者,在农地非农化过程中明显处于弱势地位,其在很大程度上只能被动地接受征地行为。很多学者的研究证实,农民对征地的满意度较低。[1][2] 并且失地后农户生活水平下降,福利受损。[3][4] 因此,很多农户并不愿意农地被征收,并产生抵触心理,往往导致一系列上访维权问题,影响社会稳定。在农民占人口大多数的中国,这部分人的利益与意愿不仅关系到其自身的生存与发展,更关系到经济的可持续发展与社会的和谐稳定。中央农村工作会议强调,要充分保障农民土地承包经营权,不能限制或者强制农民流转承包土地,即农地流转要充分尊重农民自身的意愿。笔者认为,这里的农地流转既包括农地向农业大户、专业合作社、种田能手等的流转以实现农地的规模化经营,也包括通过征地的形式将农用地转变为建设用地以满足我国城市经济发展用地需求。基于以上现实、政策背景,研究农地非农化过程中的农户意愿及其影响因素,为提高农户征地满意度、制定合理的征地政策提供理论依据,对促进农村社会可持续发展、构建城乡和谐社会具有重要意义。

当前,农地非农化过程中农户的意愿及其影响因素成为学者们关注的焦点。李晓云等从农地农用价值、农地社会保障价值和农地流转收益3个方面定量分析了农户在面对农地非农化时的主观意愿。[5] 王伟林等通过构建logistic回归模型,

---

[1] 钟水映,李魁. 征地安置满意度实证分析[J]. 中国土地科学,2008,22(6):63-69
[2] 曾亿武,杨泽楷. 失地农民权益保障满意度的影响因素分析——基于广东揭阳140个失地农户的调查数据[J]. 湖南农业大学学报(社会科学版),2012,13(2):49-53.
[3] 高进云,乔荣锋. 农地城市流转前后农户福利变化差异分析[J]. 中国人口·资源与环境. 2011,21(1):99-105.
[4] 王珊,张安录,张叶生. 农地城市流转的农户福利效应测度[J]. 中国人口·资源与环境. 2014,24(3):108-115.
[5] 李晓云,蔡银莺,张安录. 农民在农地城市流转决策中的意愿分析——以武汉市城乡交错区农户为例[J]. 地域研究与开发,2006,25(4):107-111.

从征地补偿、家庭结构、家庭非农收入、征地后预期4个方面定量分析了其对农户征地意愿的影响。[①] 已有的对农地非农化意愿的研究，从方法上看，主要运用 logistic 回归分析、描述性统计分析；从内容上看，主要从农地资源禀赋及农户的年龄、受教育程度、家庭收入、务农人数等客观因素来分析，从农户对土地的态度、价值观等主观因素对农地非农化影响的研究较少，而态度与价值观是一个人行为表现的心理基础。当前我国农户由于其职业、文化程度、收入来源的不同，对土地的态度与价值观也不同，而这必然会影响他们对农地非农化的意愿认知和行为决策。基于以上研究背景，本书拟从农户土地价值观分化视角对农地非农化意愿的影响进行研究。农户土地价值观与农地非农化意愿均无法直接观察与测量，需要用其他可以直接量化的指标来估计这一潜在变量。传统的 logistic、描述性统计分析无法处理不能直接测量的潜在变量，而结构方程模型重视对概念的测定，能够通过多个可观测变量来测定抽象概念。因此，本书采用结构方程模型方法，利用 AMOS 17.0 构建农户土地价值观模型，然后通过结构模型测定农户土地价值观与农地非农化意愿之间的关系。

第一节　农民土地价值观对农地非农化影响的研究方法与结果分析

一、材料与研究方法

（一）数据来源与说明

本书数据来源于 2013 年 7—8 月在甘肃省武威市部分县区进行的调查。调查对象以户籍在农村的农户为标准，以户为基本单位。为确保数据的真实性与完整性，在农户充分了解农地非农化意义的基础上，采用一对一的访问方式展开调查。考虑到农地非农化主要发生在城乡接合部，调查选取了武威市凉州区、古浪县和民勤县 3 个近郊区的农村进行调查。共走访 480 户农户，获得问卷 480 份。经效度检验，剔除有大量缺失值、回答前后矛盾的问卷 32 份，获得有效问卷 448 份，有效率为 93.33%。

本书中农户土地价值观与农地非农化意愿都无法用直接的数据来衡量，采用李克特五级量表对选项赋值的方式进行测量：1 代表"非常不愿意"，2 代表"不愿意"，3 代表"不知道"，4 代表"比较愿意"，5 代表"非常愿意"。

[①] 王伟林，黄贤金，陈志刚．发达地区农户被征地意愿及其影响因素——基于苏州农户调查的实证研究[J]．中国土地科学，2009，23(4)：76-80．

(二)研究方法

1. 因子分析

因子分析是从众多的可观测变量中综合和抽取少数几个潜在公共因子,并使这些因子能够最大限度地概括和解释原有变量的信息,从而揭示事物的本质。① 依使用目的的不同,因子分析可分为探索性因子分析与验证性因子分析。② 本书用探索性因子分析对量表的信效度进行检验并提炼出可观测变量构架,用验证性因子分析对提炼出的可观测变量构架进行检验与论证。

2. 结构方程模型

结构方程模型(SEM)是当代行为与社会量化领域研究的重要统计方法。它是在已有的理论基础上,提出假设、构建模型、估计与检验模型的一种统计分析方法,模型中包含可观测变量与潜在变量。一般的结构方程模型由测量模型与结构模型两个基本模型组成。③ 测量模型是指可观测变量与潜在变量之间的线性关系模型,结构模型说明外生潜在变量和内生潜在变量之间的因果关系。④

(三)理论基础

土地价值观是指农户对土地价值、土地对其自身发展的意义以及重要性的总的认识、看法和态度。⑤ 改革开放以前,农户处于一种高度同质的状态⑥,土地价值观也大致相同。随着农村市场经济的发展及社会主义现代化、城乡一体化的加快,大量的农村剩余劳动力向城市转移,农民就业的多样性、收入的多元化使得高度同质的农户出现了分化,土地价值观也呈多元化趋势。依据职业特征,当前我国农户主要包括非农业阶层、兼业阶层、纯农业阶层 3 个层次。非农业阶层农户的基本特征是不再耕作土地,其家庭收入完全依赖非农业收入,主要是指户籍在农村,但是举家进城务工或经商的农户。他们能够在城市获得相对稳定的就业与收入,农业与土地能够带来的收入相较城市收入几乎微乎其微,因此土地对于他们来说已经不再重要,对土地是一种无所谓的态度,视土地为一种包袱或累赘。农地非农化获得的补偿款能够改善其在城市的生活,并可能抓住机会在城市买房安定下来,因此

---

① 张红坡,张海锋.SPSS 统计分析使用宝典[M].北京:清华大学出版社,2012.
② 王松涛.探索性因子分析与验证性因子比较研究[J].兰州学刊,2006(5):155-156.
③ 孙连荣.结构方程模型(SEM)的原理及操作[J].宁波大学学报(教育科学版),2005,27(2):31-34.
④ 黄国稳,周莹.结构方程模型及其在验证性分析中的应用[J].百色学院学报,2007,24(6):49-52.
⑤ 陈英,谢保鹏,张仁陟.农民土地价值观代际差异研究——基于甘肃天水地区调查数据的实证分析[J].干旱区资源与环境.2013,27(10):51-57.
⑥ 许恒周,郭玉燕,石淑芹.农民分化对农户农地流转意愿的影响分析——基于结构方程模型的估计[J].中国土地科学,2012,26(8):74-79.

对农地非农化持比较积极的态度。兼业阶层农户的收入既有务农收入,又有务工收入,包括务工为主与务农为主2种类型。务工为主类型的核心是务工收入占家庭收入的绝大部分,务农收入主要用来解决家里人口的温饱问题以及日常生活中的人情开支,而务工收入就可以完全作为净收入储蓄下来,视土地为一种基本生活保障。由于家庭成员有进城务工生活的经验及农业收入在家庭收入中所占比重不大,如果给予满意的补偿与保障,他们一般会对农地非农化持比较积极的态度。务农为主类型的收入以土地和农业收入为主,次要收入来源于各种兼业收入。农忙时耕种土地,农闲时打零工贴补家用,视土地为自己生存的根本。由于没有非农就业技能,土地是其生存的重要来源,对农地非农化一般持排斥态度。纯农业阶层农户的唯一收入来源是农业。根据其拥有的土地资源数量可以分为上级阶层、下级阶层2种类型。上级阶层是指通过土地流转拥有规模化的土地资源,即农业大户。规模化经营土地完全可以让家庭致富,其视土地为致富来源。农地非农化会对他们看得到的收益造成极大损害,因此对之持消极态度。下级阶层是指缺少生产资料尤其是土地或劳动力,所以其既缺少劳动力外出务工以获得务工收入,又只有较少的耕地而无法获得较多的农业收入。对土地的依赖性特别深,视土地为其生存的根本的价值观,对农地非农化持绝对的排斥态度。

(四)研究假设

以上分析表明,不同职业类型农户的土地价值观不同。可以分为土地包袱观、土地保障观、土地致富观、土地为本观4个维度。持土地包袱观与土地保障观的农户对农地非农化持较积极的态度,持土地致富观与土地为本观的农户对农地非农化持较排斥的态度。因此本书提出以下4个假设:

H1:持土地包袱观的农户对农地非农化意愿有正向影响

H2:持土地保障观的农户对农地非农化意愿有正向影响

H3:持土地致富观的农户对农地非农化意愿有负向影响

H4:持土地为本观的农户对农地非农化意愿有负向影响

二、结果与分析

(一)探索性因子分析

在SPSS 19.0里对所提出的农户土地价值观的4个维度17个可观测变量的内部一致性进行检验,由表8-1可知,量表的整体克朗巴哈系数为0.906,各分量表的克朗巴哈系数介于0.830~0.893,表明量表内部一致性很好。判断量表数据是否适合做因子分析,描述性统计量$KMO=0.888>0.7$,巴特利特球形检验的$P=0.000<0.05$,拒绝虚无假设。表明各可观测变量间存在相关性,适合做因子分析。结果表明,由17个可观测变量可提取出4个公因子,且4个公因子的划分结构与假设提出的可观测变量理论构架基本相同,因此可以用土地包袱观、土地保障观、土

地致富观、土地为本观4个维度作为农户土地价值观的潜在变量。17个可观测变量的标准因子载荷系数均大于0.5,表明各潜在变量的结构效度良好。

表8-1 信效度检验表

潜在变量	可观测变量	代码	标准因子载荷系数	克朗巴哈系数
土地包袱观	土地对我可有可无	A	0.728	0.882
	土地对我是一种负担	B	0.528	
	种地不体面,没前途	C	0.859	
	将来不打算回农村,土地不重要	D	0.842	
土地保障观	土地是重要的生存保障	E	0.756	0.893
	务农是改善家庭生活的重要来源	F	0.812	
	外出打工并非长久之计,家里有地才有安全感	G	0.739	
	土地是晚年养老重要保障	H	0.812	
	即使有稳定收入和工作,也不愿放弃土地	I	0.74	
土地致富观	经营土地比干什么都强	J	0.665	0.830
	经营农业不仅比在外有更好的收入,也更稳定,更有成就感	K	0.83	
	想承包更多土地	L	0.72	
	依靠种地可以致富	M	0.805	
土地为本观	对土地精耕细作,并一辈辈传下去	N	0.842	0.888
	不种地感觉不舒服	O	0.84	
	没有土地,无法生存	P	0.88	
	土地是命根子	Q	0.849	

克朗巴哈系数总值:0.906

(二)验证性因子分析

在 AMOS 里探究量表的因素结构模型与实际收集到的数据是否契合,即模型适配度的检验。对适配度指标的选取有许多不同的主张,本研究参考吴明隆《结构方程模型——AMOS 的操作与应用(第2版)》[①],选择绝对适配度指标、增值适配度指标、简约适配度指标对模型的整体适配度进行检验,结果见表8-2。

---

① 吴明隆.结构方程模型——AMOS 的操作与应用[M].2版.重庆:重庆大学出版社,2010.

表 8-2　农户土地价值观测量模型拟合度指标

统计检验量	适配的标准或临界值	检验结果数据	模型适配判断
绝对适配度指标			
χ^2	$P>0.05$（未达显著水平）	126.34(0.077)	是
RMR	<0.05	0.034	是
RMSEA	<0.08（若<0.05,优良；若<0.08,良好）	0.043	是
GFI	>0.8	0.880	是
AGFI	>0.8	0.826	是
增值适配度指标			
NFI	>0.8	0.907	是
RFI	>0.8	0.880	是
IFI	>0.8	0.983	是
TLI(NNFI)	>0.8	0.977	是
CFI	>0.8	0.983	是
简约适配度指标			
PGFI	>0.5	0.604	是
PNFI	>0.5	0.700	是
χ^2/DF	<2	1.203	是

表 8-2 中，χ^2 为 126.34 时，显著性概率值 $P=0.077>0.05$，表示未达 0.05 的显著性水平检验，接受虚无假设，研究中的因素结构模型与实际数据契合。再从其他整体适配度指标来看，RMR＝0.034<0.05，RMSEA＝0.043<0.05，GFI＝0.880>0.8，AGFI＝0.826>0.8，NFI＝0.907>0.8，RFI＝0.88>0.8，IFI＝0.983>0.8，TLI＝0.977>0.8，CFI＝0.983>0.8，PGFI＝0.604>0.5，PNFI＝0.700>0.5，$\chi^2/DF=1.203<2$。所有适配度指标均达到模型适配标准，假设模型与观察数据能够适配。

土地包袱观、土地保障观、土地致富观、土地为本观的组合信度分别为 0.915、0.890、0.864、0.911，均在 0.6 以上；聚合效度 AVE 分别为 0.746、0.750、0.642、0.756，均在 0.5 以上。量表具有较好的收敛效度与区别效度。以土地包袱观、土地保障观、土地致富观、土地为本观为 4 个潜变量的测量题项合适，农户土地价值观测量模型成立。

第二节 农户土地价值观分化对农地非农化意愿的影响分析

一、农地非农化意愿分析

农地非农化,对农户而言涉及的一个核心问题就是如何对农户的承包地进行合理的补偿。农地非农化过程中,农户失去的不仅仅是土地本身,更重要的是失去了土地就业以及土地保障的权利。而当前的补偿标准仅对土地作为生产资料带来的收益进行补偿。下面比较当前情况下、提供非农就业培训、提供社会保障的农地非农化意愿。由图8-1可知,在当前情况下,选择非常不愿意的农户占13.8%,不愿意的占40.4%,比较愿意的占18.3%,非常愿意的占12.8%,即一半以上(54.2%)的农户不愿意(非常不愿意与不愿意之和)退出土地,而愿意(比较愿意与非常愿意之和)退出土地的农户不到三分之一(31.1%)。若在当前情况下提供就业培训,农户的意愿有了很大的改变,不愿意退出土地的农户下降到30.3%,而愿意退出土地的农户上升到53.2%。若在当前情况下提供社会保障,这一数值又有了改变,不愿意退出土地的农户下降到26.6%,愿意退出土地的农户上升到61.5%。说明在当前情况下,农户大部分不愿意退出土地,而采取提供就业培训或提供社会保障中的任何一种措施,农户的农地非农化意愿都有显著提高。

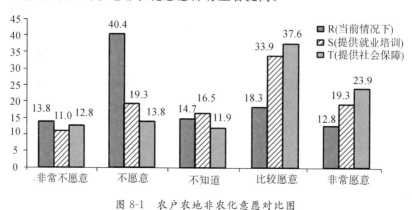

图 8-1 农户农地非农化意愿对比图

二、结构模型拟合指数检验

在 AMOS 17.0 里就农户土地价值观对农地非农化意愿影响的结构模型的拟合优劣程度进行检验,结果如表 8-3 所示。参考表 8-2 中拟合度指标适配度临界值,结构模型所有拟合度指标均达到模型适配标准,结构模型拟合度较好。

表 8-3 结构模型拟合度指标

拟合指标	χ^2	RMR	RMSEA	GFI	AGFI	NFI	RFI	IFI	TLI	CFI	PGFI	PNFI	χ^2/DF
拟合值	172.77 (0.108)	0.035	0.040	0.862	0.808	0.891	0.863	0.985	0.980	0.984	0.620	0.708	1.144

三、结构方程模型数据分析

以 448 份有效问卷数据为基础,采用最大似然法估计假设模型的路径系数,结果如表 8-4、图 8-2 所示。

表 8-4 结构模型路径系数

项目	非标准化路系数	C.R.	P	标准化路径系数	是否支持假设
农地非农化意愿←土地包袱观(H1)	0.453	4.822	***	0.603	是
农地非农化意愿←土地保障观(H2)	0.315	2.421	**	0.373	是
农地非农化意愿←土地致富观(H3)	−0.29	−2.297	**	−0.263	是
农地非农化意愿←土地为本观(H4)	−0.31	−4.258	***	−0.423	是

由表 8-4 可知,土地包袱观与农地非农化意愿之间的标准化路径系数为 0.603,且通过 $P=0.01$ 的显著性水平检验。土地包袱观正向影响农地非农化意愿,假设 H1 得到支持。图 8-2 表明,反映土地包袱观的 4 个可观测变量与土地包袱观的载荷系数均大于 0.8,且均通过了显著性水平检验。说明 4 个可观测变量对土地包袱观的解释能力均较强。其中最突出的是 A(土地对我可有可无),载荷系数达到 0.90,这与土地带来的收入在其家庭收入中极小有很大关系。农户作为土地的使用者,在市场经济环境下追求土地收益最大化。如果手中的土地不动,则农户能够获得土地未来年份的少许土地流转费或者无偿流转给亲戚朋友。如果手中的土地非农化,则农户获得的是土地补偿费。比较农地未来创造的价值和当前农地非农化补偿,农户会选择农地非农化以实现自身收益最大化,因此正向影响了农地非农化意愿。

土地保障观与农地非农化意愿之间的标准化路径系数为 0.373,且通过 $P=0.05$ 的显著性水平检验。土地保障观正向影响农地非农化意愿,假设 H2 得到支持。图 8-2 表明,反映土地保障观的 5 个可观测变量均通过显著性水平检验。其中 H(土地是晚年养老重要保障)、G(外出打工并非长久之计,家里有地才有安全感)的载荷系数最为突出,分别达到 0.84、0.82。表明对持土地保障观的农户来说,土地更多的是一种心理寄托。农户作为理性经济人,追求自身经济利益的最大化,其

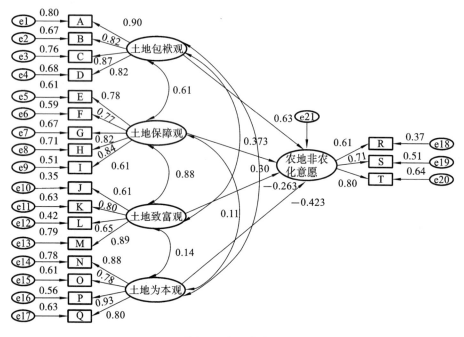

图 8-2 路径关系图

中包括眼前利益与长远利益。在眼前利益(农业收入与非农业收入之和达到最大化)得到满足的情况下,便寻求土地的长远价值,即土地的养老保障价值。农地非农化能在短期内给农户带来较大的经济利益,可能会让农户在城市体面地生存下来而无后顾之忧,因此正向影响了农地非农化意愿。可观测变量 I(即使有稳定收入和工作,也不愿放弃土地)的载荷系数最小,为 0.61,正好证明了这一观点。

土地致富观与农地非农化意愿之间的标准化路径系数为 −0.263,且通过了 $P=0.05$ 的显著性水平检验。土地致富观负向影响农地非农化意愿,假设 H3 得到支持。图 8-2 表明,4 个反映土地致富观的可观测变量均通过显著性水平检验。其中 M(依靠种地可以致富)、K(经营农业不仅比在外有更好的收入,也更稳定,更有成就感)对土地致富观解释能力最强,载荷系数分别为 0.89、0.80。表明规模化的土地经营方式在给农户带来巨大收益的同时也给了农户强烈的自我认同感。虽然农地非农化能使农户获得土地补偿费,但是相较规模经营能够带来的收益,农地未来年份所能创造的价值会远高于土地补偿款,农户作为理性经济人自然会对农地非农化持否定的态度,从而负向影响了农地非农化意愿。

土地为本观与农地非农化意愿之间的标准化路径系数为 −0.423,且通过了 $P=0.01$ 的显著性水平检验。土地为本观负向影响农地非农化意愿,假设 H4 得到支持。图 8-2 表明,4 个可观测变量均通过显著性水平检验。其中 P(没有土地,无法生存)对土地为本观的影响最深,达到 0.93,表明持土地为本观的农户视土地为生存的基本条件。马斯洛需求层次理论认为生理需求是人类维持自身生存的基本需求,主要包括对水、呼吸、食物、睡眠、生理平衡、分泌等的需要,只有当生理需求得到满足时,人们才会产生更高一层的需求。农地非农化的不可逆性会使农户永久失去土地,从而失去获取食物的源泉,而这部分农户并没有非农就业技能,连生理需求都得不到满足时,势必会负向影响农地非农化意愿。

四、小结

探索性因子分析与验证性因子分析结果显示,农户土地价值观可以分为土地包袱观、土地保障观、土地致富观、土地为本观4个维度。

描述性统计分析表明,在当前情况下,大部分农户并不愿意流转土地,如果提供就业培训或者社会保障,则农户农地非农化意愿显著提高。

结构方程模型的实证检验结果表明,农户土地价值观的4个维度对农地非农化意愿的影响方向不同。土地包袱观、土地保障观正向影响农地非农化意愿,说明非农业或者以农为辅的农户基本上愿意农地非农化。为使这部分农户失地后无后顾之忧,在提高当前土地补偿标准的同时,应逐步建立以养老保险、最低生活保障、医疗保险等为主要内容的失地农户社会保障制度。土地为本观、土地致富观负向影响农地非农化意愿,说明以农为业或以农为生的农户不太愿意农地非农化。为提高这部分农户农地非农化意愿并使其失地后长远生计有保障,在提高补偿标准与提供社会保障的同时,政府应做好失地农户的就业安置工作,对失地农户进行非农技能培训并给予相关的优惠政策。

第九章
农民土地价值观对耕地利用效率的影响

改革开放以后,以市场经济推动现代化的制度安排,人、财、物大量流出的农村处于中国社会的边缘地带。①② 在中国城市化、现代化的进程中,农民为了获得更大收益,大量青壮年劳动力进城务工,农业经营主体多为老年人、妇女和儿童,农业经营呈现以代际分工为基础的半工半农结构,导致农业生产副业化、农业经营效率低、村庄空心化等问题凸显,农村社会的这一发展趋势不利于农村的经济发展和资源的有效利用。③ 农村是中国经济发展的蓄水池和稳定器。如何提高耕地效率、保障国家粮食安全和促进农业现代化发展,一直是众多学者关注的焦点。大多数学者从耕地利用效率的因素区域差异、不同兼业程度、农户类型、区域差异、时空格局和农民分化的角度出发,研究其对耕地利用效率的影响。作为农业耕地生产经营主体的农民,在情感和心理上形成的地方观念或乡土观念,是耕地利用效率能否有效提高的非物质因素。

在社会经济条件和不同农地制度安排下,根据新兴古典经济学的分工和专业化理论,不同的兼业农民所持的价值观念,会根据自身拥有的资源禀赋,使自己的生产效率最大化。价值观能够激发和保持某种行为,尤其当发生利益选择时,价值观在意识层面或非意识层面,具有重要的作用,而且外界干预个体价值观可以改变个体行为。国内已从农民土地价值观的变迁过程、影响因素,农民土地价值观的代际差异及其对农地利用、农地非农化的影响等方面,进行了相关研究。

综上所述,对于耕地利用效率大多是从影响因素、兼业程度和不同区域进行分析,很少从社会学、心理学和经济学分析其与耕地利用效率的内在作用机理。社会和经济政策的重要变化总是以思想观念的变化为先导,而风气的变化至少在一定程度上又是由当时的社会、政治、经济环境的变化引起的。④ 费孝通的"乡土重建"

---

① 贺雪峰.地权的逻辑:中国农村土地制度向何处去[M].北京:中国政法大学出版社,2010.
② 贺雪峰.地权的逻辑Ⅱ:地权变革的真相与谬误[M].北京:东方出版社,2013.
③ 刘彦随,乔陆印.中国新型城镇化背景下耕地保护制度与政策创新[J].经济地理,2014,34(4):1-6.
④ 艾伦·艾伯斯坦.哈耶克传[M].秋风,译.北京:中信出版社,2014.

和梁漱溟的"乡村建设"都将文化建设当作重点。①② 因此,本书从农民土地价值观的不同类型出发,运用因子分析检验农民土地价值观量表信效度,采用数据包络分析测算农户耕地利用效率,采用逐步回归分析探究农民土地价值观类型与耕地利用效率的相关性,以及农民土地价值观与耕地利用效率的关系。

第一节 农民土地价值观对耕地利用效率影响的研究方法和结果分析

一、数据来源与研究方法

(一)数据来源

本书选取河西走廊的武威市"一区两县"(凉州区、古浪县和民勤县)为研究区域,涉及川区和山区的经济发达、中等发达和欠发达的区域,基本满足样本覆盖均匀、社会调查大样本容量要求。通过问卷调查和现场访谈相结合,采取分级抽样方法。主要以独立农户为单元,以农户成员为主要调查对象。最终确定问卷式走访176个行政村,正式发放问卷756份,经室内核查校正,剔除无效问卷38份,有效问卷共718份,有效率为94.97%。

(二)研究方法

1. 因子分析

因子分析是用来描述隐藏在一组测量到的变量中的一些更基本的但又无法直接测量的潜变量,在尽量不损失或减少信息的情况下将多个变量变为少数几个变量。③ 主要类型有主成分分析、探索性因子分析和验证性因子分析。本书采用探索性因子分析探究农民土地价值观量表的内在结构,运用验证性因子分析对量表进行检验。④

2. 数据包络分析

数据包络分析(DEA)是对决策单元(DMU)进行相对评价较常用的方法之一。DEA是基于线性规划理论的模型,构建观测数据的效率前沿包络线,对决策单元投入-产出的相对效率进行比较。常用的DEA模型包括固定规模报酬和可变规模

---

① 费孝通.乡土中国·生育制度[M].北京:北京大学出版社,1998.
② 梁漱溟.乡村建设理论[M].上海:上海人民出版社,2006.
③ 徐云杰.社会调查设计与数据分析——从立题到发表[M].重庆:重庆大学出版社,2011.
④ 吴明隆.结构方程模型——AMOS的操作与应用[M].2版.重庆:重庆大学出版社,2010.

报酬。①

3. 回归分析

回归分析利用线性关系进行解释和预测。本书中影响因变量的解释变量不止一个,需要建立包含多个解释变量的多元回归模型,纳入多个自变量来对因变量进行解释与预测。在自变量比较多,有的解释变量对因变量的解释比较弱,而且自变量之间可能会存在共变关系时,采用逐步回归分析的预测和解释效果会更好。②

二、结果与分析

(一)探索性因子分析

在咨询相关专家的基础上,运用头脑风暴法和归纳法对农民土地价值观量表的最初指标进行设计,农民土地价值观是集情感认知和行为认知于一体的价值观。在相关文献研究的基础上,采用李克特五级量表,赋分从 1 至 5 代表从非常不同意至非常同意。根据 Churchill 等人的理论,在 20 个可观测指标下将农民土地价值观划分为土地为本观、土地亲和观、土地保障观、土地致富观和土地权利观。初步暂定土地为本观有 4 个观测指标、土地亲和观有 4 个观测指标、土地保障观有 5 个观测指标、土地致富观有 4 个观测指标、土地权利观有 3 个观测指标。

首先,利用 SPSS 19.0 对农民土地价值观的 5 个维度 20 个题项进行信度和效度检验,得到整体克朗巴哈系数为 $0.781>0.7$,说明各题项之间具有较强的一致性。其次,判断数据是否适合做因子分析,描述性统计量 $KMO=0.802>0.7$;巴特利特球形检验的 $P=0.000<0.05$,说明各可观测变量间存在相关性,可以进行因子分析。然后,运用主成分分析法,选取方差最大法,特征根大于 1,参考因子贡献率,抽取公因子。可观测变量 Q8(暂定于土地保障观下),在各公因子上的载荷系数均小于 0.5,因此被剔除。再对 19 个题项进行信度检验,整体克朗巴哈系数为 $0.932>0.7$,$KMO=0.835>0.7$,说明样本数据适合因子分析。③ 最后,进行验证性因子分析,检验探索性因子得到的变量结构,更准确地估计变量的结构拟合程度。

至此,农民土地价值观量表构建完成,并通过了内容效度和信度检验。量表分为 5 个维度,即土地为本观、土地亲和观、土地保障观、土地致富观、土地权利观。相关分析结果如表 9-1、表 9-2 所示。

---

① 白志远. 村民关联度对耕地利用效率的影响研究——以甘肃河西走廊地区为例[D]. 兰州:甘肃农业大学,2014.

② 邱皓政. 量化研究与统计分析——SPSS(PASW)数据分析范例解析[M]. 重庆:重庆大学出版社,2013.

③ 邱皓政. 量化研究与统计分析——SPSS(PASW)数据分析范例解析[M]. 重庆:重庆大学出版社,2013.

表 9-1　解释的总方差

Component	Initial Eigenvalues			Rotation Sums of Squared Loadings		
	Total	% of Variance	Cumulative %	Total	% of Variance	Cumulative %
1	8.624	45.389	45.389	3.526	18.559	18.559
2	2.646	13.929	59.317	3.298	17.357	35.916
3	2.422	12.745	72.062	3.277	17.246	53.162
4	1.399	7.365	79.427	3.200	16.844	70.006
5	1.069	5.627	85.054	2.859	15.048	85.054
6	0.593	3.123	88.177			
…	…	…	…			
19	0.044	0.229	100.000			

表 9-2　旋转后因子载荷系数

Component	1	2	3	4	5
V10	0.885				
V11	0.846				
V17	0.909				
V18	0.857				
V9		0.829			
V15		0.869			
V19		0.797			
V20		0.860			
V2			0.849		
V3			0.833		
V4			0.806		
V7			0.859		
V1				0.802	
V12				0.832	
V13				0.789	
V14				0.809	
V5					0.898
V6					0.899
V16					0.902

(二) 验证性因子分析

运用 AMOS 17.0 探究量表的结构模型与实际收集到的数据是否契合(见表 9-3),即模型适配度的检验。建立模型路径图(见图 9-1),将量表数据代入进行计算,在一阶验证性因子分析的基础上进行二阶验证性因子分析。

表 9-3 验证性因子分析模型拟合指标

拟合指标	CMIN	DF	P	CMIN/DF	RMSEA	RMR	GFI
结果	156.8060	137	0.1184	1.1446	0.0363	0.0270	0.8751

参考吴明隆《结构方程模型——AMOS 的操作与应用(第 2 版)》[1],选择绝对适配度指标、增值适配度指标、简约适配度指标对模型的整体适配度进行检验。模型卡方值的显著性概率 $P=0.1184>0.05$,接受虚无假设,表示假设模型与样本数据可以适配。卡方自由度比值为 1.1446,表明模型的适配度良好。$RMSEA=0.0363<0.05$,$RMR=0.0270<0.05$,$GFI=0.8751>0.80$,均达模型可以适配的标准,证明了理论构想的合理性。

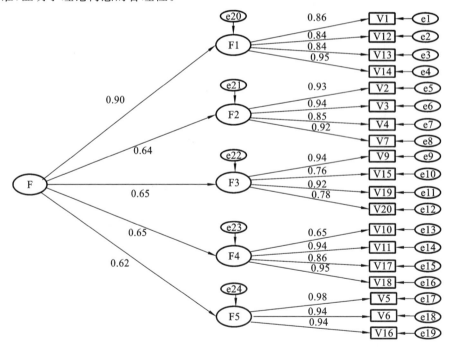

图 9-1 二阶验证性因子模型路径图与标准化估计值

---

① 吴明隆.结构方程模型——AMOS 的操作与应用[M].2 版.重庆:重庆大学出版社,2010.

图 9-1 中,各观测指标的载荷系数均大于 0.5,能较好地解释各自的潜变量。5 个潜变量的路径系数分别为 0.90、0.64、0.65、0.65、0.62。

综上所述,二阶验证性因子模型不仅反映一阶因子之间的关系,也反映各维度与农民土地价值观的关联程度,更加直观地体现农民土地价值观量表反映测项之间的相关性。因此,本书将农民土地价值观划分为土地为本观、土地亲和观、土地保障观、土地致富观和土地权利观具有理论意义。

(三)农民土地价值观及各维度的权重确定

本书采用相关性权重法确定量表体系的各指标权重,基于调查数据测算各变量的相关系数。运用 AMOS 构建模型标准化后的载荷系数和路径系数,实质上是反映变量之间的相关系数。因此,先对载荷系数和路径系数进行归一化处理,得到各观测指标和潜变量的权重,再根据得到的各观测指标和潜变量的权重,测度二阶因子农民土地价值观。

归一化公式为:

$$\rho_{ij} = \lambda_{ij} / \sum_{j=1}^{n} \lambda_{ij}$$

式中,ρ_{ij} 为一阶潜在变量 F_i 的第 j 个指标的相应权重,λ_{ij} 为一阶潜在变量 F_i 的第 i 个因子的第 j 个可观测指标的载荷系数。同理可得一阶因子权重 β_i。

农户土地价值观测量公式为:

$$F = \sum_{i=1}^{N} \beta_i \sum_{j=1}^{M} \rho_{ij} m(i,j)$$

式中,F 代表农户土地价值观,$m(i,j)$ 表示一阶潜在变量 F_i 的第 j 个可观测指标的得分值,β_i 表示一阶潜在变量 F_i 的权重,N 表示一阶因子的数目,M 表示一阶因子对应的可观测指标的数目。

在相关专家评价的基础上,通过 AMOS 构建因子模型标准化的载荷系数和路径系数,采用相关权重法,计算得出土地价值观评价指标权重分布表(见表 9-4)。

表 9-4 土地价值观评价指标权重分布表

项目	序号	可观测变量
土地为本观 F1 23.80%	V1	对土地精耕细作,并一辈辈传下去 25.37%
	V12	不种地感觉不舒服 24.78%
	V13	没有土地,无法生存 24.78%
	V14	土地是农民的命根子 25.07%
土地亲和观 F2 19.05%	V2	故土难离,穷家难舍 26.27%
	V3	对土地感情深厚 26.56%
	V4	经营农业比外出打工更稳定 24.01%
	V7	离开土地能做什么 23.16%

续表

项目	序号	可观测变量
土地保障观 F3 19.35%	V9	土地是我进能进城打工、退能回家种地的重要保障 27.65%
	V15	外出打工并非长久之计,家里有地才有安全感 22.35%
	V19	土地是晚年养老重要保障(养家糊口的基本途径)27.06%
	V20	即使有稳定收入和工作,也不愿放弃土地 22.94%
土地致富观 F4 19.35%	V10	经营土地比干什么都强 23.61%
	V11	经营农业不仅比在外有更好的收入,也更稳定,更有成就感 26.11%
	V17	想承包更多土地 23.89%
	V18	依靠种地可以致富 26.39%
土地权利观 F5 18.45%	V5	保有土地的目的是将来能够获得土地农转非的增值收益 34.26%
	V6	虽然不耕种土地,但是土地是我的一项基本权益,土地未来可能为我带来无限收益 32.87%
	V16	土地于我的终极性价值在于非农收益 32.87%

第二节 农民土地价值观对耕地利用效率的影响

一、农民耕地利用效率分析

选用 DEA 模型中的可变规模报酬模型测算耕地利用效率。对于 DEA 模型投入-产出指标选取,本书选用耕地面积(单位:亩)、种子费用(单位:元/亩)、机械耗油费用(单位:元/亩)、农药费用(单位:元/亩)、化肥费用(单位:元/亩)、地膜费用(单位:元/亩)、劳动力数量(单位:人/亩)作为土地、资金和劳动的投入指标。因为农户农业收入来源不一致,因此选用农户农业收入(单位:元/亩)作为产出指标。

运用 DEAP 2.1 统计软件,以调查样本数据测算耕地利用的综合技术效率、纯技术效率以及规模效率(见表 9-5)。

表 9-5 农户耕地利用效率平均值

项目	综合技术效率(TE)	纯技术效率(PTE)	规模效率(SE)
农户平均效率值	0.721	0.799	0.903

从表 9-5 可以看出,农户耕地利用综合技术效率平均值为 0.721,即实际产出占理论产出的 72.1%,还有 27.9% 的改善空间。由此可知,农户耕地利用效率总体还不是很高,因此有必要分析不同土地价值观类型对农户耕地利用效率的影响。

二、农民土地价值观与耕地利用效率的相关性分析

将调查得到的农户耕地利用效率作为因变量,选取土地为本观、土地亲和观、土地保障观、土地致富观、土地权利观作为自变量,建立如下模型:

$$T_i = a_0 + a_1 F_{1i} + a_2 F_{2i} + a_3 F_{3i} + a_4 F_{4i} + a_5 F_{5i}$$

式中,T_i、F_{1i}、F_{2i}、F_{3i}、F_{4i}、F_{5i} 分别代表第 i 个农户的耕地利用综合技术效率、土地为本观、土地亲和观、土地保障观、土地致富观、土地权利观。a_0 和 a_1、a_2、a_3、a_4、a_5 表示常数和各价值观的系数。

采用逐步回归分析,进行因变量的因子筛选,排除在自变量比较多时,自变量之间不完全独立和存在相互作用的关系。建立因变量和自变量之间的回归方程,再对回归方程的每一个自变量进行检验。确保每次引入新的变量之前回归方程只包含显著性变量,直到没有显著的解释变量选入回归方程,也没有不显著的解释变量从回归方程中剔除为止,以保证建立的回归方程是最优的。运用 SPSS 19.0 对耕地利用效率与土地为本观、土地亲和观、土地保障观、土地致富观、土地权利观进行逐步回归分析。

模型概述(见表 9-6)中的数据显示,调整相关度在第 3 个模型中最大,这表明对于耕地利用效率值而言,57.2% 的变化范围可以通过 F4、F1 和 F2 的线性综合值来进行同步预测(见表 9-7、表 9-8)。

表 9-6　模型概述

Model	R	R Square	Adjusted R Square	Std. Error of the Estimate
1	0.672[a]	0.451	0.446	0.1746673
2	0.731[b]	0.535	0.526	0.1616155
3	0.756[c]	0.572	0.560	0.1556907

a. Predictors:(Constant),F4
b. Predictors:(Constant),F4,F1
c. Predictors:(Constant),F4,F1,F2

表 9-7　均值、标准均方差以及其之间的相关性

Variable	M	SD	F1	F2	F4
Te	0.721	0.235	0.541**	0.513**	0.672**
Predictors					
F1	3.811	0.791	—	0.218	0.414**
F2	3.732	0.748		—	0.514**
F4	3.746	0.862			—

注:** 表示 $P<0.001$。

表 9-8　各类型价值观与耕地利用效率逐步回归分析

Variable	B	SEB	Beta
F4	0.116	0.022	0.425**
F1	0.094	0.021	0.315**
F2	0.071	0.023	0.226*
Constant(常数)	−0.334	0.095	

注：* 表示 $P<0.005$，** 表示 $P<0.001$。

F4、F1 和 F2 与耕地利用效率呈正相关，即土地致富观、土地为本观、土地亲和观每增加 1 个单位，耕地利用效率相应提高 0.116、0.094 和 0.071 个单位。相关计算公式如下：

$$T_i = -0.334 + 0.094F_{1i} + 0.071F_{2i} + 0.116F_{4i}$$

三、耕地利用效率与土地价值观的相关性分析

将调查到的农户耕地利用效率作为因变量，选取农民土地价值观为自变量，建立模型：

$$T_i = a_0 + a_1 F_i$$

式中，T_i、F_i 分别代表第 i 个农户耕地利用综合效率、农户土地价值观。a_0、a_1 分别表示常数项和系数项。

运用 SPSS 19.0 进行回归分析，结果如表 9-9 所示。

表 9-9　农民土地价值观与耕地利用效率回归系数表

Variable	B	SEB	Beta
F	0.316	0.028	0.736**
Constant(常数)	−0.447	0.104	

注：** 表示 $P<0.001$。

进一步分析，得到标准化的回归方程：

$$T_i = -0.447 + 0.316F_i$$

农户土地价值观分化与耕地利用效率为正相关关系，农户土地价值观每增加 1 个单位，耕地利用效率提高 0.316 个单位。

农民土地价值观作为非物质因素，影响农民的土地利用行为，不同的土地价值观会产生不同的土地利用行为。同时，从农民土地价值观分化对农地非农化意愿的影响[1]可知，土地为本观、土地致富观对农地非农化具有负向影响，农民土地为本

---

① 黄思琴，陈英，张仁陟，等.农户土地价值观分化对农地非农化意愿的影响研究[J].干旱区资源与环境，2015,29(8):39-45.

观、土地亲和观和土地致富观对耕地利用效率具有正向影响。本书从不同的农民土地价值观类型出发,研究其与耕地利用效率的关系。不同的兼业农户依据拥有的资源禀赋,使其生产效率最大化,而不同的农地制度安排又可以干预个体价值观的行为。

四、小结

农民土地价值观的开发量表通过了克朗巴哈系数和 KMO 的信效度检验,探索性因子分析和验证性因子分析结果表明模型拟合良好,土地为本观占 23.80%,土地亲和观占 19.05%,土地保障观和土地致富观各占 19.35%,土地权利观占 18.45%。可以看出土地为本观对农民土地价值观解释最大,次之是土地保障观和土地致富观,土地亲和观和土地权利观相对于前 3 种的解释力度较小。

实证分析结果表明,土地为本观、土地亲和观和土地致富观对耕地利用效率的影响在 1% 和 5% 的水平上显著,3 种价值观每增加一个单位,耕地利用效率相应提高 0.094、0.071 和 0.116 个单位;农民土地价值观每增加一个单位,耕地利用效率增加 0.316 个单位。证明农民土地价值观对耕地利用效率具有正向影响。

综上所述,农民土地价值观影响农民的土地利用决策,了解农民土地价值观变迁方向,有助于引导正确的农民土地价值观变迁,促进农地制度有效合理变革,进而提高农地利用效率。

第三部分

结论与政策启示

第十章
结论与讨论

第一节 结 论

本书构建农民土地价值观的理论体系并进行测度,识别农民土地价值观形成的关键环境因素,研究农民土地价值观对土地利用的影响和价值观分化及其对农地非农化意愿的影响;重点研究了农民土地价值观变迁历程,对我国的农地制度进行了回顾与梳理,从不同历史时期对农民土地价值观的时代特征进行宏观描述和微观分析,并对其时代特征进行了总结与评价;进而通过结构方程模型得到农民土地价值观的影响因素;基于生命历程研究视角,分析了农民土地价值观的发展过程,并阐述了农地制度、农民土地价值观和农地利用三者之间的关系,探索了未来农民土地价值观的演进趋势;最后研究了土地价值观对耕地利用效率的影响。

一、农民土地价值观理论体系的构建

农民土地价值观是农民对土地自身意义、重要性的认知和评价,以及对各种土地利用行为的认知和评价,是一个具有多维度、多层次的观念系统。本书在需求层次理论和农户行为理论的支撑下,界定农民土地价值观的内涵与外延,明确土地价值观所包含的要素,划分农民土地价值观维度,为整个研究做理论准备。运用结构方程模型理论,分别从农民土地价值观的概念界定、维度识别、量表设计和信度检验4个方面构建农民土地价值观的理论体系,通过问卷调查分析验证了农民土地价值观量表,构建了农民土地价值观的测量指标和测量模型,划分了土地为本观、土地亲和观、土地保障观、土地包袱观和土地权利观等不同价值观类型。综合分析得出以下结论。

农民土地价值观指农民对土地自身意义、重要性的认知和评价,以及对各种土地利用行为的认知和评价,由土地为本观、土地亲和观、土地保障观、土地致富观和土地包袱观等维度构成。

本书构建的农民土地价值观理论体系具有重要理论意义。农民土地价值观量表整体信度系数达到0.83,各维度信度系数均大于0.8,说明本书设计的量表内部题项一致性较好;量表通过了收敛效度和区别效度检验,即各维度既能单独测度农民土地价值观的不同方面,也能反映农民土地价值观这一相同内容。

农民土地价值观的实证测度表明,土地保障观权重为 25.20%、土地亲和观权重为 22.22%、土地为本观权重为 21.42%、土地包袱观权重为 14.36%、土地致富观权重为 16.80%,其中土地保障观是农民土地价值观的主流价值观。

结合我国农村宅基地的实际情况,并剖析相关文献,首先从宅基地保障观、宅基地亲和观和宅基地财富观 3 个维度出发对农民宅基地价值观进行研究;其次从价值观对农民生产动机产生影响的角度出发来界定宅基地价值观;最后运用实证调查数据建立结构方程模型对量表进行检验,最终得出宅基地价值观是指从农户自身角度出发,对宅基地重要性、看法和价值认识的一种心理倾向,其中还包括对各种利用宅基地行为的认知和评价,是一个具有多维度多层次的观念系统,并通过实证测度说明宅基地对于农户最重要的作用是居住,即对宅基地的生存依赖很强。综上所述,影响当今农户宅基地价值观最主要的是住宅对其生活的保障性,换言之,解决好农户住房问题有利于农村土地的集约利用和经济发展。

二、农民土地价值观的时代特征

本书对农民土地价值观的时代特征进行了梳理,定量分析了农民土地价值观的影响因素,并从生命历程的视角阐述了不同队列在关键历史时期的变化情况,主要得出以下结论。

农民土地价值观在不同的历史时期,有与之相对应的主流价值观。新中国成立初期,土地作为重要的生产资料,对农民不仅是谋生的手段,更重要的是农民对土地产生情感依赖,这种情感深深扎根于农民的土地价值观中,反过来影响着农民与土地关系。农民显现的土地为本观尤为突出,财富和权利价值逐渐萌发。新中国成立后至改革开放前,土地属于集体所有,农民没有了土地所有权,他们认为土地不是自己的,土地的收益与自己无关,对土地逐渐失去了热情。农民对土地的情感变得麻木,表现为逐渐弱化的财富和权利价值,但土地对于农民来说还是一种生活保障。改革开放以来土地在不同农民心中的意义也变得不尽相同,土地价值观呈现多元化发展趋势。总的来说,农民土地价值观呈现降低的情感价值、过渡的保障价值及增强的财富权利价值。

农民土地价值观受农户特征和外部环境的影响,其中正式规范、农户是否拥有主要经济作物、家庭人均月收入、性别和受教育年限的标准化路径系数分别为 0.987、0.827、0.816、0.807 和 0.805,均高于其他影响因素。正式规范的标准化路径系数达 0.987,可知国家的相关制度政策对农民土地价值观的形成具有重要影响。农户年龄和非正式规范在 1% 的水平下呈显著正相关,农民年龄与非正式规范表现为正向共变关系,表示农民在这个村庄生活时间越长,对这个村落的乡约民俗越了解,对于农户土地价值观的形成越具有引导作用。村里年长的人,在村里具有较高的地位和较大的话语权,能够引导整个村庄的风气,这与实际调查相符。受教育年限和地方政府相关宣传在 1% 的水平下呈显著负相关。表明受教育年限与地方政府相关宣传为负向关系。受教育年限越多,农民的文化程度越高,对政府宣传具有较强的辨别意识,自主性比较强,尤其体现在年轻一代。

基于生命历程的研究视角,把每位农民的生命轨迹描述出来,放在同一队列,在年轻的时候,每位农民的状况基本一样。随着年龄的增长,农民个体之间的差异越来越明显,离线性也越来越大。农民的差异具有累积性,累积时间越长,差异越大。但是在同一时间点出生的这一队列的农民从青年到老年,他们所经历的事件基本一样,所以真正的累积体现在队列上,不是体现在年龄和时间上。同时,对农地制度、农民土地价值观和农地利用之间的关系进行分析可知,三者之间的关系是一个动态互相作用过程。最后对未来农民土地价值观的演进趋势进行了预测,农民土地价值观的发展是一个"先窄后宽"的累积过程,农民土地价值观会更加多元化。

三、农民土地价值观的影响因素

社会转变从根本上说是价值观的转变,很多问题的争论实质上是价值观的争论。土地价值观作为价值观念系统的一部分,其形成和发展受到诸多因素的影响。基于这一基本考虑,本书从农户自身特征和外部环境两个角度出发,研究农民土地价值观形成环境要素识别及其影响因素,认为农民土地价值观形成环境具有动态属性和网络属性的特点。

首先,基于实地调查数据,经过内业处理和数据分析,构建了农民土地价值观形成环境的5要素模型。农民对土地意识的强烈和价值选择的认知在系统内表现为过程性。基于"动机-意愿-行为"理论的思考,本书强调引导主动塑造和引导农户的土地价值观建设。5个一级要素分别为个体社会竞争力特征、基础设施、家庭环境、村庄环境和政策环境。其次,识别出影响当前农民土地价值观变迁的6个关键要素,根据农民土地价值观形成环境要素之间关系的映射,从环境要素的社会属性、动态属性及网络属性出发,采用社会网络分析识别出6个关键环境要素分别为人生经验、信息接收能力、家庭发展规划、村庄发展水平、农业发达程度、社会心理因素。从农户特征和外部环境两大方向出发,运用结构方程模型,对农民土地价值观的影响因素进行研究,得出以下结论。

农民土地价值观受农户特征和外部环境的影响,在影响农民土地价值观的因素中,国家相关制度政策对农民土地价值观的形成具有重要影响。

关注国家相关制度政策的侧重点,提高农户收入和受教育年限,是引导农民土地价值观正确变迁、提高农地利用效率的有效途径。

四、农民土地价值观对农地利用的影响

本书运用定性研究和定量研究相结合的方式,首先通过实地走访、入户调查分析不同类型农民土地价值观的特征,并从这些特征分析不同农民土地价值观对农

地利用的作用机理。运用结构方程模型研究农民土地价值观的5个维度对农地利用的影响,分析每种土地价值观对各种土地利用行为的路径系数,通过量化研究得出农民土地价值观对农地利用的影响程度。本书探讨各类土地价值观影响下的土地利用行为,分析比较农地利用的特点,得出以下结论。

定性分析表明,5种农民土地价值观对应的农户类型、受教育程度、年龄分布、收入来源和外出打工经历各不相同,且对土地利用的影响也不同。持土地为本观的农户多以纯农户为主,受教育程度在小学及以下,家庭收入全部来源于农业收入,几乎没有外出打工的经历,他们对土地一般进行精耕细作。持土地亲和观的农户多为一兼农户,家庭收入以农业收入为主,受教育水平大多为初中及以下,大都有过外出打工经历,他们对土地进行积极利用和投入,以获取更多的农业收入。持土地保障观和土地致富观的农户多以二兼农户为主,家庭收入主要来源于非农收入,受教育程度多为初中或高中,正在外出打工,他们对土地利用程度和投入强度基本相同,但是土地流转意愿差别较大。持土地包袱观的农户目前基本脱离了农民身份,受教育程度较前4种土地价值观都要高,家庭收入基本不包括农业收入,他们的土地多为代耕或者撂荒,对土地流转的积极性较高。

定量研究表明,土地为本观对土地利用程度和土地投入强度的影响较土地亲和观、土地保障观、土地致富观和土地包袱观要大,而土地为本观对土地流转的影响程度在5种价值观中最低。土地亲和观、土地保障观和土地致富观对土地利用程度和土地投入强度的影响程度依次降低,而这3种土地价值观中,土地致富观对土地流转的影响程度最高,土地亲和观次之,土地为本观最低。土地包袱观对土地利用的影响程度中,除对土地流转的影响为正相关、影响程度较高外,对土地利用程度和土地投入强度的影响均呈负相关。

第二节 讨 论

一、农民土地价值观必须引起重视

目前,对于土地利用变化中的文化因素尚缺乏深入研究。我国实行由政府主导的土地利用政策,土地利用不仅严格按照分区管制规划进行,而且土地作为农民主要的生产资料,不可避免地受到农民土地价值观因素的影响。农民土地价值观,简单理解就是农民对于土地的看法和观念系统。就像对于"洗漱"的理解一样,其内涵到底包括"洗脸、刷牙、装扮"的一项还是几项?在土地利用动机、土地利用行为活动中,土地利用主体——农民的土地价值观起着非常重要的作用。土地保有的决策、土地利用的方式、范围、程度、效率和变化,均是在农民土地价值观下实现的。价值观作为心理文化的重要组成部分,本身具有较为稳定的内在机制和系统稳定性。从这个意义上说,作为一种使土地利用方式保持稳定的力量,土地价值观与其他驱动力一起,共同决定了土地利用变化的方向。

随着我国城市化和工业化进程的加快,农民土地价值观也随之发生巨大转变。学术界对于农民土地价值观多以定性研究为主,且对于农民土地价值观的系统研究甚少。本书正是基于以上研究背景,将定性研究与定量研究相结合,构建了农民土地价值观量表并对其进行了验证。值得注意的是,书中测算的农民土地价值观5个维度的路径系数并不是绝对的,它可能因调查区域和样本年龄特征的变化而改变。但农民土地价值观量表可以借鉴,根据此量表可以确定某一研究区域土地价值观中的核心价值观,通过分析农民对土地的认识,为土地的合理利用提供决策依据。本书在构建农民土地价值观量表时,因为调查区域的局限,只选取了21个测项,而数据受到测项的影响,这对农民土地价值观的研究有一定的限制,这是本研究需要进一步完善的地方。

二、农民土地价值观结构的内在含义

关于土地价值观的结构,在国外尚无专门探讨,相关领域的研究大都基于罗基奇的价值调查,他提出了媒介价值观、生育价值观、职业价值观等。也有学者将注意力延伸至相关观念的变迁和代际差异。罗基奇在研究中,提出了两类价值系统。分别是终极性价值系统和工具性价值系统。这种研究方法的优点是把各种价值观放在整个系统中进行研究,因此更能体现价值观的系统性和整体性作用。基于系统框架分析的视角,本书提出农民土地价值观的概念,首先从使用权的角度设计其结构。这主要是因为,农民土地价值观本身是基于使用权而产生的,从权利角度考察,承包地的所有权和使用权实质上是分离开来的,土地价值观本质上是对实际使用、收益、处分的权利。从这一点来说,土地价值观的主要内容,就是关于农户是否保有土地、怎样利用土地两方面的内容。朱琳、许一波、张雪等人虽然对社会变迁背景下的多元化土地价值观做了描述和分类,但他们从个体案例出发,着重探讨的是土地价值观的表现形式和变迁历程,并未从根本上回答每个农户都拥有的,对于土地的根本认识和看法,即土地价值观到底是什么。所以,在广泛查阅文献后,仍难以找到相应的资料进行比较。不过,由于土地利用变化中的非正式制度因素,"以人为本""最大限度保障农户权益"理念下土地管理政策的变化,特别是鉴于现今农村优良剩余劳动力的转移、流失及土地利用效率的低下等诸多问题和矛盾,专门探讨农民的土地价值观结构体系具有重要的现实意义且十分必要,土地资源管理工作者对此也责无旁贷。

三、农民土地价值观维度的解释

从初始问卷的修订到正式问卷的启示。首先是初始问卷中,"情感认知"和"身份认同"分别为2个维度。但是经过预调查数据的处理和统计检验后,"情感认知"和"身份认同"共同进入了第一个维度,这不仅通过了理论检验,而且可以从实际调查中获知。访谈中,当问到"土地对你是否重要"时,90%以上的农户会回答"重要,老百姓嘛,就是种地"。短短的一句话,却暗含了3个关键词,也正是土地价值观的首要出发点。其次是"就业功能"和"养老保障",初始问卷中也被划分为2个维度。但旋转后发现两个维度的题项可合并进入一个因子,后被命名为"生存保障"。这也反映在调查中,绝大部分农户对"土地是养老保障"的观点不置可否,其深层次原因主要是农户的权利意识觉醒。他们普遍认为自己并不具有承包地的所有权,而仅具有使用权和收益权。当年龄逐渐老去,劳动能力丧失,耕地对他们的价值也逐渐减弱。耕地只有对其耕作,并将收获后的农产品在市场中流通,产生交换价值后才是财富。没有这个过程,耕地显然并不能成为养老保障。要实现二者的对等,需要充分的前提条件和合理的政策设计。

四、农民土地价值观的形成过程

人的价值观所涉及的对象和范围非常众多和广阔,它不仅涉及人所直接接触的自然物,更重要的是它要涉及人们的精神生活领域和社会生活领域。它不仅要求一个人对自己所接触的与生活在其中的自然现象、社会现象及精神现象做出表面的、肤浅的理解和判断,而且要求其对这些现象做出本质的、深刻的解释和评价,并把这种解释和评价概括为自己所信奉与坚守的观念和态度。众多学者的研究表明,价值观的形成和发展要有一个过程,它不仅受到外部环境的深刻影响,而且受个体心理发展水平的限制,这正是本书的基本逻辑。

首先,基础设施、家庭环境、村庄环境等是外部环境,在农民土地价值观的形成过程中是最重要的、决定性的因素。其次,价值观是以主体的需要为依据的,所以它的形成与人对自身认识的产生和发展是分不开的,依赖自我意识的高度分化与成熟。因此,受社会环境、政策导向和村庄环境等外部条件的影响,以及个体社会竞争力特征的客观制约,农户潜意识中对土地的重要性和利用方式感知会有一个潜移默化的模仿机制。在调查中可以发现,农户的土地价值观存在"晕轮效应"和"从众取向",农户的土地价值观一方面受耕地水平、村庄农业发达程度等客观因素的影响,另一方面只有当农户对自身需要、自身能力、生活方式和社会地位有了明确的认识和了解时,才能依据自身的特点和各方面的条件,主动形成和塑造自己的土地价值观。

五、农民土地价值观形成环境的特性

农民土地价值观研究可以从两个不同视角进行:一方面,它可以理解为某一时点农民对土地的认识、看法和心理倾向;另一方面,它可以被理解为一种动态的形成过程或者态度。我国实行最严格的耕地保护政策和土地利用管制政策,这对农户保有土地、利用土地造成了深刻的影响。如果仅仅从静态角度出发来研究土地价值观,无法体现时代急剧变迁中农户传统性和现代性交融土地价值观的特点,更难以揭示农户对土地的心理态度如何切实影响土地利用行为。基于土地价值观形成的动态性理论,哪些要素对土地价值观的形成和发展有影响就成了重要内容,而加强此方面的研究有利于农民土地价值观管理。

城市化进程中,农户"以土为本""土地是命根"的传统价值观正在逐步分化。横向表现为"土地保障型""土地包袱型"等不同类别,纵向表现为土地利用行为中短期行为和"土地依赖"长远打算等的交融、矛盾。通过查阅文献、专家访谈,本书明确了农民土地价值观形成环境具有4个特性,即动态性、网络性、中心性和社会性。

本书运用社会网络分析法对农民土地价值观形成环境关键要素进行了初步探索,为引导农民土地价值观的形成与培养提供了新的思路。运用动态网络分析法对农民土地利用行为影响因素进行分析是下一步研究的重点,不仅可以进行相关动态演化管理,也可以对相关要素进行监控和量化评价。

六、农民土地价值观作用机制是未来研究趋势

价值观作为一个社会科学概念,经过心理学、人类学、政治学和社会学等学科几十年的研究讨论,一些学者认为,在某些学科中,在概念层次上已形成共识。但价值观作为一套观念体系,不仅包括评价标准,还应该包括对行为的影响。因此,本书在农民土地价值观的理论研究中,仅是起步研究和基础研究,农民土地价值观在土地利用变化中的作用机制及应用型政策设计应是下一步研究的重点。

第十一章
政策启示

　　中共十八届三中全会做出的《中共中央关于全面深化改革若干重大问题的决定》，从宏观上引导了农民的土地利用行为及人与人之间的社会关系，保障了农民权益，对加快土地流转、提高农地利用效率具有重要意义。国家层面的土地政策体现了社会整体的利益，却未必适合具有普遍差异性的微观经济主体。从微观层面而言，我国农民及其价值观已经发生了严重分化，不同的农民具有不同的政策诉求，农民微观的政策需求与国家宏观的政策取向难免发生分歧。中共十八届三中全会提出的稳定农村承包关系并保持长久不变的政策对土地包袱观的农民未必适宜，却是土地致富观农民的诉求。如何以农民价值观的时空差异为切入点，制定差异化的农地政策，寻求宏观政策取向与微观政策需求的平衡点，从经济个体上落实好国家政策，实现宏观政策与微观基础的互动，使政策效应发挥到最大，具有重大意义。随着经济社会的快速发展，我国农民土地价值观发生了明显的时空差异，并产生了不同的土地利用行为。探析农民土地价值观与农地利用的微观逻辑，制定差异化的农地政策，衔接国家宏观政策的普遍性与区域问题的特殊性，协调宏观政策与微观决策，加快土地流转，实现农地规模、高效利用，正是本书研究的出发点和落脚点。

　　本书在对农民土地价值观进行系统研究的基础上，分析不同价值观对土地利用的影响，企图从农民土地价值观这一视角出发，探究制定土地利用政策的建议。

　　多元化的农民土地价值观产生分化的土地利用行为，因此土地利用政策的设置应顺应这种价值观的分化。农民土地价值观变迁和土地制度变迁相互影响，因此农村土地制度的设计应充分考虑和顺应农民土地价值观。持土地保障观的农户大多为兼业农户，不愿将土地流转，限制了土地的规模经营。对于持土地保障观的农户，应该予以足够的利益补偿和社会保障。有了稳定的工作和收入，持土地保障观的农户才会放弃自己的土地。对于持土地致富观的农户，首先应该鼓励其进行土地的规模经营，其次是予以足够的经济补贴，使其有足够的资金进行土地流转，最后还应该对其进行技术培训，以提高土地规模经营的效益。对于持土地包袱观的农户，政府应该鼓励其将自己的土地流转给需要土地的农户，避免土地的闲置浪费。持土地亲和观和土地为本观的农户以农业收入为家庭收入，因此，政府应该更多从种地的技术角度出发，帮助其提高土地的利用效率，使其以最少的投入得到最大的效益。增加社会保障力度，使得农民离开土地之后没有后顾之忧，促进土地流转和规模经营。这就需要合理安置转移的农村劳动力,设定专门安排农村劳动力转移的就业政策。

现实中不乏土地撂荒、土地流转"去粮化"、农地转用、重耕不重养、生态退化等"理性实用主义"导向的土地利用行为。一方面,在市场经济浪潮席卷的大背景下,农民作为理性经济人,追求经济价值最大化和当前利益最大化的诉求无可厚非;另一方面,我国土地利用的前提是用途管制和政策引导,土地政策更加人性化、更加富有激励机制和弹性机制,才是逐渐因势利导,"珍惜和合理利用土地"的关键。价值观一旦成形,便在一定历史时期内具有稳定性和不可逆性。如果"理性实用主义"精神在土地利用中占据上风,则耕地保护和与之相适应的生态环境修复具有较大难度。发展经济与耕地保护、生态环境保护具有一致性与矛盾性,在倡导重农惜地、生态文明的前提下引导农民树立文明的土地利用观,是推进农业现代化发展的要求和目标。当前政府对农村土地利用关注度高,建设以规模化和产业化经营为核心的农业现代化决心大,促进农业发展的目的明显,号召全社会、多行业共同下乡的力量大。正因如此,基于"大农业"发展背景,更应整合国土、发改、水利、农业、建设、金融等各部门资源,理清基层农村和农户发展诉求,设计前瞻性、系统性、可操作性强及保障措施完善的土地利用政策。

附录 A
调 查 问 卷

_____县_____镇_____村调查问卷

一、基本信息(阅读以下题项,填空或对符合您情况的选项打"√")

1. 您的性别为?
(1)男　(2)女

2. 您是_____年出生的。

3. 您的民族为?
(1)汉族　(2)回族　(3)蒙古族　(4)土家族　(5)其他

4. 您的文化程度为?
(1)小学　(2)初中　(3)高中或中专　(4)大专

5. 您家共有_____口人,家中除了您以外还有哪些其他人?(多选)
(1)爸爸　(2)妈妈　(3)哥哥姐姐　(4)弟弟妹妹　(5)爷爷奶奶　(6)姥姥姥爷
(6)其他(请写明)_____

6. 您的身份为?
(1)纯农户　(2)一兼农户(偏农)　(3)二兼农户(偏商)　(4)非农户

7. 您所在乡镇企业的个数为_____个。

8. 您是否为村干部?
(1)是　(2)否

9. 您的务农年限为_____年。

10. 您家承包经营的农地面积为_____亩。其中耕地面积_____亩,园地面积_____亩,其他_____亩(请注明)。

11. 您家的地块数有_____块,地块最大面积为_____亩。

12. 您家最远的地块距离_____米,最近的地块距离_____米。

13. 您认为以您个人的能力,你可以耕种的面积为_____亩。

14. 您家的化肥使用量_____(亩/斤),化肥费用_____(亩/元),种子费用_____(亩/元),地膜费用_____(亩/元),农药费用_____(亩/元),化肥种子等生产资料运费_____(亩/元),灌溉费用_____(亩/元),其他费用(农业技术服务费)_____(亩/元)。

15. 您是否外出打过工？

(1)是　(2)否

若您选择"是"，外出年限是_____年。

16. 您的总收入是否呈现增长趋势？

(1)是　(2)否

17. 您家的人均年收入大概在下列哪个范围？

(1)1000元及以下　(2)1001—2000元　(3)2001—3000元　(4)3001—4000元　(5)4000元以上

18. 务农收入占家庭总收入的比重？

(1)10%及以下　(2)11%~20%　(3)21%~30%　(4)31%~40%　(5)40%以上

19. 您的收入发生变化时，您的消费会发生怎样的变化？

(1)收入增长消费增长　(2)收入增长消费不变　(3)收入减少消费减少　(4)收入减少消费不变

20. 目前，本村基础设施完善，已完成哪些？（多选）

(1)通水　(2)通电　(3)通路　(4)通信网　(5)通气

21. 大量新型农业机械的应用，提高了农业生产水平？

(1)是　(2)否

22. 农田水利设施的使用，是否提高了农作物产量？

(1)是　(2)否

23. 集约用地，对农地利用有作用？

(1)是　(2)否

24. 村庄是否进行过土地整治相关项目？

(1)是　(2)否

25. 农业新品种的发明，提高了农业产品的相关产量？

(1)是　(2)否

26. 改革开放以来，农村生活条件得到了很大的改善？

(1)是　(2)否

二、**农民土地价值观调查**（阅读以下题项，对符合您情况的选项打"√"）

编号	问题	非常同意	比较同意	同意	不同意	非常不同意
1	我想对土地精耕细作，并一辈辈传下去					
2	外出打工非长久之计，家里才有安全感					

续表

编号	问 题	非常同意	比较同意	同意	不同意	非常不同意
3	即使有稳定的工作和收入，也不愿意放弃土地					
4	不管种不种地，有地"心里踏实"					
5	土地是养家糊口基本途径					
6	承包经营土地是我的权利					
7	我希望能永久承包土地					
8	如果觉得外出打工太累，我愿意回来种地					
9	土地是祖产，是传家宝					
10	离开土地外出打工对我来说很困难					
11	依靠种地可以致富					
12	我期望在承包期限内，权属不发生改变					
13	土地是重要的生存保障					
14	想承包更多土地					
15	将来不打算回农村，土地不重要					
16	我时常想，征地这样的好事怎么轮不到我呢					
17	务农收入低，种地不值得					
18	我想跟我的土地一起生活一辈子					
19	我想将土地经营权转出					
20	如果土地经营权转出，我愿意继续耕种土地					
21	不种地感觉不舒服					
22	愿意开垦荒地，改造毁坏土地					
23	种地脏、累、费事					
24	种地不体面，没前途，我不想后代以种地为生					
25	承包期限不会影响我对土地的态度					
26	我对土地感情非常深厚					
27	经营土地比干什么都强					
28	经营农业不仅比在外有更好收入，也更稳定，更有成就感					
29	土地是晚年养老重要保障					
30	土地对我可有可无					

三、农地制度调查(阅读以下题项,对符合您情况的选项打"√")

编号	问 题	非常同意	比较同意	同意	不同意	非常不同意
1	1978年改革开放初期,农民自下而上变迁,农村关系得到根本性调整,传统价值观开始动摇					
2	1985年,初期包产包干,乡镇企业开始发展,多种价值观相继发展					
3	1992年,市场经济发展,农民土地价值观慢慢走向市场化					
4	1998年,在市场经济和制度环境的相互挤压下,农民土地价值观出现迷茫					
5	2006年,取消农业税,对农民是一种解放,减轻了农民负担					
6	2016年,《关于完善农村土地所有权承包权经营权分置办法的实施意见》出台,促使"三权"分置,推进了土地流转,提高了农业经营的活力					

四、产权认知情况(阅读以下题项,对符合您情况的选项打"√")

编号	问 题	非常同意	比较同意	同意	不同意	非常不同意
1	土地归集体所有,农民对其不具有所有权					
2	经常性的土地调整会削弱对土地投入的积极性					
3	土地承包合同和承包经营权证书是保证农地使用权取得的有效手段					
4	农地种植收益归农民所有					
5	承包的土地就是自己的,别人无权干涉					
6	对于自家和他家土地有清楚的权益区分,不能越界					
7	对于承包的土地有较强的保护意识,进而增加地力					

续表

编号	问题	非常同意	比较同意	同意	不同意	非常不同意
8	明晰的农地产权界定是维护自身合法权益的重要前提					
9	可以将承包的土地改为鱼塘、果园等用途用地					
10	能够在自家承包的土地上建造居住房屋或生产厂房					
11	为满足农业规模生产活动或非农业生产要求,可以土地承包经营权进行抵押贷款					
12	农地可以通过转包、转让等方式进行流转					
13	有权决定农地流转的数量、价格以及位置					
14	承包期内,可以继承父母或其他亲戚的土地					
15	通过对土地投入而获取的农地纯收益是农民最根本、传统的权利					
16	农地对家庭生存和后代延续都具有重要意义					
17	除了农地纯收益,农地同时具有农转非后的土地价值					

五、土地意识分化调查（阅读以下题项,对符合您情况的选项打"√"）

编号	问题	非常同意	比较同意	同意	不同意	非常不同意
1	土地是传家宝					
2	种地已经成为一种习惯					
3	靠种地维持生计					
4	土地是命根子					
5	土地是基本的生活保障					
6	农忙时回家种地,农闲时外出打工					
7	农业收入是家庭收入的重要组成部分					
8	土地是一种养老保障					
9	即使种地收入不高,也可以贴补家用,不会抛荒					
10	种地多了照样能发财					

续表

编号	问题	非常同意	比较同意	同意	不同意	非常不同意
11	种地能有稳定的收入,不比外出打工差					
12	希望能承包更多的土地					
13	依靠种地可以致富					
14	土地对我可有可无					
15	种地成本高、收入低,不值得种					
16	种地不体面,没前途					
17	在城市工作,没时间种地					
18	将来可能从土地中获得更多收益					
19	不论是否耕种,土地都是一项基本权益					
20	期待从农转非中获得土地增值收益					

六、农地利用状况调查(阅读以下题项,填空或对符合您情况的选项打"√")

1. 农户农地流转意愿与行为

(1) 您是否了解土地流转相关政策?
□非常了解　□比较了解　□不了解

(2) 村集体是否支持土地流转?
□支持　□不支持　□不清楚

(3) 是否有专业的土地流转机构或农民土地股份合作社?
□是　□否

(4) 是否已参加土地流转机构或农民土地股份合作社?
□是　□否

(5) 土地流转是否通过以下组织?(多选)
□村民小组　□村委会　□农业服务中心　□土地流转中介机构
□农民土地股份合作社　□政府　□其他

(6) 您是否愿意将承包地转让出去?
□非常愿意　□比较愿意　□不确定　□比较愿意　□不愿意

(7) 您家土地是从转入或是转出到:
□父母、兄弟姐妹　□亲戚　□同村的朋友　□邻居　□种植经营大户
□企业　□合作社

(8) 土地流转的主要形式为:
□转让　□转包　□互换　□代耕　□出租　□其他

(9) 土地流转的租金额度为_____。

(10) 土地流转的付款方式为：

□分年度以现金支付　□一次性全部用现金支付　□以一定数量的粮食支付
□其他方式

(11) 就农地流转的意愿，请认真考虑后，对符合您情况的选项打"√"。

编号	问　　题	非常同意	比较同意	同意	不同意	非常不同意
1	如果有机会，我会把自己的土地流转出去					
2	要是有合适的企业或者个人，我愿意把土地流转出去					
3	我更愿意把土地转出给我的亲戚或是从亲戚家转入土地					
4	我更愿意把土地转出给我的亲戚而非出价高的人					
5	我更愿意把土地转出给我的朋友而非出价高的人					
6	我认为农地流转对转出方、转入方都是有好处的					
7	土地流转对我家是有益的，我赞成土地流转					
8	土地流转对村里农业发展是有好处的，我支持土地流转					
9	土地流转是有风险的					
10	我的家人支持土地流转					
11	我的亲戚朋友认为土地流转是一种明智的行为					
12	我们村德高望重的人支持土地流转					
13	周围邻居认为土地流转会给家庭带来好处					
14	村里土地已经转出的人认为土地流转是有好处的					
15	我们家有人对土地政策比较熟悉，知道土地如何流转					
16	我们家的土地是否流转由我们家自己说了算					
17	如果我们家想转出土地，就一定能够找到合适的转入方					

编号	问 题	非常同意	比较同意	同意	不同意	非常不同意
18	如果我们家想转入土地,就一定能够找到合适的转出方					

2. 农地利用规模

(1) 您家承包经营的农地面积为_____,其中耕地面积_____,园地面积_____。

(2) 您家的地块数为_____块,地块最大面积为_____。

(3) 您家最远的地块距家_____米,最近的地块距家_____米。

(4) 您认为以您个人的能力,您可以耕种的土地面积为_____。

(5) 您有意愿:
□缩小土地生产规模(请回答问题 A) □扩大土地生产规模(请回答问题 B)
□放弃经营土地(请回答问题 C)

A. 如果您想缩小生产规模,主要原因有:
□找不到合伙人 □劳动力不足 □生产工具落后 □土地质量差
□经济条件制约 □种地不挣钱 □其他_____

B. 如果您想承包土地,制约您扩大生产规模的主要因素有:
□找不到合伙人 □劳动力不足 □生产工具落后 □土地质量差
□经济条件制约 □其他_____

C. 您想放弃经营土地的原因有:
□找不到合伙人 □劳动力不足 □生产工具落后 □土地质量差
□经济条件制约 □种地不挣钱 □其他_____

(6) 大户承包的耕地主要来源于:
□农户承包地 □村集体未发包到户的耕地和不在册的荒地
□其他_____

(7) 您是否有与他人合伙,扩大农业生产的意愿?
□有 □无

(8) 如果与他人合伙进行农业生产,您寻找合伙人的难易程度为:
□很难 □比较难 □不确定 □比较容易 □很容易

(9) 农忙时节,给您帮工的为:
□本村有血缘关系的亲属 □亲戚 □邻居 □同村其他人 □雇工

七、耕地保护调查（阅读以下题项，对符合您情况的选项打"√"）

耕地保护	问题	非常同意	比较同意	同意	不同意	非常不同意
质量保护	平时会施用农家肥来维持耕地质量					
	平时会通过打井、整修田埂渠道来改善土壤干旱情况					
	田地里农作物会搭配种植					
	同一块土地上农作物会轮换种植					
	会参加政府组织的土地整理、土地复垦					
	当土地肥力下降时，会对土壤进行改良					
	会专门让耕地休息一段时间不种植					
数量保护	在自家宅基地附近或耕地附近的荒地上垦荒种植					
	在外出打工时，让耕地处于摆荒状态					
	在自家承包地上建房或者修路					
	在自家承包地上栽树造林					
	在自家承包地上挖塘养鱼					
外部性保护	平时会让麦秆、玉米秆、秸秆还田					
	平时会购买政府推荐的农药并按要求施用					
	平时会对病虫害进行综合治理					
	大、小地膜都会回收					

八、产权认知情况（阅读以下题项，对符合您情况的选项打"√"）

关联维度	问题	非常同意	比较同意	同意	不同意	非常不同意
情感关联	闲暇时间，村民经常相互串门、交流、娱乐					
	村民经常帮助孤寡老人和留守老人、妇女、儿童					
	本村村民相互之间非常信任，有大事基本与邻居商讨决定					

续表

关联维度	问　　题	非常同意	比较同意	同意	不同意	非常不同意
情感关联	村民有婚丧事宜,外出务工的青壮年回家参与帮忙					
	村民均能孝敬老人,出现不孝行为村民能一致予以谴责					
认知关联	村庄内部发生盗窃事件后,大部分村民认为是本村村民所为					
	村民彼此介意邻里对其的评价和看法					
	对村内德高望重的老人比较尊重,遇事愿意服从其意见或建议					
	村民发生冲突时,常有村内老人或村干部等人协调和解决					
	村干部是由村民选举产生,村民对村干部比较信任					
	经济强人、回乡创业农民给村民带来实惠,村民愿在其带领下共同致富					
经济关联	邻里之间或族人之间共同购置、使用农机具					
	本村村民结伴外出务工					
	村民内部经常发生相互间的无息借贷行为					
	村民愿意将自己了解的农业生产资料和农产品市场信息与他人共享					
行动关联	村民共同出资出力完成村庄道路、田间道路和灌溉设施等					
	村民认为权益受到基层村干部侵害时,能共同上访抵抗					
	与邻村发生利益冲突时,村民愿意集体对抗					
	邻里之间经常出现矛盾纠纷或严重的肢体冲突					
	村民因自然灾害遭受损失时,其余村民愿意共同出资救济					
	农忙时节,村民都相互换工帮工					
	大型节日,村民自发组织开展娱乐或文体活动					

附录 B
乡土调查散记

1. 农村土地调查：我们出发了

开展农村土地调查，是我长久以来的愿望。2004年，开展征地统一年产值标准和区片综合地价制定工作开始，我就介入农村土地相关内容的调查。说实在的，那不是调查，更多的是直接从乡镇部门获取数据，完成一项测算工作而已。而在调查过程中，诸如征地上访、耕地撂荒、留守儿童、空巢老人等字眼，不时地通过媒体或不同区域农民的诉说进入我的耳际眼帘，对农村土地利用、农民土地价值观、农户在土地利用过程中发生的各种各样的关系，从那时开始就一直在我脑海中不停地出现。但一直没有时间深入地关注那些事实背后的东西，去了解那些事实中隐藏的欢乐与痛苦，而是任其如秋天落下枝头的树叶，飘摇着落入大地，之后悄悄地归于寂然。

对相关问题的思考一直没有停息过，深入农村调查的冲动也一直在持续着。间或有机会到农村去，于街头巷尾抽空与老农聊上几句，听听他们对农业生产价格高、种地收入低的抱怨，聊聊他们对集体公共事务无人关心的困惑，挠挠他们对子女出息与成就的"痒痒"，从片言只语中体悟农村生活的变化，从家长里短中感受农村人情的冷暖。

真正让我产生明确调查目标的是了解到的两件事，那是发生在武威市凉州区K乡L村。

一件事是该村2000年左右修水渠，修水渠的长度按村民各家所耕种土地比例分配。其中一村民的丈夫因意外事故瘫痪，女儿上大学，而儿子尚在读小学。一个女人，既要照顾丈夫，又要养家糊口，何其艰难！该村民向村小组长申请，可否不修或少修点。村干部为难地说这要村民大会讨论。开会的结果是大家一致认为种多少地修多少渠，没得商量。该村民只好请娘家的亲戚来帮忙。

另一件事同样发生在该村。该村有一片地远离村庄，所以家家户户都有一点。某一年这片地大家都种洋芋，只有农户Q养牛种了苜蓿。一天，种苜蓿的农民引水灌溉，水引到地口就去喝酒了。水流了20多个小时，苜蓿是浇好了，但同时淹毁了相邻20多家的洋芋。受损农户找到村小组长，浩浩荡荡地到农户Q家想讨个说法。结果呢，农户Q提把菜刀，站在门口谩骂一通，其言辞粗野狂妄，难以描述。之后村民及村干部一个个溜走，此事不了了之，所受的损失大家只好自认倒霉。

在听到前一件事的时候，我猜想，这也许是该妇人平时得罪了村民，若是如此，受到村民这样的对待也算正常。但询问之下才知我的猜测大错特错,该妇人平时温顺,照顾家人细心,未与村民发生过争吵或冲突。可为什么大家以集体表决的方式,决定了对一位妇女不能有些许的帮助,而面对一名地痞式的村民却只能自认倒霉?

世界上有两种事可以做,一种是"要做的事",一种是"想做的事"。但我们大多数时候完全被湮没在了"要做的事"当中,"想做的事"总是被忽略或是被搁浅,这是很可悲的。

2011年、2012年连续两年组织研究生"金土地调查"社会实践,开展农村土地调查,虽然取得了一些收获,但因没有与同学们坚持到底,留下些许的遗憾。2013年,再次组织"金土地调查"社会实践团队,在研究生多次"我们什么时候出发啊"的催促下,于2013年8月1日出发了。

参与调查的研究生一共9人,来自河南、山东、山西和甘肃,他们个个面色白净、目光清澈,女孩子个顶个儿有一头精心养护的头发,有一种藏不住的青春飘逸,而男孩子则有着难以掩饰的清爽帅气。

2. 种植大棚:安详地晒着太阳,舒适无比

火车一进入永登,从车窗看到与平日所见大有变样。在城市生活了很长时间的研究生们,猛然发现,乡村才是世界,才是世界的远方。10:30左右,走下火车的刹那间,感受到一股热浪扑面而来。天空中血红的云彩里,是光芒四射的太阳,那缓缓游动的是来历不明的浮云。

事先联系的面包车师傅,在出站口等着。在我们一一做过介绍后,上车出发。这个金灿灿的秋天,我们要去的第一站是民勤。车在省道211线奔驰,路两侧高大的白杨树或低矮的灌木丛飞快地向后逃逸。风呼呼地响着,从前窗进来,绕过大家的脖颈后,从后窗出去。道路两侧的农田,长满了绿油油的玉米或其他作物,花儿或兴奋或寂寞地开放着——今年是个好年成,雨水不错。在刚绕过红崖山水库,车行15分钟的时间内,经过3处大棚,分别有25座、12座、18座,它们悠闲而又安详地享受着太阳的烘烤,棚内空空如也,略显潮湿的土地,与周边的绿色形成鲜明的对比。

"大棚是乡政府让搭的,那时只允许搭在公路两侧。"

"第一年还种了,没什么收入;之后就再没种,赶上上级检查的时候,乡政府的年轻人来随便种点什么,浇浇水,就走了。"

"乡政府也是好意,但种了后没人指导,长不活。长活的也收入不了多少。"

"那本来就不是好地,能长什么?"

"……"

在几位老人七嘴八舌的抱怨下,我瞅准了一位老人,他有急切诉说的愿望,但苦于他人的嘈杂,搭不上话。很显然,老人不善言辞。我走近他,告诉他我想听听他的想法。然后在他不太连贯的语言及经他人杂七杂八的介绍中,我知道了老人的不满。

根据老人的叙述,老人的地在公路旁,搭建大棚时,老人的子女在外地打工,乡政府出面将老人的地租出来,大约 4 亩多,一年租金 300 元/亩。建好大棚的第一年,乡政府给老人钱了,但后来大棚无人种,就再也没给了。老人到乡政府问过后,乡政府的说法是那是上一届领导的事,其解决不了。老人殷切地期望我们能替他要回租金,或是他的地。

我不敢说什么,老人所期望的不是我们能解决的。搭建大棚是那时全武威市的农业政策。在武威市的民勤县和凉州区不少地方有着类似的大棚,日月轮回地晒着太阳。我相信搭建大棚的初衷全是为了增加农民收入。但技术指导、农民认识、产品销售等一系列事宜都应相配套,可惜……

"那是乡政府领导为了自己的政绩,逼着农民做的。"这是当地农民的看法。

大棚依然在那儿晒着太阳,享受着清闲自在也忍耐着无聊孤独,可是,那不息的激情和不甘的怨恨呢?一轮一轮的干部换了,新一轮激情再现,但这激情究竟来自上级的压力还是社会的需求?每个人都提出了要发展,各级政府也要发展,就要有政绩,而发展的外在表现就是进行新的建设,增加新的东西。不管农民是否愿意,也不用管农民是否接受。

3. 农业生产:水啊水,没办法

面包车前行,从柏油路开到了乡间道。从同学们的笑声里,我抬头看到前面行驶的另一辆面包车。车里面连同司机共有 11 个人,其中 3 个孩子挤在后备厢摇头晃脑地嬉戏着。车上的人随着车的颠簸像个皮球一样拥挤滚动。这种微型面包车让同学们见识了世界的丰富性,尤其是那几个从城市来的同学从未体验过这种滋味。

车子在一个院子里停下来,在冲下车的刹那间,胃的最深处似乎蠢蠢欲动,靠在一棵树旁蹲了一会儿,才勉强压住要吐的冲动。慢慢站起来,映入眼帘的是一幢橘黄色的二层小楼,楼门前左右两侧各挂着村党支部和村民委员会的牌子。这是 2009 年由当地政府统一修建的,它区别于村里其他所有的房屋,在野地中央拔地而起,就像童话里的世界,十分醒目。这深扎在乡村土地上的景观,使人不得不相信现代文明向乡间推进的脚步。这里活跃着中国乡村体制中最末梢的神经。多年来,我一直以为村是中国行政体制中最小的政府,虽然我很早就知道中国最小的政府是乡镇。

因为有当地国土所同志的引导与说明,村干部在知道我们的来意后,略显为难地让文书带领同学们入户。我则随着国土所的同志,随意走着,听取一些带有故事性的信息。

正在交谈的时候,忽然听到极大的争吵声迎面而来,"找镇长去""太欺负人了"等话语,充满着火药味。

我们走进一户小院,那是老式房子,房矮窗小,光线暗淡,屋子里的老式柜子反射出一股陈腐气息。倒是柜顶一架老式座钟秒针嘀嘀嗒嗒地走动,使这气息有了某种韵律。家中的老人对来到眼前的我们没有反感,也没有疑问,他慈祥的目光里,有一种亲切而遥远的平淡,就像透过窗玻璃射进来的日光。与刚才所遇充满火药味的情况恰恰相反。

我们在调查了解了我们的主题后,问起刚才的事,老人有些语无伦次,什么国家项目、政府救助、关井压田、累进计费等,说起来词不达意,事实上也很难达意,因为这样的词离老人寂静的生活有些遥远。我们费了好大的劲才大致了解了老人的意思:

从事农业生产,最基本的任务之一就是农业灌溉。正如人的基本需求一样,渴了便要饮水。过去家家户户种地多,有些浇不上水,大家都还能理解。现在关井压田,按人均耕地2.5亩,超过此面积的地一律不让种了,可还是浇不上水。

"去年,一亩地浇一次山水。可现在呢,就是你想交钱,没水浇,没办法。找镇长也没办法。"

"多的地是我们自己开的,井是我们自己打的,可为什么不让我们种,不让我们浇水?政府不让做,怎么办?没办法。"

"现在不让种小麦,全部种葡萄和水果,说是省水。可全部的地种成葡萄,能当饭吃吗?怎么办?没办法。"

怎么办,没办法,这是老人在叙述中的口头语。其实他在说没办法时,办法已经有了,只不过办法不是向外,而是向内,是向自己求。1982年,农村土地承包之初,民勤县全县耕地67万亩。2008年土地二次大调查,民勤耕地192万亩。多的地确实是农民自己开发的,井确实是农民自己打的。但毁了多少沙枣林,地下水位下降了多少,农民清楚吗?关井压田保护的是区域生态环境,政府追求的是远景式公共利益,农民受损是实实在在、触手可及的利益。"没办法"的核心不是政府不让做,没有水那是真的没办法。关井压田是多年前的事了,农民就是想不明白。看来让他们理解并明白"绝不能让民勤变成第二个罗布泊"这一命题,真的没办法!

民勤县政府网2011年12月22日报道:按照"结构调优、水耗调低、产业调长、收入调高、效益调佳、生态调好"的原则,大力压缩亩产值在2000元以下、亩耗水在400立方米以上、单方水纯收益在2元以下的高耗水作物种植面积,积极发展推动高效节水主导产业向资源优势区、高产丰产区和技术成熟区集中。2011年,按照"东坝葡萄、西坝红枣、湖区枸杞"的建设布局,新建特色林果基地4.045万亩,日光温室3.16万亩。棉花、杂交食葵、小茴香、黄白蜜瓜、辣椒等高效节水特色经济作物面积50.7万亩,占总播种面积的70%。经济发展是无疑的,但以长期形成的饮食结构而言,真是不能当饭吃的。

4. 湄潭经验的推广:死人有地,活人没地

1987年,经国务院批准,湄潭成为全国首批9个农村改革试验区之一,试验主题是以"增人不增地、减人不减地"为核心内容的土地制度建设。该试验政策首次

规定土地承包期稳定20年不变,在承包期内,土地承包权可以依法继承。1993年,作为湄潭土地第一阶段试验结果的"增人不增地,减人不减地"的经验被写进了中央农村工作会议文件并提倡在全国推广。此后,按照贵州省委1997年下发的文件,湄潭土地承包期从1994年1月1日起算,耕地延长50年,到2043年底止,非耕地延长60年,到2053年底止。而1998年农村土地承包调整即以此为准,在全国推广。但时至今日,该制度成为民勤县东坝镇村民诟病的根源。

东坝镇某村组,1998年调整土地时,某户有8口人,近年来,家里老人过世、姑娘出嫁,孩子上学,目前家中3口人种8口人的地。即使现在按人均2.5亩关井压田调地,他家按当时的人口耕种土地20亩。可有人当时调地时2口人,现在儿子娶了媳妇,又有2个孙子,6口人只种5亩地。同是该村村民,为什么1999年以后增加的人就没有地呢?"死人有地,而活人没地,我们的地到底是养活人还是养死人?"

拥有村庄成员权却没有土地,没有了村庄成员权却拥有土地。在人均承包土地有限的情况下,没有土地的农民的唯一有效出路就是外出务工。年轻人不愿种地,有多少年轻人又是逼不得已的。

同时,村庄成员权与农地承包权的初始契合随村庄成员和农地政策变动而发生了错位。"两权"错位中村庄成员分化,集体权属又如何不虚化?无地的村民是否缺乏村庄共同体的认同?有地村民与无地村民是否存在集体主义观念的分化?对于村庄公共基础建设如何摊派给那些无地的村民?这种村庄共同体的认同的消解又是否引起村庄治理的困境?治理资源匮乏又是否会导致村庄共同体的瓦解?这一系列社会后果,在稳定农地承包权基础上,又如何再造服务于新农村建设的村庄生活共同体?

5. 乡镇干部:一厢情愿地自作多情

大棚、灌溉、土地承包……这么多的事,我们讲述了诸多老百姓的无奈与无助,似乎当地基层政府不作为,乡镇干部脱离群众。殊不知,乡镇干部也是一肚子苦水一脑子的烦恼。

乡镇干部,他们自称为"地板干部",权力不大,工作繁杂,压力不小。"上面千条线,下面一根针"。"各部门的工作,只要行政命令一下,最后都要落到乡镇,种种指标压下来,使乡镇干部穷于应付。"

"安全生产、环境保护、节能减排、生态建设、社会综治、招商引资、森林防火,每项工作都特别重要,每项工作都一票否决。户籍管理、行政司法、土地要素、财税分配、项目审批、投资规模、村镇建设等方面,都有使不上劲的尴尬,乡镇政府实际上处于为各部门打工的窘境。"

"上面千斤担,乡镇一肩挑,检查天天有,事事能摘帽。"这是不少乡镇领导工作中的烦恼。

"关井压田,必须雷厉风行;设施农业,必须立马见效;新农村建设,必须随时展示;特色林果业,必须全面铺开。所有的工作不需要过程,只需要结果。巧妇难为无米之炊啊,发展需要项目,项目需要资金,建设需要用地,用地需要去跑。上级下个文件,考核只讲结果,至于过程怎样,全在乡镇干部。"

"突出工作重点,给干部压担子,并没错。但动不动出个专项检查、达标考核,动辄一票否决,实在被压得喘不过气来。乡镇干部已经成了完成上级任务的工作机器,有限的人力资源大部分只能用于上级下达的各项指标任务。"

"扫院子、抹桌子、编数字、做牌子、爬格子、写稿子,跑路子,挨板子,这是我的全部工作内容。"一位副乡长如是说。

"小马拉大车",这是乡镇干部对权小责大的矛盾现象的形象比喻。

"更重要的是,乡镇干部如此辛苦,可老百姓不理解,种植大棚、设施养殖、特色林果业,哪项都要乡政府出钱补助,哪项不是为老百姓谋福利啊!可他们就盯着眼前利益,什么都不愿意干。"

乡镇干部,容易吗?!一方面是上级的考核达标检查,另一方面是农民的不满、怨愤和憎恨。

6. 留守儿童:你是爸爸吗

泗水,古浪县的一个乡,在距离县城大约10公里的高速公路的北边。顺着往泗水去的公路,可径直通向景泰。

研究生小白小心地敲响村里一户农家小院的大门,一个3岁左右的小男孩应声从屋子里奔出,手中挥动着一条彩色的细绳,手腕上还套着一圈,想来那还是过端午节时大人给系的,但几乎已成黑色,只是约略还可看出一点红、黄或其他颜色。小男孩头发很短,但脑袋中央留着一缕较长,像个用毛笔写的"1"字,只是头部落笔重了点,而尾部又过于纤细。黑乎乎的小脸上,粘着一片绿菜叶,很显然,小男孩正在吃饭。穿着蓝色条纹的短袖和短裤,使孩子显得有点偏瘦。

小男孩似乎不容我们仔细观察,微微偏着头,对着我们的研究生小白,怯怯地但略显急切地问:"你是爸爸吗?"

一句问话,尴尬了我们在场的所有人,研究生小白想笑,又不忍。真的,这是一件很尴尬也很好笑的事,可我们真的笑不出来——看着那纯真期盼的眼神,谁还能将这事当作一个笑话?

屋子里走出一位老妇人,其实也不太老,快六十岁。满脸慈善的笑容,将岁月的痕迹勾画得更加清晰。

小男孩依然偏着头,等待着我们的回答。我们不知道怎样回答才能不打击孩子对爸爸的期盼,只能蹲下来告诉他,这不是爸爸,并信口开河地说爸爸过几天就会来看他。

"儿子与儿媳都打工去了,孩子留在家里,一年就回来一次,儿子前几天打电话说最近要回来一趟。孩子天天都在盼啊,一听门外有声音,就出来看。"老人絮絮叨叨地说着,并把小孙子揽进怀里。

"年轻人都不愿意种地,都要出去打工。"

"村子里已经没有 45 岁以下的年轻人了!"老人满脸的惆怅与无奈。

未来,能种地的人是谁?

7. 耕地撂荒:头顶一样的天,脚踩不一样的地

从黄羊川到黑松驿,不一样的不仅仅是地名。黄羊川地处河谷,有十八里铺水库的灌溉,水浇地虽不多,但有保证。

"一棵娃娃菜卖 1 块 3 到 1 块 6,一亩地至少收 8000 棵,净收入至少 8000 元。有 4 亩地种着,好!"一棵树村的一位村民自豪地讲。

可是,绕过黄羊川,往黑松驿走,那一条路首先就让人感到诧异。窄、弯,还凹凸不平。车辆驶过,后面跟随一股灰尘,似深雾,似浓烟。

黑松驿乡地处乌鞘岭北麓,河西走廊东端,素有"古浪南大门"之称,距县城 15 公里,南接安远镇,北邻十八里堡乡,东靠黄羊川乡,西依古丰乡。312 国道和兰新铁路纵穿境内,交通极为方便。境内平均海拔 2340 米,年均气温 4 ℃,无霜期 110 天左右,年均降水量 320 毫米,属典型的高寒半干旱山区。这是我查阅该乡资料时看到的介绍。

站在新修的乌鞘岭 4 号隧道旁,看着顺势而建的村民住房,参差起伏,比邻而连。路对面大片的草地,由于刚下过雨,透着油油的绿意,让人感到这里不是秋天,而是充满着春意。空旷瓦蓝的天空下,小麦、玉米摇曳多姿,一片菜地里,有几只母鸡,在啄食着地里的白菜。

可是,上天赐予了这里瓦蓝的天空,清新的空气,灿烂的阳光,和煦的秋风……就是没有给予水。抬头看看天,一样的蓝天白云,甚至比黄羊川更显得清凉透明。可这脚下的地,种小麦好年成也就每亩收 200~300 斤。

"全队较远的 700 多亩地全荒着,没办法种了。种地一年的收入不如打工一月的收入,划不来了。"

"年轻人出去打工了,留下的老人就种近处这点地。"

"近 10 年来,一部分人迁到酒泉了,可故土难离,有些人又回来了。"

故土难离,这究竟是一种什么样的情结?

新一轮土地利用总体规划刚完成,确保 18 亿亩耕地红线是保住了,但划在耕地范围内的山旱地,有多少是这样撂荒着。城镇化进程中,有多少水浇地被占用了,而耕地占补平衡,补充的耕地有多少是在耕种?这样的地划入耕地范畴,除了数字概念意义,还有其他意义吗?

8. 农地纠纷:一分地等于一年官司

从老国道 312 线向南转,沿着西营河四干渠向祁连山进发,河两岸高大的白杨树遮挡着酷热的太阳,凉风习习,和着河水哗哗,形成纯美的田园风光。到凉州区 L 村,没有事先联系,也没有让相关人员带路,与 2 名研究生同行,就是冲着曾经的一件土地纠纷。

众多村民告诉我们的纠纷事件基本相似：大约是在 1993 年 12 月，村里土地承包调整，按事前议定的方案，村民选举产生了承包地调整工作小组，按传统抓阄的方式决定分配承包地前后顺序，将地丈量好后沿界设标，等调整完后相连各家共同打田界。第一天调整到的土地都很整齐，调整完后就天黑了，大家回家休息。第二天再继续。

第二天的工作比较顺利，当中午快休息的时候，村民 A 到前一天调整的地头看看，约略觉得自己的地好像比相邻的 B 户的地宽度小一点，再往前走就发现 C 户的好像与 B 户的相比差不多。A 就有点嘀咕：A 户 4 口人，B 户也是 4 口人，而 C 户是 5 口人。于是村民 A 就约了村民 C 再去看，用脚步丈量后确实觉得不大合适。

土地调整小组共同计算、测量并设计的地坎界标，现在出现了偏差，很显然，一定是有人动了手脚，时间就是昨晚。

村民 A 与 C 找到了土地调整小组组长，告知了此事，大家同意对村民 A、B、C 三家的地重新丈量，可就在丈量 B 的地时，B 怎么也不肯去，说那是大家丈量的，界标是大家设立的，有什么错误也与他无关。拉扯过程中，A、C 动了手，伤了 B 右侧的肋骨。事后的测量中发现，B 的地块两边的田坎界标各向外移了一米。

之后走了司法程序，一审结果是 A、C 各赔偿 B 人民币 700 元钱。A、C 不服上诉，再审结果是 A、C 有期徒刑 2 年，缓刑 2 年，各赔偿 B 人民币 1100 元。村小组重新丈量了土地，弄好了田界。

我们找到了 A 家。这是一座外表相当挺括的房子，院墙高筑，门前被两排摇晃的玉米隔着，显得生机盎然。给我们指路的村民在门口"二叔二叔"地喊了两嗓子，一个男人就从玉米后面站了起来。他个子不高，肩膀微微前倾，灰色的头发贴在头皮上，给人逆来顺受的无奈感。说起那件事时，他只是淡淡地说："快二十年的事了，再说还有什么意思？"之后不再说话，走进自家的院子，轻轻关上门，转身的刹那间，让人感受到肩头的抽搐。

村民 C 比村民 A 年轻点，略矮。高大洁白的门面墙内，隐藏着院内的凌乱。四合院中心，种着一片蔬菜，一只花公鸡正在啄食着长出不久的白菜。显然这是一个粗枝大叶的男人。谈到那件纠纷，他显得格外激愤，尤其是对法院的判决，表示强烈不满："我们打人了，处罚我们是应该的。但他偷地，竟然判决书只字未提。"

我不懂法律对于刑事或民事案件的区分和判决，也无法按自己的理解对此事件做出判断。村民 A，大概并不是真的不想再提，更多的是无奈。村民 C，他想要的仅仅是一句对地坎界标位移事件的是非判决结论。

抱着对该事件的好奇，我们寻到了村民 B 家。他家的院子相对独立，是一个安静的农家小院，有清新的空气、灿烂的阳光、和煦的秋风，在那风中还有一只只蝴蝶飞落在墙角的猪圈棚上。主人看上去保养得较好，面容和善、面带微笑，使我怎么也无法把他和一个"偷地"的"贼"联系在一起。虽说他不是一个善于表达的男人，说话时稍有点舌头打卷儿，可讲起那一件事来却极其流利，好像他在内心已经讲过很多遍了。"他们打伤了我,我怎么能让他们好过呢?"这是他每讲几句就要重复的一句话。当询问到地坎界标位移的事,他则略低下头,一再强调"我怎么知道?我怎么知道?鬼才知道是怎么回事!"他的表情有点异常,前倾的肩膀渐渐扬起,鸭舌帽微微发颤,尤其是一直躲在眼窝里的两束暗淡的光,像点燃的香火遇到了狂风,一闪一闪地恶狠狠地发亮。我忽然感到有些心虚,因为我们对于此事的调查不但没有一个正当的身份,而且也没有一个正当的理由。

这是土地纠纷的胜利与失败,里面究竟蕴藏着胜利者与失败者怎样的纠结,我们难以想象。而那至今不清的地坎界标位移究竟是谁干的?如果真的是B,他怎么这么多年了,竟还没有一丝愧疚?

9. 耕地保护:国土部门与基层政府的悖论

西干河东边,整齐划一的田地里,碧绿的玉米中间,一座院落巍然屹立。以我对土地规划的了解,这应该是基本农田,怎么会在基本农田内建房呢?

带着这样的疑惑,敲开了这个院落。一条黑狗骤然扑来,带着凌厉的狂吠,吓得两名研究生发出惊叫。院子呈长方形,前半部分盖有5间平房,两个小孩正从一屋穿向一屋捉迷藏。我们询问主人这是哪一年批的宅基地,主人说"这不是宅基地,是乡政府批的养殖暖棚。"声音大气,颇为豪爽。推开院落的另一半,确是暖棚,养有两头牛、两只羊。

根据介绍,这是石羊河流域综合治理凉州区养殖暖棚建设项目内容,乡政府号召大家积极响应,将大棚建在靠近公路的农田里,建一个大棚乡政府资助6000元。

"为什么要建在农田地里?"

"我们也不知道,反正乡政府说建在自家后院,养多少牛都不资助。"

"这是基本农田,改成建设用地是违法的,你们知道吗?"

"区国土局的人也这么说,并且阻止我们修建。我们去问乡政府,乡长说国土局的人又不是天天来,他来了你停工,他走了你抓紧建;建好了他能把你怎么样。"

"怎么你们村就建了你们一家?"

"路旁边的那个磨坊是我们家的,我就想在这儿建几间房。可不批,就趁养殖暖棚的政策建了。村里别人家也养牛了,比我养的多,没资助。乡政府还给了我6000元呢。"占了便宜的得意,溢于言表。

依据《凉州区2013年度设施农业建设指导意见》文件精神,对全区2013年新建规模养殖场(小区)每亩补助2000元(养殖暖棚内部长10米、宽6米、跨中拱净高不低于2米,占地面积0.5亩,暖棚内部面积60平方米为标准,折算为1亩)。以上述标准折算,该院占地1.5亩。

养2头牛、2只羊的农村在这一带何其多哉,不幸的是他们没有宅基地的额外需求,不需要占用更多的基本农田,也就没有相应的资助。违法占用基本农田,反而能获得更多的利益。但愿这国土部门保护耕地与基层政府政绩考核的悖论,仅此一例!

10. 农渠修建：同样的工作，不一样的结果

永昌县朱王堡镇 M 村，一条不能说笔直的小渠，流着不太清澈的山水。昨晚刚下过雨。一条渠，分三段，修出了三个样子。

顺着小渠走，可以发现：第一段，U 形槽基本平整，槽的外围还有些护渠土，只是不同地段有差异；第二段，总体做得较好，全渠一致平整，护堤夯实；第三段，就连 U 形槽都高低不平，更别说护堤。很明显，个别段有从 U 形槽缝隙漏水向渠外流淌的痕迹。

我们走访该村委会主任。

"2011 年，当初修渠任务下来，村委会开会讨论，拿出的方案是三个队的村民按耕地面积分摊集资，村上统一组织人员修建。但召集这三个队的队长和村民代表开会讨论时，却出现了分歧。A 队村民认为自己队位于上游有利位置，修渠实际的主要受益者是 B 队和 C 队，按单位面积的耕地，B 队和 C 队应该出资多一些。而 B 队村民认为，出劳力是可以的，但多出资是绝对不行的；而且浇灌面积多受益大，应该出力更多。C 队则认为现在种地几乎没有收益，修渠也就没有必要。让水自然渗漏，维持生态平衡多好。"

我是从农村出来的，虽不曾"少小离家老大回"，然而，乡村的新迹象还是让人感到陌生，熟悉的只是记忆中曾经的图景。村民在长期的生活中，自然而然地总结出了"区位理论"并应用于生活实际，虽然他们大多只是小学文化程度，也并未明确提出"区位"概念。而"维持生态平衡"的说法，更让我们对该村村民刮目相看。建设生态文明于 2013 年提出，而此处的村民于两年前就开始从理论走入了实践。

"最后，只好哪个队地头的渠由哪个队负责修。好在地块整齐，不存在公共地带。"

"然而，任务分解到队上的时候，出现了很大的差异。A 队队长是多年的老干部了，到队上先开集体大会，做修渠安排，要求在不耽误大家伙挣钱的情况下，在家村民集中统一到现场修渠，有多少力出多少力。到修渠的那天，他扯着嗓子到各家各户门口连喊带催，只要在家的不管男女老少全到现场，共花了两周时间，完成了本队的任务。"

"B 队做得比较容易，队长开会，讨论怎么修渠，大家意见不一，种地多的人提出按人口分摊修渠，种地少的人则认为按承包地多少分摊，还有村民认为没必要修渠。最后，村内有一跑生意的人提出，自己按每修 100 米出 50 元钱，集中承包给村民修。最后由本队四五户人家共同承包完成。"

"C 队的情况比较复杂，队长召开的会议吵翻了天。村支书只好再次组织会议讨论。大家情绪很大，都不愿意修，说那是浪费钱，浪费时间。最后只能按耕地多少来摊派，可有些人家没有劳力，只有老人。村支书提出让没有劳力的换工，现在有劳力的先修，等家中劳力回来后，再给其他人家做类似的工。但大家还是不同意。只好硬要求，谁家的谁负责修。"

想想自己在农村的时候,小范围的非正式合作还是存在的,亲朋好友之间的互相帮助是常见的,人情味还较为浓厚,可现在为什么就一去不复返呢?也许村支书提出的"换工"一词不太恰当,"换"指的是交换,交换强调对等性,即使排除交换时间上的考量,"交换"一词仍具有太强烈的理性计算色彩。我更倾向于或更希望这种情况下的互相帮助,是村民们的日常人情来往,它不太计较得失,是乡土社会的礼尚往来,有来有往。别人帮了你一个忙,你该不会在他有事时袖手旁观吧?随着改革开放日益深化,农村的社会分化越来越严重。人们不再拥有完全相同的职业生涯和经济收入来源。纯农户所占的比例大大减少,更多的情况是半工半农。当村民的收入从主要依靠务农转向务工的时候,农民理性的计算色彩渐趋增强。工具理性的盛行,加上不愿欠别人的"人情债",农民合作几乎无从谈起。在熟人社会,很重要的一点是人情往来。日常互动逐步减少了,社会关联也日益式微。在我们村,出现了一种新型"职业",专门给别人喷洒农药,一桶收费4～8元,这在过去是无法想象的。而在"理性化"时代,村民顺理成章地接受了。

一条渠修出来了三个样子,这一点正说明农村也被纳入了市场,参与市场竞争,听凭价格导引,具备了韦伯意义上的"理性化"色彩。斤斤计较的计算和乡土人情是相左的,如果一切以经济为考量,人情味则无从调适。我们无法认为这些村民自私,因为每一个人都想谋求以最小的付出获得最大的利益。很明显,道德已不能让村民为公共利益付出。村庄权威缺失、乡村精英稀缺、村民一盘散沙,是大多数村庄的现状。我们以什么来让村民获得一个村庄共同体的身份认同,让大家来认同村庄共同利益?

11. 保护民勤:顾此失彼的生态逻辑

沿着国道312线一直向西,河西走廊,就夹在南部的祁连山和北部的沙漠中间,由绿洲-戈壁间错排列组成。围绕绿洲的边缘,是高大笔直的白杨树。它们在一定程度上阻挡着风沙,保护着村庄的绿洲。

青林,2010年前的一个乡,现在并入丰乐镇。原来乡政府旁边大片的白杨树林,现在已全部干枯,而沿着从丰乐镇向原青林乡政府去的路两侧,那些原本高大茂密的白杨树已不再茂密,稀稀落落地张着几片绿叶,似乎也撑不了多久。

"没水啊,水全部要放给民勤,这儿没水了,就一年一年枯死了。"

"刚土地承包时,我们种地每年浇六次水,现在一茬庄稼只能浇两次水,哪还有浇树的水。"

"这儿原来树就多,后来退耕还林,就又种了许多,现在全都枯死了。"

12. 农机具:面子价值远大于其使用价值

这是一个破旧的房子,屋檐下墙壁上的土坯已经斑驳不堪,门前的泥地坑洼不平,仅有一棵老榆树在那里。进入屋内,平坦的水泥地掩盖在一堆零乱的柴草、鸡蛋壳底下,一炕肮脏的被褥、衣裳底下花色漂亮的人造革炕垫,挂满了腰带、毛巾之类杂物的乳白色大衣柜、高低柜,高低柜上依然崭新的电视机,电视机边上已经卷曲的婚纱照——一张无论是技术还是造型都很现代的照片,照片上的女孩依偎在男人宽阔的肩膀上,一头明星一样漂亮的卷发,洁白而修长的胳膊,灿烂而迷人的笑容,让人感到城乡已经没有多少差别。也许差别在于,在瞬间的灿烂之后,等着乡村女主人的是寂寞的村庄、埋汰的院子、烟熏的灶屋。

在村主任说明来意后,研究生开始了访谈调查。我则因为中午水喝多了,偷偷撤离出来,到院子里找厕所。厕所在房屋后面,一个土坑,上边横两根木棍,走近它让人心生忐忑,四周没有任何遮挡,除一个土冈挡在后面和侧面。前面两只羊见我进来,一声不响地盯着我看,与动物的对视中,一种从未有过的恐惧感油然而生,好像自己是一个与外面世界、与喧嚣的人群隔绝的蚂蚁,渺小,孤独,无助。我提起裤子匆匆离开厕所,转头过墙角时,在院子的另一边看到一辆九成新的四轮拖拉机,还有一辆比较旧的三轮车。走过去看到厨房,木门歪歪扭扭,灶台黑不溜秋,让你怎么都不能将它与这辆拖拉机相联系。

在研究生调查结束后,我特意问了家里的机械情况。

"你们家三轮车与拖拉机的主要用途是什么?"

"就是春种时拉粪土与秋收时拉庄稼。"

"三轮车不能用了吗?"

"才三年,还能用。"

"那拖拉机是自家的吗?"

"是,上个月刚买的。"

"三轮车能用为什么还要买一台拖拉机呢?"

"别人家都有,我们家没有很不好受(没面子)。再说有农机补贴,不贵。"

"农机补贴怎么补?"

"拖拉机我们自己买,要五千多;报到乡政府,享受农机补贴,一台六千多点,乡政府给补三千,自己只出三千多。"

……

13. 农地流转:"你种我的地,我挣你的钱"

山丹县位奇镇二十里堡村。"你种我的地,我挣你的钱"是这个村耳熟能详的口头禅。因土地流转而使该村成为提前进入小康的富裕村。"产业化""专业化""规模化""标准化""商品化"等似乎也是大家比较熟知的概念,"合作社""专业大户""基地"是大家熟悉的形式,"农业增效、土地增值、农民增收"是大家清晰的目标。

整齐的田块、田坎,笔直的田间道路,新建的灌溉设施,成片的洋葱、板蓝根、马铃薯、孜然、大豆及小麦、玉米、油葵、萝卜等。这是走进村口的直观感受。朴实、憨厚、富足、满意、幸福是村民盈盈笑意的反映。

这里有定西马铃薯种业公司、北京德农种业有限公司张掖分公司等龙头企业,这里有瑞丰种植专业合作社等专业合作组织,这里有本村的刘开科、刘宝贤、贺强、赵登文、邱多宏、邱多仕及外来的周明、赵振军、赵子荣等从事马铃薯、高原夏菜、中药材生产经营的种田大户。

农户把耕地转包或者出租后,既获得550～650元/亩土地转包金,又"返聘"在龙头企业、专业大户、农民专业合作社租赁土地上打零工,日工资收入60～150元/人。"返聘"农户既能在家门口务工,又能解决农村"留守儿童""留守老人"照顾难问题。部分农户把耕地转包或者出租后外出从事工商、建筑、服务等非农产业,"不稼不穑"。既获得550～650元/亩土地转包金,又能举家进城灵活就业。这种"内外造血"式的务工,实现了农民收入由单一制向多元制转变,实现了龙头企业、专业大户、农民专业合作社和农户的互利共赢。

土地流转,"流"出来的是"真金","转"出来的是"白银"。

14. 现代农业:土地整治与流转协同发展

民乐县六坝镇,顺畅的灌溉渠道,笔直的机耕道路,成排的防护林带,整洁的农家院落……

民乐县民联乡,笔直的水渠纵横交错,宽敞的机耕路四通八达,平整的农田整齐划一,大型农机具畅通无阻……

这不是宣传片中的画面,更不是睡梦中的场景,而是民乐县基本农田整治项目区。"鸡肋田"变为"渠路林田"配套的高效优质田,达到了田成方、林成网、渠相连、路相通、旱能灌、涝能排、土肥沃、高产出的标准。

连片的大棚,整齐划一,蔚为壮观。这是民乐县六坝现代农业示范园。其中,设施蔬菜生产示范基地1500亩,设施红提葡萄示范区500亩,中草药繁育基地100亩,中药材标准化生产展示基地550亩,马铃薯繁育基地100亩,马铃薯标准化生产展示基地500亩,花卉繁育基地250亩,特色农产品制种基地250亩,蔬菜制种基地300亩,其他农产品制种基地250亩,食用菌工厂化生产示范区200亩。

这不是我感兴趣的,我所关注的是这么一大片地是如何集中起来的。

"土地整治与流转协同发展。"分管农业的一位县领导告诉我们。

首先开展农地整治,使原来并不规则的田地整理成高标准基本农田。然后政府出台相关政策,鼓励农民将土地转出,吸引企业投资,发展现代农业。

协同发展,这是一个很好的案例。在更多的地方,土地整治是国土部门的事,而农地流转则是农民自己的事,最多是乡政府牵线搭桥,加以引导。

15. 移民:一个背井离乡的族群

金塔县羊井子湾乡是甘肃省"两西"移民示范安置基地。为什么这么说?因为这个村里80%以上的村民来自古浪、民勤、武威、金昌……

事情的源起是这样的:2000年左右,在劳动力转移的大背景下,这个距县城较近的乡顺应时代潮流,众多剩余劳动力结伴进城务工或做生意,渐渐走出了乡村,越来越多的承包地被闲置。

然而,完成农民—城里人身份转型之后的古城乡新丰人与同样是河西走廊地区的民勤、古浪人不可同日而语。民勤、古浪缺地少水,在亲朋好友有意无意透露出来关于新丰的消息后,心眼灵活的弄潮儿们有了"举家迁徙"、去新丰淘金的念头。新丰好啊!农田大部分整齐划一,且有充足的灌溉水源,"水是耕地的生命线"。于是一夜之间,"新丰人"的头衔被众多外来户领走了,村里较好的地块也以每亩 1000 元的价格完成了转出。

转出地的村民看到了一劳永逸"耕地变现"的好处,转入地的村民看到了比原先自己的地好得多的优势,坚定了"种地能致富"的信念。

就在越来越多的外来移民拿着户口本、拖家带口进驻新丰的时候,有些规则悄然发生了转变:原来一亩地 1000 元,是水浇地不说,承包权可一次性买断;时至今日,一亩地 6000 元都算便宜,且随着水浇地的减少,现在只能良莠搭配,由转入方垄断变成了转出方垄断。

2012 年,在中央农村经济工作会议上,中央农村经济领导小组组长陈锡文会同国土资源部部长徐绍史等涉农相关部门领导一致认为,农村土地确权登记有助于保障农户权益,有助于破解城乡二元对立结构,实现城乡要素自由流动。在农村土地"三权发证"工作轰轰烈烈地动用遥感卫星明晰承包地数量、范围、四至并颁发使用权证时,理性的农户发现了承包地隐藏的价值。

在巨大的经济诱惑面前,承包地成了各博弈方抢夺的战略资源,转入土地的,图的是个温饱;转出土地的,看中的却是"明晰产权""征地补偿",以及后续的隐性利益。

16. 归来:太多的唏嘘与感叹

我时常在想,什么样的旅途才能称之为征程?当我们这个 10 人小分队不畏酷暑烈日、深入田间地头、坐遍交通工具、走过整个河西,带着思考出发,满载收获归来后,我想我理解了"征程"的内涵,无非是一个领路人、一个行动力强的团队、一种严明的纪律和一份严肃的使命。

8 月 20 日,我们结束了为期近 20 天的"金土地调查"。临走时清点行囊,发现我们的收获不仅是每个人明显晒黑的皮肤、沾满草屑泥土的衣裤,更宝贵的是 700 余份第一手调查资料、每发现问题就开展的热烈讨论、对硬塞给我们玉米甜瓜的老乡的爱与牵挂,以及越来越明朗的"学以致用,为'三农'发展助力"的信念。

然而"征程"的意义远不是过去式和完成时,更多的应是一如既往和坚持前行。中国梦是经济发展的梦、是社会和谐的梦、是共同富裕的梦。在我们这个农业大国,"三农"问题涉及人多、影响力大。对于农业大学土地资源管理专业的学生,"金土地调查"就像一面旗帜,带领他们走进了这个领域。土地的利用只是切入点,土地价值和人本精神的彰显才是征程的终点和航向。虽然晒黑了,但同学们毫无抱怨之言,他们急切地归校,只是想尽快为问题找出合理的解决之策。土地流转、规模经营、宅基地退出、生产资料冗余、退耕政策与粮食安全、农户合作的博弈困境⋯⋯科研的本质是向生产力的转化,路虽有坎坷,唯在所不辞。

王云峰《耕天下铭》云:"天下者,大地苍生也。昔神农耕百草于华夏,思勰耕《要术》于九州;舜亲耕于历山,亮躬耕于南阳。耕读渔樵,农商官贾,农耕者,生存之道也。耕耘方略,运筹帷幄,此大贤大智者。遂善耕天下者,皆可治大国焉……以农为基,以耕为梯,脚踏垦土地之敦厚,胸怀耕天下之壮志,不苟且以为大丈夫,不卑微敢为天下先。吾辈必倾其所有,尽竭所能,为民事农,为国事耕,盖以'耕天下'而铭其志:为天下苍生福祉而耕耘不辍!"

参 考 文 献

[1] 朱启臻,朱琳,张凤荣.北京山区农民土地价值观念变化分析[J].绿色中国,2005(2):42-45.

[2] 李建新,骆为祥.生育意愿的代际差异分析——以江苏省为例[J].中国农业大学学报(社会科学版),2009,26(3):21-30.

[3] 孙立平.断裂——20世纪90年代以来的中国社会[M].北京:社会科学文献出版社,2003.

[4] 孙立平.失衡——断裂社会的运作逻辑[M].北京:社会科学文献出版社,2004.

[5] 孙立平.博弈——断裂社会的利益冲突与和谐[M].北京:社会科学文献出版社,2006.

[6] 马若孟.中国农民经济[M].史建云,译.南京:江苏人民出版社,1999.

[7] 石志恒,李世平.农户耕地质量保护行为影响因素分析——基于新疆地区农户的样本调查[J].中国农业资源与区划,2012,14(3):60-65.

[8] 陈美球,刘桃菊,黄建伟.农户耕地保护行为对农业补贴政策的响应分析[J].农村经济,2013(2):7-10.

[9] 吴月红.农业补贴政策对农户耕地保护的影响[D].南昌:江西农业大学,2013.

[10] 俞琼艳.基于农户视角的农业补贴政策的耕地保护效果评估[D].南昌:江西农业大学.2013.

[11] 谢婉菲,尹奇,鲍海君.基于农户行为的彭州市耕地保护现状及影响因素分析[J].中国农业资源与区划,2012,33(1):67-72.

[12] 卢冲,李虹轩,刘佳,等.耕保基金制度对农户耕地保护意愿的影响[J].江苏农业科学,2013,41(7):409-412.

[13] 王璐,王沁,等.SPSS统计分析基础、应用与实战精粹[M].北京:化学工业出版社,2012.

[14] 邱皓政.量化研究与统计分析——SPSS中文视窗版数据分析范例解析[M].重庆:重庆大学出版社,2009.

[15] 赵丽蓉,伍靖伟,杨霄,等.应用方差分析方法研究内蒙古河套灌区用水量影响因素[J].节水灌溉,2009(7):2-3.

[16] 刘金海."社会化小农":含义、特征及发展趋势[J].学术月刊,2013(8):12-19.

[17] 裴婷婷,陈英,吴玮,等.农民土地价值观研究——概念界定、量表开发与效度检验[J].干旱区资源与环境,2015,29(3):39-44.

[18] 智静,乔琦,傅泽强.干旱地区工业系统资源代谢水平分析——以宁东能源煤化工基地为例[J].干旱区地理,2015,38(1):155-162.

[19] 信桂新,杨庆媛,杨华均,等.土地整理项目实施后影响评价[J].农业工程学报,2009,25(11):312-317.

[20] 白凯,路春燕.中国入境旅游热点城市知名度认知的空间相关性[J].干旱区地理,2012,35(2):281-287.

[21] 潘竟虎,石培基.甘肃省城乡统筹发展程度地域差异及其机理研究[J].干旱区地理,2011,34(2):355-360.

[22] 强妮.后农业税时代河西走廊农地经营方式研究[D].兰州:甘肃农业大学,2010.

[23] 潘兴瑶,夏军,李法虎,等.基于GIS的北方典型区水资源承载力研究——以北京市通州区为例[J].自然资源学报,2007,22(4):664-671.

[24] 王劲峰,廖一兰,刘鑫.空间数据分析教程[M].北京:科学出版社,2010.

[25] 公云龙,张绍良,章兰兰.城市地价空间自相关分析[J].经济地理,2011,31(11):1906-1911.

[26] 谷显明.固守·挣扎·逃离——从转型期农村小说看农民土地意识的嬗变[J].湖南科技学院学报.2007,28(10):59-61.

[27] 陈莹,郑涌.价值观与行为的一致性争议[J].心理科学进展,2010,18(10):1612-1619.

[28] 黄希庭,郑涌.当代中国青年价值观研究.北京:人民教育出版社,2005.

[29] 杨宜音.社会心理领域的价值观研究述要[J].中国社会科学,1998(2):82-93.

[30] 黄希庭,张进辅,李红,等.当代中国青年价值观与教育[M].成都:四川教育出版社,1994.

[31] 杨宜音.试析人际关系及其分类——兼与黄光国先生商榷[J].社会学研究,1995(5):18-23.

[32] 杜振涛.价值观导向对消费行为的影响研究[D].兰州:兰州大学,2012.

[33] 李燕萍,侯烜方.新生代员工工作价值观结构及其对工作行为的影响机理[J].经济管理,2012,4(5):77-86.

[34] 康来云.乡土情结与土地价值观——改革开放30年来中国农村土地的历史变迁[J].河南社会科学,2009,17(5):46-48.

[35] 伏鹏.观念变迁对农民社会化的推动作用探讨[J].传承(学术理论版),2012

(8):32-34.

[36] 梅东海.社会转型期的中国农民土地意识——浙、鄂、渝三地调查报告[J].中国农村观察,2007(1):36-46.

[37] 朱琳.北京山区农民土地价值观念变化及其对土地利用的影响[D].北京:中国农业大学,2005.

[38] 张雪.农民土地价值观念变迁研究[D].济南:山东大学,2010.

[39] 王新卫,张晔.农民参与耕地保护的意愿调查研究——基于吐鲁番市葡萄乡农户问卷调查[J].农村经济与科技.2014,25(8):6-8

[40] 陈美球,冯黎妮,周丙娟,等.农户耕地保护性投入意愿的实证分析[J].中国农村观察,2008(5):25-29.

[41] 陈美球,周丙娟,邓爱珍,等.当前农户耕地保护积极性的现状分析与思考[J].中国人口·资源与环境,2007,17(1):114-118.

[42] 王利敏,欧名豪.粮食主产区农户耕地保护现状及认知水平分析——基于全国10个粮食主产区1198户农户的问卷调查[J].干旱区资源与环境.2013,27(3):14-19.

[43] 陈梦华,杨钢桥.农户耕地投入的影响因素分析——以江汉平原为例[J].华中农业大学学报(社会科学版),2010(2):90-94.

[44] 石志恒,李世平.农户耕地质量保护行为影响因素分析——基于新疆地区农户的样本调查[J].中国农业资源与区划,2012,14(3):60-65.

[45] 陈美球,刘桃菊,黄建伟.农户耕地保护行为对农业补贴政策的响应分析[J].农村经济,2013(2):7-10.

[46] 吴月红.农业补贴政策对农户耕地保护的影响[D].南昌:江西农业大学,2013.

[47] 俞琼艳.基于农户视角的农业补贴政策的耕地保护效果评估[D].南昌:江西农业大学,2013.

[48] 康来云.中国农民价值观的变迁[M].郑州:河南人民出版社,2008.

[49] 蔡洁,夏显力.关天经济区农户农地流转行为研究[J].中国人口·资源与环境,2017,27(4):32-40.

[50] 夏玉莲,匡远配.农地流转的多维减贫效应分析——基于5省1218户农户的调查数据[J].中国农村经济,2017(9):44-61.

[51] 刘文华.农地流转中的非正式制度探讨[J].资源与产业,2008,10(4):24-27.

[52] 朱冬亮.村级土地制度的变迁[M].厦门:厦门大学出版社,2003.

[53] 吉孝敏.城镇化进程中失地农民的价值观分析与重建[J].农村农业农民,2013(7):39-41.

[54] 李景鸿.论中国社会转型期的价值观念冲突与调控[J].改革与开放,2012(12):64-65.

[55] 张进辅.现代青年心理学[M].重庆:重庆出版社,2002.

[56] 吴家华,翟文忠.中国社会转型中价值矛盾与价值冲突[J].求是,2002(2):68-70.

[57] 赵岩.价值观的类型、冲突与重建[J].工会博览·理论研究,2009(9):68-69.

[58] 伏鹏.观念变迁对农民社会化的推动作用探讨[J].传承(学术理论版),2012(8):32-34.

[59] 骆虹荏,王成,王利平.不同类型农户土地意识下的土地利用效率评价——以重庆市北碚区静观镇为例[J].西南农业大学学报(社会科学版),2012,10(11):2-6.

[60] 刘洪彬,王秋兵,边振兴.农户土地利用行为特征及影响因素研究——基于沈阳市苏家屯区238户农户的调查研究[J].中国人口·资源与环境,2012,22(10):111-117.

[61] 陈佑起.从可持续发展看我国农民土地利用行为的影响因素[J].农业现代化研究,1998(6):12-14.

[62] 胡初枝,黄贤金.农户可持续生计与征地意愿分析——以江苏省苏南、苏北典型村庄农户问卷调查为例[J].天津农业科学,2011,17(2):57-61.

[63] 李建强.征地过程中的农民权益保障与征地意愿——以四川省泸州市农户调查为例[J].农村经济,2012(7):15-18.

[64] 钱忠好,肖屹,曲福田.农民土地产权认知、土地征用意愿与征地制度改革——基于江西省鹰潭市的实证研究[J].中国农村经济,2007(1):28-35.

[65] 王玥,卢新海.国有土地上房屋被征收人的公平感知对征收补偿意愿的影响[J].中国土地科学,2013,27(9):11-18.

[66] 高佳,李世平.城镇化进程中农户土地退出意愿影响因素分析[J].农业工程学报,2014,30(6):212-220.

[67] 张侃.不同类型失地农民征地补偿机制研究[D].武汉:华中农业大学,2010.

[68] 王良健,李辉.中国耕地利用效率及其影响因素的区域差异——基于281个市的面板数据与随机前沿生产函数方法[J].地理研究,2014,33(11):1995-2004.

[69] 朱涛,杨璐嘉,李京轩,等.不同兼业程度农户耕地利用行为及其效率研究——基于甘肃、青海两省部分市县的实证分析[J].国土资源科技管理,2012,29(4):65-70.

[70] 杨俊.不同类型农户耕地投入行为及其效率研究[D].武汉:华中农业大学,2011.

[71] 叶浩,濮励杰.我国耕地利用效率的区域差异及其收敛性研究[J].自然资源学报,2011,26(9):1467-1474.

[72] 张荣天,焦华富.中国省际耕地利用效率时空格局分异与机制分析[J].农业

工程学报,2015,31(2):277-287.

[73] 庞英,王宝海,刘学忠,等.山东省耕地利用综合效益的时空分异特征[J].资源科学,2007,29(2):131-136.

[74] 许恒周,郭玉燕,吴冠岑.农民分化对耕地利用效率的影响——基于农户调查数据的实证分析[J].中国农村经济,2012,28(6):31-47.

[75] 张雪.农民土地价值观念变迁研究[D].济南:山东大学,2010.

[76] 朱启臻,朱琳,张凤荣.北京山区农民土地价值观念变化分析[J].绿色中国,2005(4):43-45.

[77] 罗必良.农地经营规模的效率决定[J].中国农村观察,2000(5):18-24.

[78] 朱东亮.社会变迁中的村级土地制度[M].厦门:厦门大学出版社,2003.

[79] 王欢.土地、政策与农民心态[J].北京邮电大学学报(社会科学版),2002(2):5-9.

[80] 梅东海.社会转型期的中国农民土地意识——浙、鄂、渝三地调查报告[J].中国农村观察,2007(1):36-46.

[81] 许一波.转型与嬗变——城市化进程中农民土地意识的实证研究[D].长沙:湖南师范大学,2006.

后　　记

　　从事行政工作十年,我始终有兴趣于学术研究,尤其对土地保持热忱。我明白土地对于农民来说,是命根子。"三十亩地一头牛,老婆孩子热炕头"虽然境界不高,但我们无法否认这种生活理想所显示的温馨魅力。我们的生命源于土地,最后又回归于土地。土地滋生万物,以绿色的庄稼、肥壮的牛羊、鲜美的水果,为我们提供生命的养分;让我们从这里到那里奔波走动,困乏时拥有一席安眠之处,土地在营养我们的同时,又荫护我们,帮助我们。

　　费孝通先生在《江村经济》中认为,同大多数中国农村一样……村庄正在经历着一个巨大的变迁过程。当前的中国农村正处在一个巨大的变迁过程中,农民对土地的情感也在逐步发生变化,而通过调查一个个小村落的生活,我们犹如在显微镜下看到整个中国的缩影。结合"村民关联度与农地利用的关系研究"项目的调查,我与诸多研究生来到河西走廊开展了"金土地调查",我们这个10人小分队不畏酷暑烈日,深入田间地头,坐遍交通工具,穿过河西走廊,访谈了乡村干部、普通村民以及加入乡村建设的"外来人",了解他们对生活和土地的认识和想法。土地问题关涉中国社会之根本,土地利用只是切入点,土地价值和人本精神的彰显才是征程的终点和航向。虽调研道路坎坷,但科研的本质是向生产力的转化,唯在所不辞。

　　我最喜欢阅读的小说是路遥的《平凡的世界》,它虽然是文学作品,却比较真实地反映了黄土高原一个村庄在社会转型中的生产和生活变迁,刻画了农民的职业、观念和身份的变化,农民的分化分层成为作品反映社会变革的主线,每读一遍,都完全沉浸其中,感情淹没在无边无际的感悟、感动和感慨中。因此,我围绕农村土地利用开展乡土调查,历时十多年,每到一处,则详询农地产出、农户关系、农田基础设施建设等事,深感"三农"问题之解决,绝非坐于室内皓首穷经、冥思苦想可得良方。中国"三农"问题,一时一地,情景各异,新的乡村振兴计划的发布,村庄、农户和土地的关系呈现形态已越来越多样,出现了诸多新问题和新现象。本书作为我对农民土地价值观的一段记录呈现给读者,希望能抛砖引玉。不管是生命过程还是学术研究,都是与农村分不开的,我的研究将持续进行。

　　在研究过程中,深得吾导师张仁陟教授指导,其学识之广博、思维之缜密,非吾所能企及。另外,在乡土调查中,得河西走廊各地国土部门、各乡镇领导、各业界同行协助提供相关资料,有近万名村民接受调查、详谈个人认知,为研究提供第一手资料。裴婷婷、白志远、唐晶、傅颖秀、王道骏、张玉娇、黄思琴、孔喆、马婷婷等研究生的调查与研究,是完成本书的关键。在此,对上述诸人的指导、关心、支持一并表示衷心感谢!

由于时间和水平所限,本书难免存在疏漏和不足之处,敬请读者指正。

陈英

2022 年 4 月 18 日